新装版

なぜ「表現の自由」か

奥平康弘 著

東京大学出版会

なぜ「表現の自由」か

目次

第一部　なぜ「表現の自由」か

第二部　現代社会における表現の自由の展開

第一部　なぜ「表現の自由」か

第一章　なぜ「表現の自由」か

はじめに

日本国憲法が施行されてから四〇年以上になる。日本ではこの憲法によってはじめて、実定制度上、表現の自由の保障ということが問題になるようになった。この四〇年のあいだに、確かに表現の自由は、実質的・実践的に大きく内容を脹らませながら、普及し、広く定着して、今日にいたっている。けれども、この自由はたくさんの問題をかかえている。それらの問題は、解決されていないばかりでなく、問題が存在していること自体、かならずしも十分に認識されていない状況にある、と私には思える。

表現の自由をめぐる問題状況の認識という点で、一例を一九八四年一二月の最高裁判所（第三小法廷）判決にとって示してみたい。

この判決で最高裁判所が扱った事案の争点は、東京のある私鉄駅構内で許可なしにおこなわれたビラ配布行為および演説のゆえに、被告人らに鉄道営業法三五条および刑法一三〇条を適用して、これらの者を処罰することが、憲法二一条一項（表現の自由保障規定）に違反しないか、ということにある（以下、この事件は、駅名をとって「吉祥寺駅事件」と称するのを許されたい）。鉄道営業法三五条は「鉄道係員ノ許諾ヲ受ケスシテ……鉄道地内ニ於テ旅客又ハ公衆ニ対シ寄附ヲ請ヒ、物品ノ購買ヲ求メ……其ノ他演説勧誘等ノ所為ヲ為シタル者ハ科料に処ス。」とある。被告人らは、これを犯したとして起訴されたのであった。また、刑法一三〇条のほうは、いわゆる不退去罪にかんするもので、「故ナク人ノ住居又ハ人ノ看守スル邸宅、建造物……ニ侵入シ又ハ要求ヲ受ケテ其場所ヨリ退去セサル者ハ三年以下ノ懲役又ハ五十円以下ノ罰金ニ処ス。」と定める。被告人らは、駅管理者の退去要求を無視して約二〇分間構内に滞留したというので、この罪も合わせて問われたわけである。

最高裁判所は、簡単明瞭な説示をもって、違憲ではないと結論した。すなわち、「憲法二一条一項は、表現の自由を絶対無制限に保障したものではなく、公共の福祉のため必要かつ合理的な制限を是認するものであって、たとえ思想を外部に発表するための手段であっても、その手段が他人の財産権、管理権を不当に害するごときものは許されないといわなければならない。」という理由にもとづき、この事件の被告人らに上述の法条を適用し、これらの者を処罰しても違憲ではない、と判示したのであった。

この判決の本質は、今「　」内に引用した部分にこめられており、かつ、それに尽きる。こんなに簡単に片づけていいものかな、という想いはするが、それはさておく。私が注目したいのは、これにつづいて判決が、この理屈を権威づけるべく、「(前記各法条を)適用してこれを処罰しても憲法二一条一項に違反するものでないことは、当裁判所大法廷の判例(昭和二三年(れ)第一三〇八号同二四年五月一八日判決・刑集三巻六号八三九頁、昭和二四年(れ)第二五九一号同二五年九月二七日判決・刑集四巻九号一七九九頁、昭和四二年(あ)第一六二六号同四五年六月一七日判決・刑集二四巻六号二八〇頁)の趣旨に徴し明らかであって、所論は理由がない。」と述べている部分である。判決は、権威ある先例として、(一)のなかに三つの大法廷判例をあげているのであるが、今は私は、このことを問題にしたい。私が問題にしたいのは、それぞれの先例の個別的な価値ではなくて、これらが、当面の事案にどんな権威的な関連性があるだろうか、ということである。

第一の、一九四九年(昭和二四年)の大法廷判決は、食糧緊急措置令違反被告事件にかんするもので、食糧管理法上命ぜられている主要食糧の供出義務不履行を煽動する言論禁止を合憲としたのであった。犯罪・違法行為・義務不履行などを煽動する種類の言動を、いかなる理由で、いかなる範囲において、国家は禁止しうるかは、表現の自由の原理論にとって、最もむずかしい問題の一つに属する、と私は思う。その難問を、わが最高裁判所大法廷は一九四九年の時点で易々として片づけた。それが、この判決である。その、ほぼ三五年後の最高裁判所は、依然としてこれを権威あるものとして誇示しているわけである。けれども、煽動罪との関係で先例的価値がいかように高かろうとも、この先例は、内容において吉祥寺駅事件と、一体どんな関連性（relevancy）があるのだろう。このほうは、犯罪・義務不履行の〝煽動〟という契機を、全くふくんでいないからである。

第二の先例に移ろう。この、一九五〇年（昭和二五年）の大法廷判決は、現在の公職選挙法一三八条に該当する選挙運動としての戸別訪問の全面禁止規定を合憲としたものである。この三七、八年前の判決のポイントをつかむこと自体がむずかしいことに属するのだが、「選挙の公正」という国家目的に仕えるべく、戸別訪問という表現手段を禁止するのは、違憲ではないと判示しているもの、と要約して公平を失しまい。ここでは、「選挙の公正」ということが、アルファでありオメガである。けれども、われわれの問題とする吉祥寺駅事件のほうは、選挙運動と無関係で、「選挙の公正」とは、交わるところがないのである。このばあい、選挙運動としての戸別訪問は、「人ノ住居……ニ侵入」する行為であるといい、「他人の財産権、管理権を不当に害するごときもの」だと理屈づけ、この点では、駅構内でのビラまき・演説と同じ性質の行為なのであると強弁する手があることを、私といえども看過するつもりはない。そういう理屈づけによって最高裁判所がこれに先例的価値を見出したのだとすると、私には、いいたいことがたくさんある。第一、一九五〇年大法廷判決は、そのような理由を明示的にも示唆的にもおこなっていない。この判決はひたすら「選挙の公正」という国家利益を語っているのである。また、この客観的利益は、同時に、他人の権利の侵害保護という契機を包含するとは、当然にはいえないのである。第二、かりにこの大法廷判決とは別に、戸別訪問禁止罪は、個人的法益を保護するためのものだという理屈が立つとしよう。しかし、そうなったらなったで、別種の困難が出てくる。というのは、ありていにいって一九五〇年大法廷判決は戸別訪問禁止合憲論としてさえ先例的価値を失いつつあるのが最近の勢いでありながら、本書第四章「選挙運動の自由と憲法――日本のばあい」でも詳述するように、最近になって新手の合憲論が出てきて、防戦に努めているのが現状である。この新手の合憲論のすべてが、「選挙の公正」という国家目的を前面に押し立てて、この点から広範な立法裁量権を引出そうとするのが特徴的である。「選挙の公正」論を押しのけ、個人的法益保護を前面に掲げて戸別訪問禁止罪を正当化する考えは、新手の合憲論にとっては折角二階に上ったのに、はしごを下されてしまったことになる。それでいいのか。「他人の財産権、管理権」侵害説には、憲法論として克服しなければならない、もう一つの難点がある。この理論にもとづいて、戸別訪問禁止を根拠づけることは、国家による「許されざるパターナリズム」(unjustified paternalism)という批判を逃れることができない。最大の困難は、選挙運動としての戸別訪問を――ときとばあいによっては――大いに歓迎する、そうでないにしても受容してもいいと考える公衆から、そのチャンスを奪ってしまうという、お節介――聞く権利の侵害――を、全く説明しえないという点にある。思わず、戸別訪問禁止罪の実体論に深入りしてしまったが、詳しくは後にゆずる。ここで指摘したいのは、戸別訪問にかんする一九五〇年大法廷判決は、吉祥寺駅事件で問題になった禁止法規の憲法問題とは、関連性を持っていないということである。なぜ、これが吉祥寺駅事件についての権威あり価値ある先例として挙示されているかは、私には十分に理解できないものを感ずる。

第三に、そして最後に先例として引かれている大法廷判決は、他人の所有管理に属する電柱に、権利者の承諾なしにビラをはった行為が、軽犯罪法一条三三号「みだりに他人の家屋その他の工作物にはり札をし……た者」に当たるとして、行為者を処罰することが合憲かどうか争われた事件にかんする。裁判所はビラはり禁止規定としての軽犯罪法一条三三号を合憲とした。この一九七〇年(昭和四五年)判決だけは、駅構内ビラまき・演説の事件と、一定の関連性がある。[2] すなわち、一方における表現の自由の行使と他方における他人の所有権・管理権の現実の侵害とを、どう調整づけるかという問題を包蔵する点で、両者はある種の共通項を有するからである。

公共的なことがらについて人びとにメッセージを伝達したいと欲する者がつねにかならずしも、この目的のために必要な場所あるいは空間を自ら所有・管理しているとはかぎらない。いやむしろ、それにふさわしい場所・空間を自らが所有・管理していないのが、普通一般である。そこで、実際には他人の所有・管理する場所・空間であるが機能上多かれ少なかれ公共的な場所・空間と見做されているところを用いて、伝達行為をおこなうことが、現代社会では事実上、比較的に大目に見られている状況がある。大目に見られているというのには、表現の自由の意義、自由を行使するための条件の確保などなどについて、比較的多くの人びとのあいだにある種の共通の理解があるからであろう。こうした社会的に事実上黙認されている現象に対して、アメリカ合衆国では、「公共の広場」(パブリック・フォラム)という概念構成によって、ある種の憲法上の承認を与える傾向があるのは、周知のとおりである。これを要するに、電柱のビラはりや駅構内のメッセージ伝達行為などは、表現の自由の現代的な問題性を体現しており、正しくは、そういうものとして法的に処理されるべきだ、と私は思う。

ところが、最高裁判所は、どうもそう考えていないようである。こうした表現行為は、政府への義務の不履行をすすめる煽動行為が禁止されるのと同じように、「選挙の公正」の名のもとにいっさいの戸別訪問が禁止されるのと同じように、禁止さるべきだと考えているらしいのである。ことがらをこのように処理して怪しむところがないというのは、一体、どういうことなのだろうか。最高裁判所は、表現の自由とはなにか、それはなぜ保障されるべきなのかという原理・原則のレベルで、どういう哲学、どういう理論をもっているのだろうか。[3] いささか疑問なしとしない。現状についてそういう感想をもちながら、以下、なんのための表現の自由か、という問いを追求してみたい。

表現の自由は特別か

表現の自由は、他のもろもろの権利自由に比べて、より多く（あるいはより厚く広く）保障されるべきだ、という道徳的あるいは憲法論的な要請がある。こうした要請は、表現の自由なるものは――他の権利自由と違って――特別な保護に値するという点についてなんらかの根拠が示されていることを前提とする。理由なく特別な保障をもとめることはできないからである。本章では以下、表現の自由はより多く保障されるべきだという要請を前提としたうえで、なぜそういう要請があるべきなのかという根拠にかんする争点を、少し考察してみたい。

私が前提としているのとは異なり、表現の自由だからといって、これにことさらに特別な保障が与えられるべきではないという議論が、現にある。また、それほど明示的に否定的ではないにしても、表現の自由の実際上の取扱いにおいて、特別な保護を配分することに、ほとんど、あるいは全く、意を用いない立場もある。(4) このように、明示的あるいは暗示的に、表現の自由には特別な保護が認められるべきではないという考えに立つ者からすれば、本章で私が考察しようとする争点、すなわち、いかなる根拠があって表現の自由は特別な保護に値するのかということをめぐる論議は、そもそも思い患う必要のない、無意味なものである。私としては当然、こうした性格づけに対して反論を提示しながら、立論をすすめねばならないだろう。

「なぜ『表現の自由』なのか」（「なぜ『表現の自由』は特別なのか」）という争点、これをあえて「表現の自由の原理論」と呼ぶとすれば、のちにおいおい紹介するようにアメリカ合衆国の哲学界・憲法学界では、一九七〇年代以降現在なお、こうした「表現の自由の原理論」が大いに盛んである。「理論の再台頭」(5)と称される現象が向こうの世界にはある。なぜいま合衆国では「理論の再台頭」なのか――じつはこのこと自体興味のある主題であって、問うてみたいところではある。しかしまた、それとは別に、合衆国の思想状況を念頭においたうえで、では一体日本国ではこの間の事情はどうなっているだろうか、という問題が浮かび上がってくる。

日本では、これまでに一体、表現の自由の原理論が本格的な争点の的になったことがあるだろうか。私には、なかったように思われる。こう評価することは、不遜の譏りを受けるに違いないが、論争を促す意図から、あえてそう把握しておく。

そこで、もし、日本の理論状況がそうした評価を受けるものであるのだとしたら、私のような立場の者からすれば当然、なぜ日本ではそのような理論状況にあるのか、すなわち、なぜ表現の自由の原理論がなしですまされてきているのかという理由を解明することが、試みられなければならない。

なぜ表現の自由は特別な保護に値するのかという本体の議論に入るまえに、まず、なぜ日本では、この種の議論が不成立あるいは不活発なのかという争点を設定し、そこから、少しずつ本体の議論に接近していこうと思う。

本体の議論は、道徳的・哲学的なレベルと憲法論的レベルとの交流のうちに展開しなければならないのであろうが、筆者の、前者における処理能力がいちじるしく低いので、憲法論的レベルに土俵を限定してしか、この作業をおこないえないことを、あらかじめお断りしておく。

不活発な原理論

表現の自由の原理論が不毛または不活発である理由は、いろいろにあげることができる。それぞれが他の理由と密接に関連しあって存在しているようである。

第一の、そしてたぶん最も強力な理由は、表現の自由は——他の諸権利・自由と比較して——特別に保護されるべきだという要請が、けっして十分には支持されていないという事情のうちに見出される。既述のように、そうした要請を踏まえない者にとっては、その要請がはたらくべき根拠に思い患わされる必要は全くないのである。

日本国憲法二一条一項には「……言論、出版その他一切の表現の自由は、これを保障する。」とあるが、「……表現の自由は、他の自由と違って特別に厚く、これを保障する。」とは規定していない。こうした憲法の実定規定だけを手掛りにして——逆にいえば、道徳的な議論はもちろんのこと、こうした道徳的な議論を前提として組立てられた憲法（構造・体系）論をも、全く無視もしくは否認して——憲法では表現の自由を別扱いにしているわけではない、と主張する者がいる。実定法規の文字づらに終始して、人間や人間社会にとって重要な争点を裁断してしまう方法は、理論的には取るに足らないのに、意外と俗受けする。つまり、俗論としてきわめて強い通用力をもちうるのである。

実定法規中心主義は、憲法二一条一項を唯一の手掛りとするわけではない。それなりにいろいろな実定法規を比較引照しながら、議論をすすめるのがつねである。例えば、こういう具合である。『言論の自由、表現の自由というのは、特別に保障されるべき自然権的な権利で、人間本来の権利だ』といったようなことを論ずる憲法学者がいるが、それは嘘だ。それが証拠には、憲法二一条には、人間生来の権利であるなどとは何も書いていないではないか。これに反して、例えば憲法一五条一項には『公務員を選定し、及びこれを罷免することは、国民固有の権利である。』という規定がある。こちらのほうは『国民固有の権利である』と書いてあるから、選挙権と被選挙権とが国民固有の権利であることは確かである。ところが、憲法二一条一項には、表現の自由は国民固有の権利であるということは何にも書いていない。書いていないのだから、固有の権利であろうはずがない」と。これは、比較的最近、私が見出したある公法学者の論説の一端を、[6]私流に翻案して構成したものである。論説を多少単純化したが、論理の本旨は曲げていないつもりである。ともあれ、こういった議論、あるいはこれに類する議論が、立派な公法学者によって臆するところなく堂々とおこなわれえているのが、日本の理論状況である。

実定法規、あるいは実定法規から織りなされて作られた人為的な制度のわく組みのなかで、あらゆる社会的な争点の解決がはかられるという立場を、実定法中心主義あるいは制度論的アプローチと呼ぼうと思う。

戦前日本、明治憲法下にあっては、この方法しかありえなかった。そこでは「日本臣民ハ法律ノ範囲内ニ於テ言論著作印行……ノ自由ヲ有ス」（憲法二九条、傍点引用者）とあり、「法律ノ範囲」という制度的なわく組みを越えた表現の自由論は、法律学的にはほとんど無価値のものであったからである。実定法中心主義あるいは制度論的アプローチは、われわれのなかに浸透し、肉体化しているのかもしれない。

戦後の日本国憲法のもとで、憲法学界の通説は、基本的人権の保障という眼目を三大支柱の一つとしたばかりではなく、基本的人権はすべて、「天賦人権」「人間生来の自然権」であるという性格づけを与えた。こうして、実定法中心主義・制度論的アプローチは、大いなる動揺をせまられることになるはずであったのだが、かならずしもそうはならなかった。そうならなかった理由は、大まかにいって、二つある。一つは、「天賦人権」「人間生来の自然権」の性格づけ、すなわち、いわゆる生存権的あるいは社会的な基本権などは別にして、それ以外の、いわゆる自由権をすべて——無差別に——「天賦人権」「人間生来の権利」と性格づけたことに由来する。表現の自由は、疑いもなくこの範疇に入る資格を与えられたが、しかしあくまでも、他の自由権と同列に（one of them）そうなったのである。

表現の自由についての実定法中心主義・制度論的アプローチがあまり打撃を受けずに済んだ、もう一つの理由は、今述べたことと表裏関係にある。「すべての基本的人権は『公共の福祉』によって制約される」という命題が、判例および通説によっていち早く承認されたという事情である。どんな権利・自由もおなじように「公共の福祉」に服さねばならないという命題のもとでは、「表現の自由は特別」という要請が認められるはずがないのである。「公共の福祉」によってあらゆる基本的人権は制約されうるという命題は、憲法一二条および一三条の明文規定に根拠を置いて成立したから、これはそれ自体、実定法中心主義・制度論的アプローチの所産であったとさえいえるのである。

以上要するに、判例および通説は、表現の自由は特別な保障があるべきだという要請が成立しにくい土俵を設定するのに貢献した、といえるように思うのである。こうした要約に対しては、判例も通説も表現の自由の重要性をそれなりに強調してきているのを軽視した偏見である、との批判が向けられるのを予想しうる。けれども、「程度の差」として重要性を語ることに理論上の意義をみとめることはできない。それは、たかだかリップ・サービスに終る効果しか持たなかったからである。

もっとも最近では、「公共の福祉」論が通用力を失うにいたり、最高裁判所も、例えば一九七二年の小売市場許可制の合憲判決のなかで、「個人の精神的自由等」を「個人の経済活動の自由」とは違ったものとして扱ってしかるべきことを示唆する傍論を付加しているのである。(7) 実定法中心主義・制度論的アプローチの退潮する兆しがみえてきた、というべきかもしれない。最高裁判所が傍論という形をとったにしろ、いわゆる「二重の基準」論を認めたことは画期的なことであるとして、これを高く評価する傾向が学界にはある。けれども、判決文を読んでみればわかるように、これは「二重の基準」論の採用可能性をほんの少し示唆しているにすぎないのである。しかもそれでいて、これが画期的な判示であると高く評価されているのを見るにつけ、逆にそれ以前の日本では、表現の自由には特別な保障があるべきだという要請が、いかに低いところに押しとどめられていたかを知ることにならざるをえないのである。

ともあれ、このように最高裁判所が「二重の基準」を示唆し、ひょっとして示唆するだけでなく、表現の自由に特別な保障を与える実践に一歩踏み出すことが期待される段階にようやく差しかかったところ、憲法学界の一部――〝進歩的〟〝革新的〟な部分――から、この潮流に異議申立てをする議論が出てきているのをも、見逃すことができない。そして、このような理論状況が、表現の自由の原理論の析出にたいへん不利にはたらいていることも指摘されねばならない。「二重の基準」論に消極的な論者は、概略次のように主張する。「この理論は所詮アメリカ合衆国の憲法論である。日本には日本国憲法に根ざした日本独自の理論があるべきである。そして日本国憲法は——合衆国憲法と違って——表現の自由をはじめとした精神的自由権のみならず、たくさんの、かついろいろな種類の基本的人権保障規定を有している。そして、なかんずく憲法二五条以下において、もろもろの生存権的（社会権的）人権を保障している。精神的自由権も大事かもしれないが、現代社会においては、生存権的人権もおなじように大事である。生存権的人権の価値を軽視し、表現の自由だけに特別に優越的な地位を与えるのは、日本国憲法の解釈としては正当ではない(8)」と。この議論は、立論の基礎を日本国憲法の実定規定においている点では、戦前日本の伝統である実定法中心主義・制度論的アプローチに片足を置いている。けれども、この系統に属する論者の多くは、経済活動の自由にかんする憲法規定よりは生存権的（社会権的）基本権に関する憲法規定を重視しているもののようであって、そのかぎりで、実定法規を超えたところに立論の基礎を置いているともみられるのである。ともあれ、日本ではこうした生存権重視論が存外に有力で、表現の自由だけが独走して優位に立つのを阻止するのに、一定の役割を分担しているのは、否定できない。

生存権重視論者が指摘するように、合衆国憲法は日本の憲法二五、二六、二八条に相当する規定を持たない。そうであってなおかつ、合衆国でも「福祉国家」的な要請を受けて生存に不可欠な「基本権」を解釈論的に構成し、これを実体法的には合衆国憲法修正一四条の平等条項をつうじて、また手続法的には修正五条のデュー・プロセス条項をつうじて、実定的に保障してゆく構えをとっている。こうした新しい法、新しい権利の発展は、合衆国においては、表現の自由に優越的な価値を認めることと矛盾抵触することなく、進行しているといえよう。合衆国では周知のように、表現の自由が特別に保護されるということの制度的な現われは、その合憲性の判定において「厳格な審査」を経なければならない（統治の側が、自由を制約する “compelling interests” を立証する必要がある）とされる点にある。そして合衆国においては、表現の自由に与えられる「厳格な審査」を、「福祉国家」の要請にもとづく新しい権利主張に拡張して認めるかいなか、という具合に処理されるのである。すなわち、ともかくも一応確立した法理であるところの、表現の自由の優越的地位が、他の権利自由の引上げ作業に当たって、準拠すべきモデルとしてはたらく。

合衆国のばあい、表現の自由についての審査に匹敵する「厳格な審査」は、「違憲の疑いの濃い区別づけ」(suspect classification) の範疇が示しているように、選び抜かれた生活領域の利益にしか与えられない。「福祉国家」要請は、よかれあしかれ、アメリカではこうした狭い領域でしか貫徹されないのが現状である。これに反し日本では、有象無象の生活領域にかんする、さまざまな内容をかかえたところの生存権、教育を受ける権利、労働者の諸権利が、ひとしなみに生存権的(社会権的)基本権として、表現の自由並みの憲法保障が与えられねばやまず、という勢いがある。高みに立つ表現の自由が、他の権利自由を引上げる役割に任ずるのではなく、表現の自由が高みに立つのを、あえていえば、他のあれやこれやの権利主張が足を引張って、低きにつかせている感がある。結局、こうして、表現の自由はもちろんのこと、どんな権利自由も独走して特別な保障が与えられることがない現状になっているのである。

以上駆け足で、表現の自由には特別な保障があるべきだという要請が成立するのに不利な条件のいくつかをあげた。要請がないのだから、要請を正当化する根拠いかんを問う必要はなかったわけである。これとは違って、表現の自由には特別な保護が与えられるべきだという要請を一応は踏まえながらも、この要請を正当化する根拠論がかならずしも十分に展開しなかった状況があるように思える。以下、この点を少し考察してみたい。

日本における憲法学の理論状況

繰返しになるが、社会的に意味のある形で表現の自由を語りうるようになったのは、戦後日本においてはじめてのことである。しばらくのあいだは、この新奇なる法概念を消化するのに大童であったとしても、不思議ではない。まもなく、この法概念を実践上用いることになるが、そのさい人びとの関心の的になったのは、どういうふうに、この自由の保障をかちとるかということであったろう。「どういうふうに」と述べたが、これは、表現の自由の保障範域をはっきりさせること、すなわち、"how much" に主要な問題関心が向けられた。理論上は、保障範域確定の作業（how much の議論）と、なぜ保障されるべきかという根拠を問う作業（why の議論）とは、不可分の関係にあるのだが、時代の勢い上、人間の実践作業というものはかならずしも理論どおりにはいかない。戦後日本のある時期には、表現の自由が保障されるのは「当然の事理」として、その根拠論を棚上げにしたうえで、いかにこの保障を獲得し広げるかという方向に議論が展開したとしても、驚くには当たらないのである。

けれども、現在のわれわれは、なおこのような、how much の問題状況から脱け切れていないのではなかろうか。思うに、why を問題にするためには、一種の衝撃が必要であるようである。日本では、その衝撃が避けられる理論構造になっているのではなかろうかと思う。合衆国のばあいには、わいせつ文書、犯罪の煽動、名誉毀損、商業広告、法人の表現行為などの憲法問題が問い詰められる過程で、いやおうなしに、表現の自由の原理論とかかわらざるをえない状況が作り出された。例えば、なぜ国家権力はポーノグラフィーを取締まることができるのか、逆にいえば、なぜポーノグラフィーは表現の自由の保障を受けえないのかという問題を真正面にすえて論議するとなると、勢い、そもそも一体、なぜ表現の自由は保障されるべきなのかという、基本的な根拠論とつき合わないわけにゆかないのである。もちろん、合衆国でも、わいせつ、犯罪の煽動、名誉毀損などについては、厳密な定義のもとにこれらの「範疇化」をおこない、そのわく内で個別の適用問題を処理する仕方が支配的ではある。けれども、「範疇化」作業のまえに、なぜこの種の言論は規制されるべきかという根拠について深刻な議論があるのがつねである。そしてまた、「範疇化」による処理そのものを疑問にする議論にさらされてもいるのである。日本ではどうだろうか。これらの表現規制につき、「範疇化」して処理するというアメリカ方式の結論の部分が導入され、よってもって憲法論的な吟味を終了させてしまっている気配がある。例えば、わいせつ概念を厳密な定義のなかに封じ込め、この定義を個別の規制事例に厳格に当てはめることに腐心することが憲法論のおこなうすべてであるがごとく見做されている傾向がある。なぜ一体、わいせつ文書を国家権力は取締まることができるのかという、もう一つ前の根拠論には、憲法学者はつき合わないのがふつうである。総じて、日本のばあいには「範疇化」論は、表現の自由の原理論をバイパスさせる作用をはたしている疑いがある。

表現の自由の原理論が台頭するためには、なにか衝撃が必要なのではなかろうか、と既述したが、合衆国のばあいには、一九七〇年代に道徳哲学・政治哲学の分野から、そうした衝撃が与えられたといえる面があるように私には思われる。ロールズ『正義論』[9]（一九七一年）、ノズィック『無政府、国家とユートピア』[10]（一九七四年）を嚆矢として展開する新カント主義の哲学は社会・道徳・政治の根本論に肉薄し、国家の存在意義を問い、個人の自由と権利を再吟味したのであった。その論ずるところの多くが、表現の自由の原理論に関係するのであった[11]。こうして例えば、スカンロンのような哲学者が「表現の自由の理論」[12]（一九七二年）を世に問うて、この道徳的・法的領域への論議へと人びとを誘った。ドゥォーキンの『権利論』（一九七七年）、『原則にかかわることがら』（一九八五年）に収録されている諸論文[13]、アッカーマン『自由な国家における社会的正義』[14]（一九八〇年）は、法哲学に近い部分での反響である。掘り下げるべき問題は、要するに現代国家における個人の自律性・自主性とはなにかということの究明である。リチャーズ[15]、ファインバーグ[16]などの、各人の生きかた（ライフ・スタイル）にかんする一連の仕事が展開することになる。これらの動きは憲法研究者の問題指向に大きな影響を与えずにおかない。ひるがえって日本では、筆者の注意がゆき届かないのかもしれないが、哲学界・思想界に固有な動きがあって、それが表現の自由の原理、いや総じて個人の自由の原理に肉薄し、実定憲法学者に衝撃を与え論争をまき起すという状況には、かならずしもなっていないようにみえるのである。

いまの日本の憲法学界で一番研究者の関心を惹いている主題はなにかと問われたばあい、それは、憲法訴訟はいかにあるべきかという議論、憲法訴訟論だと答えても、いちじるしい過誤をおかしたことにはならないだろう。

さて、その憲法訴訟論だが、この分野で裁判の実際に重大な影響を与えている「司法審査基準論」に、次のものがある[17]。それによれば、ひとの権利自由を規制する立法の合憲性判断においては、まず、問題の立法が積極的な目的をかかげているか、消極的・警察的な目的をかかげているか、区分することが肝要である。前者にあって目的が国会の立法権に属するところに合致するならば、爾余の点の司法審査は緩かなものでよろしい。つまり、立法裁量にまかされる余地が広い、と考えるべきである。次に、当該立法がどんな規制手段を採っているかを、裁判所は判断することになるが、ここでは直接的な規制か間接的・付随的な規制かを分けて考える必要がある。そして、後者であれば、ひとの権利自由がもろに制限を受けることにならないのだから、司法部は規制手段が立法目的と合理的に関連していると判断すれば、それで十分。あとのことは立法裁量にゆだねられていると考えるべきだ――と、説くのである。この「基準論」の特徴は、規制する者（国家権力）の側がかかげる目的とそのために採用する手段とを最重視する点にある。制限を受ける権利自由が憲法秩序上いかなる価値をもつかは、この「基準論」では二の次、三の次の問題である。こういうものとして、この論が主張する「基準」は、規制対象が表現の自由であろうと企業の自由であろうとなんであろうと、汎用型のものとして適用される。

今、ここでは、この「基準論」が表現の自由を確保するのに役立つのか、それとも逆に表現の自由を葬るのに役立つのかを検討する余裕がない。筆者がここでこの「基準論」に言及したのは、次のことを指摘したかったからである。先にも述べたように、裁判実務ではこの「基準論」がもてはやされている。その結果、規制目的が積極か消極か、規制手段が直接か間接かという二段審査を機械的におこなえば、能事足れりということになり、この間にあって表現の自由の原理論のごときは、裁判官の思考過程にまで下がってくることは金輪際ありえない、という構造になっているのである。表現の自由の原理論が成立しがたい条件が、ここにもあるということを指摘したかったのである。[18]

エマソンの原理論——出発点として——

ひとむかし以上まえのこと、宮沢俊義教授還暦記念のための拙文「表現の自由」は、今とおなじように当時も筆者の頭脳をなやませていた、表現の自由の原理論について触れるところがあった。[19]筆者が参考にした業績は、「修正第一条（表現の自由の憲法保障規定——引用者）にかんして今世紀書かれた最良の書物」という評価を与えられている[20]エマソン教授の論文「修正第一条の一般理論に向けて」[21]（一九六三年）であった。

エマソンによれば、表現の自由が憲法保障上優越的な地位を占めるべき根拠には、次の四つがある。[22]第一、表現の自由は、個人の自己充足（individual self-fulfillment）をはかるのに本質的な手段であるということ（個人が自分の性格を実現し人間としての力を発揮することこそが、ひとの終極目標である）。第二、表現の自由は、知識を高め、真理を発見するための本質的なプロセスであるということ（関連する情報がすべて開かれていること、情報の交換が確保されていることが、知識を高め真理を発見するのに不可欠である）。第三、表現の自由は、社会の全成員が決定に参加する前提として本質的であるということ（ひとたび国民主権の原則を設定したならば、国政に参加する者の個人意思の形成および共同意思の形成のために、表現の自由が保障されるのが必至となる）。第四、表現の自由は、共同体が安定化し住み心地のいいものになるとともに、健全な意見の違いと必要なさいに同意を得ることの均衡を保つ方法である（意見交流を抑圧することにより、理性的判断がむずかしくなり、不安定になり愚鈍化し、新しい物の考え方が出てこなくなる）。

ここにあげられている四つの論拠は、エマソンの独創というのでは、もちろんない。教授はむしろ合衆国最高裁判所の関係諸判決、なかんずくブランダイス裁判官が法実践の過程のなかで披瀝したことのある見解[23]を、整理し体系化したものなのである。また、そういうものとしてこれらは、表現の自由が保障されたならば、かならず生ずるはずの価値実現を叙述したものではなくて、つまり事実命題なのではなくて、信条・期待あるいは規範を内容とする命題であることに注意を要する。後年、いろいろ出てきた批判の一つに、例えば、第二の命題に関係し、表現の自由が保障されれば、真理を獲得することができ、逆に表現の自由を否定すれば、真理への道は閉ざされるというが、それは誤れるロマンティシズムだという極付けがあった[24]。けれども第二の命題で語られていることは、個人および社会が主体的に価値選択をおこなうためには、関連情報がすべて開かれており、異なった情報が対決し合う条件がなければならないという信条、そういうプロセスが保障されていなければならないという確信の表明にほかならない。結果としての真理到達という点についていえば、適正な手続をふまえることが、真理に近づくための、比較的に確かな方途である、という考え方の反映といえようか。凡百の凡庸な人間どもが適正手続をふんで歩むよりは、スーパーマンであるプラトン先生かマイン・フューラー・ヒトラーかが、自分の独断専行で選択した価値のほうがじつは真理であるということが、あるいはあるかもしれない。けれども、万が一、億が一のありうる真理到達のために、一人の人間に賭けるのではなく、凡百の凡人の適正手続に賭けるほかない、というのが、ここで意味される表現の自由の原理論だと思う。

エマソンは、表現の自由の保障されるべき根拠をこのように四つあげているが、この四つのあいだの関係がどうあるか、および、それらのうちのどれが一番重要視されるべきかなどについて語るところがない。四者の関係については、暗示的に示唆しているところがないことはないが、それをどこか一点に絞って統合させるということは試みられていない(25)。ただし、第四の論拠（表現の自由がもつ社会安定化の要素）は、他の三つとやや異質のものがあるように思う(26)。これは、他の三つの観点をふまえて表現の自由が充足されたばあいにもたらされるであろうと考えられる社会的な効果を指しているのであって、他三者とレベルを異にしているのではなかろうか。あとでもう一度考察するように、第二および第三の要素は、総体としての社会あるいは政治体制と表現の自由との関係を内容としており、したがってこの二者は、表現の自由の客観的な意義づけをおこなうものといえる。第一では、個人にとっての表現の自由、したがって表現の自由の主観的な意義が語られており、その点が第二および第三と区別されるところである。けれども、第二および第三においても、個人は、知識あるいは真理の獲得主体として、あるいは共同意思決定の一員として、本質的な地位を占めており、したがって、これらにあっては、個人の権利としての表現の自由と結びつけて考えられる余地がある、といえるのである。これに反し、第四にあっては、個人は全く後景に退けられており、これ自体からは、表現の自由の権利化を十分にうまく説明できないのである(27)。

以上述べたことがどうであれ、今のわれわれは、エマソンの所説をわれわれの考察のための、スタート・ラインとして受けとめればよろしいのである。

ボークの挑発と表現の自由の民主主義的な価値づけ

一　エマソンの原理論は、従来漠然とながら社会的に広く承認されてきた考え方を要約したものとみることができる。その意味では、けっして論争的ではない。ところが、次に紹介するボークの原理論は、まさにその意図において論争的であるばかりではなくて、その効果においても、原理論をめぐる論議を巻き起すのに一役買うものがあり、文字どおり挑発的なものであった。いや、それだけではない。ここに取上げる論文「中立的な諸原則と表現の自由にかんする若干の問題」[28]（一九七一年）を書いた時点ではイェール・ロー・スクールの教授であったボークは、その後一九八二年レーガン大統領により合衆国コロンビア特別区控訴裁判所の裁判官に任命され、さらに一九八七年、合衆国最高裁判所におけるパウェル裁判官の後任として、おなじ大統領から指名されて最高裁判所入りを目前にしたのであったが、しかし、同年一〇月、上院司法委員会ならびに上院本会議において就任に必要な承認が得られず、敗北を喫した。いろいろな事情を背景にして、ボークの最高裁入りの当否は、法曹界なかんずく法学界ではかつてない規模の論戦を招来させた。この〝ボーク論争〟の過程で、ここに紹介するボーク論文が、一定の、そして重要な議論素材になっているのである。[29] すなわち、約一五年ほどまえに書かれたこの論文が、最高裁判所の人事問題という政治的文脈のなかで今一度、期せずして論争的な性格を持たしめられているのは、興味深いものがある。

前置きはさておこう。ボークは、問題の論文において、表現の自由の特殊な性格は、民主主義的な政治体制との関連でしか見出すことができない、と主張する。ボークは、なぜか先に紹介したエマソンの四つの根拠論には目もくれていない。けれどもその説くところは、範疇的にはエマソンの第三論に当たるのは明らかである。ボークの特徴は、他の三つの論拠はすべて排斥し、この第三の論拠しかありえない、と主張する点にある。

二　表現の自由にかんする憲法保障の意義を民主主義の観点から説くこと自体は、珍しくもなんともない。日本の最高裁判所がいつも私たちに教え示してくれているとおりである。[30] アメリカ合衆国の憲法理論に即していえば、ボークに先立ち哲学者ミクルジョンが——ボークとは全く反対方向においてではあるが——たいへん論争的な形で、これを説いている。[31] ミクルジョンは、一九四〇年代後半以降、冷戦下の合衆国で新たな思想・言論弾圧が展開しつつあり、かつ、例の「明白かつ現在の危険」法理によってこれが憲法上容認されている状況に強く反対する意図をもち、民主主義の観点から、表現の自由に対する絶対的保障を要求したのであった。かれによれば、国民主権の原則により、政府は国民の同意にもとづいてのみ成立するのだとしたら、その国民には政府に関連する情報が与えられており、かつ、その点についての討論が保障されねばならないのは、自然の理である。また、政治担当者は国民の委任を受けてその地位にあるのだから、政治担当者としては、統治にかんする国民の討論に耳を傾ける義務こそあれ、これを鎮圧すべき一片の権限ももちえないはずである。そしてまた、国民は政治担当者に自らの希望を表明したり批判したり、あるいは政治指導者の退陣を——表現の自由を行使することによって——要求することができるのでなければならない。

このかぎりでのミクルジョンの表現の自由論はさしたる問題性がないのだが、ミクルジョンの本当のねらいは、たぶん、そこから表現の自由は絶対的に保障されるべきだという結論を引出すことにあった。だが他面、ここから問題性が生まれてくる。かく絶対的な保障を受けるものとしての、表現の自由の範囲いかん、という論点である。ミクルジョンはこの点ではこう述べる。憲法保障にあずかるのは「投票権者が取扱わねばならない争点に、直接もしくは間接に、つながりのある言論のみ、すなわち、公共的利害にかかわる事柄（consideration of matters of public interests）のみである(32)」と。憲法保障の外に置かれる言論（ミクルジョンは、これを「私的な言論」“private speech” と呼ぶのであるが）は、人間の他の行動の自由一般と同様、たんに適正手続保障（憲法修正五条の保護）を受けるにすぎない(33)、というわけである。ここからもう一つ、憲法の特別保護を受ける言論とこれを受けない言論とを、いかなる標識で区別するのかという新しい争点が生まれるが、この哲学者は、これに触れていない。ともあれ、ミクルジョンは当初は「公共的利害にかかわる事柄」を、通常〃政治的〃と理解されるような狭い領域にかぎっていたように思われる。そして正にそうだから、ミクルジョンの画期的な著作は一方できわめて高い評価を受けながら、他方、とくに保障領域の狭さの点で、批判を招かずにはおかなかった(34)。ミクルジョン自身も、のち、基本路線は変えないまま、保障範囲の拡張をはかり、「小説、演劇、絵画および詩歌(35)」なども表現の自由のなかに入れることになる。「性的な経験を率直に描いているために、世間のふつうの物の見方からすれば〃わいせつ〃といわれうる小説のたぐい(36)」

も修正第一条の傘のもとに置かれることになる。

三　さて、以上をもってミクルジョンの立場の説明は終えて、話をボークに戻す。ボークは、表現の自由の根拠を国民主権の原則におくミクルジョンの立場を基本的に承認する。ボークは、国民主権の原則と結びつけることなしには表現の自由は説明できないと見る。ボークはしかし、文学や芸術上の作品にも表現の自由を拡張的に認めるミクルジョンとは違って、「一見明白かつ支配的に政治的な言論」[37] (explicitly and predominantly political speech) にしか表現の自由を認めるべきでない、と主張する。ボークがなぜこのように、表現の自由の範囲を狭く限定するかというと、その理由は二つある。一つは、いわば実体的な理由である。文学・芸術上の表現活動は、たしかに個人の資質を伸ばすとか、幸福を追求するとかいった目的には大事かもしれないが、所詮それだけでしかない。そうだとすると、この種の行為は、株式市場での取引行為、パイロットとして船を操る行為、性行為にふけり、テニスに興ずるなどなどによって、自己の資質を伸ばし、幸福を追求するのと、どこも違わないではないか、とこうボークは考えるのである。[38] 文学・芸術などの表現活動には、他のもろもろの人間行動と同様に、特別な憲法保障を与えるべきいわれがない、と見るわけである。このことと不可分に関連するが、ボークが重要視するもう一つの要素に、〝中立的な原則〟をふまえた憲法裁判の確保という目標があり、これあるがために、表現の自由の範囲は明確に限定づけられねばならない、ということになる。あれやこれやの――他の人間的諸活動と識別しがたい――表現活動への、憲法保障を与えるか与えないかに頭を痛め、「中立性の原則」を踏み外すおそれがあるよりは、「一見明白かつ支配的に政治的な言論」にだけ自由を保障するとしておくのが正しい解決方法である、とボークは論ずるのである。

こうして、ボークによれば、「他のどんな形態の表現にも――科学、文学や、わいせつとかポルノとか呼ばれる種類の表現であろうと――裁判所が関与してその保護をはかってやるなど全く根拠のないことである」[39]。いや、そればかりではない。ボークはつづけていう。「なおまた、ふつうわれわれが政治的と呼ぶ範疇のなかにある言論であっても、政府を実力で倒壊することや違法行為を唱導するような言論については、これを禁止する法律を制定しても、憲法上一向にかまわないのである」という趣旨のことを述べて、そうすることによって、「一見明白かつ支配的に政治的な言論」という範疇に、もう一回絞りをかけているのも、特徴的である。では一体、なぜ政府倒壊の唱導は「政治的な言論」ではないのか。ボークは答える。これは、過半数に充たない連中が、言論その他の通常の政治活動をつうじて自分たちが目標とすることを達成できないために、国家権力を実力でもって乗取ってしまおうとするものであるのだから、憲法制定者らが考えた統治体系に適合的な意味合いでは、「政治的な言論」とはいえない。要するに、これは、多数者による支配という政治原則、憲法原則に反するから、「政治的な言論」ではない、というのである。ボークは、違法行為の煽動のほうも似たような形で「政治的な言論」ではないと説明する。つまり、「政治的真実はなにかを探出し、これを人びとのあいだに普及させてゆく」という通常の政治過程を、この種の言動はこわしてしまうことになる。だからこれは、「政治的な言論」ではないのだ、と説く。[40]

政府破壊や犯罪行為の教唆・煽動を「政治的な言論」ではなく、したがって表現の自由の保障の外にあるとするボークの主張は、今みた理由づけから知れるように、たいへんにイデオロギー的な性格が強いものといわざるをえない。[41] この種の教唆・煽動は「政治的な言論」ではないという、かれの説明は、要するに、これは、多数者による支配という政治的なタテマエに、そもそも、イデオロギー的に対立するものだからだ、というように尽きるのである。いずれにせよ、今は、この点について本格的な検討を加える場所ではないので、問題指摘をするにとどめる。

ボークは、表現の自由を国民主権の原則(同意にもとづく統治、自己統治)とのかかわりで把握するミクルジョンの基本原則を受継ぎ、しかし、ミクルジョンとは非常に違った方向へ議論を推し進めていったのであった。民主主義政治体系を語り、これを強調することによって、ミクルジョンは、表現の自由の保障を絶対的なものに確立しようと意図した。つまり、ミクルジョンは、これにより、表現の自由を深く厚いものにしようとした。ところが、ボークのほうは、同じ論拠を用いて、この憲法保障の範域を狭く限定することをねらっている。科学・文学その他の作品を憲法保障の外に放り出し、さらに犯罪煽動関係の言論にも、憲法の敷居をまたがせないのである。

表現の自由を狭い領域へと押し込めるに当たり、ボークは「憲法における中立性の原則」の旗印のもと、フランクファータ裁判官、ビケル教授の流れ[42]をくんで司法消極主義＝司法自制論を貫徹することに、一種の使命を見出しているがごとくである。こうした観点から書かれたかれの論文は、表現の自由のためのものというよりは、むしろ司法自制論のアポロギーというべきである。

四　そうであるにしても、ボークの論ずるところに説得力があるならば、なにをかいわんや、ということになるのだが、そうであるだろうか。かれ流に二重の絞りをかけて精選された「一見明白かつ支配的に政治的な言論」にかぎって特別な憲法保護を与えることにしてはじめて、裁判官は主観を交えず中立性の原則に叶った形で、分別ある裁判ができる、と、かれはいう。ここまでを、仮に全面的に承認したとしよう。それにしても、しかし、ウェリントンが批判するように、名誉毀損、公務員の政治活動、選挙資金その他選挙運動、報道機関の取材源秘匿その他、表現の自由に関連あるものとして提起されるさまざまな問題は残るのである[43]。そして、残ったこれらの問題にあっては、「一見明白かつ支配的に政治的な言論」というボーク流の識別で争点が余すところなく、あるいは難なく、解決できるとは、とうてい考えられない。なおその先に、裁判官の裁量をどう拘束するかという問題が残るのである。もしそうだとすれば、分別ある裁判を第一目標に置いて、これしか手がないとして切り出されたボークの「政治的な言論」論は、いうほどには有効でないことになる。有効ではないこの議論を成立させるために、われわれはなぜ、科学・文学・芸術などの分野の人間活動を憲法保障の埒外におくという、大変な犠牲を払わねばならないのか。この点の疑念を払拭しえないのである。

要するに、ボークの「民主主義＝表現の自由」論は、かれ流のあるべき消極主義的司法審査制度が念頭にあり、この制度論的な思考のわく組みのなかで、表現の自由を処理してみせたものである[44]。そうであるから、民主主義との関連で表現の自由をとらえたならば、いわば論理必然的にボークのような議論へとゆきつくというわけではないことは、ミクルジョンの修正理論――ここでは、それを詳述しえなかったが――に照らしても明らかである。なお、その点については後述するであろう[45]。

コンセクウェンシャリズムに抗して――スカンロンの「自主」論――

ボークの議論は別として、民主主義体制の観点から――あるいはビケル教授のことばを借りていえば、「政治過程を上手に運営する目的」(interest in the successful operation of the political process)[46]からみて――表現の自由に特別な保障を認める考え方(以下、「民主主義＝表現の自由」論と表記する)自体は、後に検討するように、十分に評価すべきものがあると思う。しかしながら、こうした観点の設定そのものに異論がありうることもまた、看過してはならない。その意味はこうである。

「民主主義＝表現の自由」論(これは、エマソンの定式によれば、第三論拠に当たるのだが)は、民主主義のためにという目的達成の、効果あるいは帰結をねらった考えである。個人としての人間から出発するのではなく、制度(民主主義体制)あるいは過程(民主政治過程)に着目した議論立てになっている。哲学的にいえば、これは、“consequentialism”の議論ということになる[47]。じつは、効果あるいは帰結をねらうという点では、エマソンの第二論拠(知識を高め、真理を発見するために不可欠なプロセスとして、表現の自由を意義づける立場)にも似た面がある。とくに、これをJ・S・ミルの社会効用論[48](役に立つことにねらいを置く主義としてのutilitarianism)やこれを下敷きにして展開したホームズ、ブランダイス両裁判官の「思想交換の市場」論[49]に引きつけて理解すれば、コンセクウェンシャリズムの色合いがはっきりする。あとで言及するように、第二論拠を、個人の資質発展の契機として個人主義的にとらえることも不可能ではない。[50] そういう考え方の余地を残したうえでなお、第二論拠の、少なくもある側面は、個人活動の総体である社会過程、この〝客観的なるもの〟のために、表現の自由を意義づけていることは否定できない。

ところで、政治過程にとって（第三論拠）、あるいは社会過程にとって（第二論拠）、役に立つかどうかという観点――コンセクウェンシャリズムの立場――とは独立に、一個の人間が個人としてこの世に生を享け、国家・社会のなかで精一杯生きてゆくうえでの、内面的・道徳的な要請として、表現の自由が保障されていなければならないという考え方がありうるのである。実際のところ、第二論拠もしくは第三論拠によって、表現の自由は、より良き社会のために、あるいは民主主義政治の上手な運営のためにある、といっても、では一体、表現の自由という価値の帰属するところの、良き社会といい民主主義体制といい、それら自体が終極的には個人のために存立しているのではないか。そうすると、第二、第三の論拠は、結局は個人的な価値実現へと集約するための、たんなる通過点であるにすぎないではないか、という議論にもなりうるのである。

表現の自由を、個人の自己充足（individual self-fulfillment）にとって本質的なものと見る立場は、エマソンの第一論拠にほかならない。おなじ立場は、自己実現（self-realization）、自己発展（self-development）、その他いろいろに呼ばれ、[51] また実際、議論の中身に違いがある。けれども一つ共通しているのは、コンセクウェンシャリズムを斥け、表現の自由の価値を、それ自体が目的であり帰着点である個人＝自己のものとして構成し主張することである（以下、この立場を、「個人の自己充足＝表現の自由」論と称する）。

一九七〇年代の合衆国哲学界を風靡したともいえるロールズ、ノズィック、スカンロンなどの唱える、カント道徳哲学における「義務論」（Deontologie）をふまえた個人主義が、表現の自由の原理論に化体したといえる。ノズィックがそうでありドウォーキンがそうであるように、表現の自由は、コンセクウェンシャリズムから割り出された利益・

価値なのではなくて、むしろ社会体制・国家権力に対するサイド・コンストレィントとして、始源的に個人に帰属する権利である。それは、他のもろもろの価値と比較衡量のうえ尊重されるものとしてではなく、それ自体として絶対的に貫徹すべきものでなければならない――多かれ少なかれ、そういう考え方に立って、「個人の自己充足＝表現の自由」論は、今ある。

二　この立場にとって中核にあるところの個人は、いかなる位置づけを与えられているのだろうか。さし当たりまず、スカンロンの「自主性」(autonomy) 論[52]から入ってみよう。この、プリンストン大学哲学教授は、個人にとって表現の自由は、その個人の他のもろもろの行動の自由と違って特別なものであることを、「自主性」によって論証してみせるのである。

「各人は自分自身を平等であり、自主的で、理性を具えた主体であると考える」ことが前提である。この前提が成立しなければ、表現の自由はもちろんのこと、どんな自由も各人には帰属しえないからである。「自分は自主的であると考えることは……何を信じるかを決定し、行為のための競合する理由を衡量するに当たって、自分自身を最高決定者 (sovereign) と見るのでなければならない。かれは、自分自身の理性の規範を適用して、この自己に課せられた仕事をこなさねばならず、また、自己の信念と決意したこととを、この規範に照らして正当化する必要があることを認識しなければならない[53]」。「自主的な人間であるならば、自分が何を信じ、何をなすべきかについて、自己が独自に検討することなしに、他人のなす判断をそのまま受け容れることはありえないはずである。他人の判断に頼ることがあるかもしれない。しかしそのばあいには、かれは、この他人の判断が正しいらしいと自らが考える独自の理由をあげることができ、かつ、その意見の具えていそうな価値とそれと対立する価値とを衡量することができるのでなければならない[54]」。各人が、このように自主的であり、かかるものとして自分自身に対して主人公であることを保障することが、国家（政府）の存在理由である。逆にいえば、こうした自主性を毀損する国家は、正当性

(legitimacy)を欠くことになる。「各人が自主的でありつづけるのに本質的に必要なことは、ある行為をなすことが法によって命ぜられているとただ単にかれが認識したからといって、そのことが、いかなるばあいでもけっして、かれがそれをなすかどうかという問題に結着をつけることにはならないという点である。法によって命ぜられたことをなすかなさないかという問題に始末をつけるのは、ただかれ自身の決断あるのみである。このばあい、法に従うべき一般的な理由とありうる例外とを自分で現在評価してみるとか、自分の別な義務や責任を考慮するとか、この特定のばあい、法に従うことおよび従わないことに伴いどんな効果が生ずるかを、自分で測定してみるといったようなことが、判断過程に入ってくるかもしれないのである」[55]。このように措定された〃自主的〃な個人は、ロールズのいわゆる“original position”にある個人と近似のものがあるだろうと思われる。

個人(道徳的主体)は、あることを信ずる、あるいはあることをなすについて、かならず自らの〃自主的な判断〃を経由し、自分の責任において、信じる・信じない、なす・なさないを選択するのである以上、正当なる国家(政府)は、こうした個人に対して、あることを信ぜよ・信じるな、と命ずることができないのはいうまでもないことである。それればかりではない。国家は、ある行為をなせ・なすな、と命ずることはできるにしても、この国家の命令に従うか従わないかの選択にかんして、各人間が意見を交流し合うことに干渉を加えることは許されていない。こうした干渉は、個人の自主性を奪うことになるからである。——スカンロンは、このように、個人の「自主性」、そこから割り出される正当な国家の権力的な限界、その内容としての表現の自由、という連関関係において、表現の自由の意義あるいはその特別なる性格を浮彫りにするのである。

スカンロンは、表現の自由の分野において、管見に属するものとして二つの論文を書いており、あとの論文[56]で先のものを多少修正しているのであるが、今筆者が紹介しつつあるのは、第一の論文である。以上でスカンロンの基本的構えを叙述しえたと思うが、いうまでもなくスカンロンは、この論文において一般論・抽象論に終始しているわけではない。かれは、表現の自由には、絶対的あるいはそれに近い保障があるべきことを、具体的に――しかし、実定法解釈としてではなく、哲学的に――議論をすすめているのである。かれは、表現行為がもたらす〝弊害〟(harms)(実害、侵害、その他なんと呼んでもよろしい)という、お馴染みの主題を対象として、この問題にのぞむ。ふつうの人間行為は、〝弊害〟をもたらすならば、それは鎮圧されねばならない。かかる行為をなす〝自由〟はないのである。ところが、表現行為は、〝弊害〟を与えるにもかかわらず、そのゆえをもってただちに鎮圧されるということはありえてはならない、とスカンロンは説く。ここで、表現行為の〝弊害〟とは、二つある。一つは、表現行為の結果、ある個人が誤った考えをもつようになり、その誤った考えが原因となって、その個人に〝弊害〟を与えるばあいである。もう一つのばあいとは――じつは、このばあいが論議を呼ばずにはおかないことになるのだが――表現行為の結果としてなされた別の行為が〝弊害〟をもたらしたのではあるが、表現行為と後に生じた別の行為との関係(connection)は、ただ単に、当該表現行為の影響を受けて、この行為主体がこの行為はなすに値するものであると信じるにいたった(または、そう信じる傾向を強化した)という事実によってしか、成り立つものでないばあいである。スカンロンは、この二つのばあいとも、〝弊害〟にもかかわらず、表現の自由は鎮圧されてはならない、と説く。かれは、この立場をJ・S・ミル『自由論』(第二章)に拠るものと捉え、これを「ミルの原則」として提示するのである。(57)

スカンロンの「自主性」論からすれば、どちらのばあいも、表現を受けとって行為する主体の〝自主的〟選択の問題であって、この主体の責任のみが問われるべきなのである。「ミルの原則」の第一条件は、実際上の困難なしに貫徹されそうだが、(58) 第二条件は、一般にいわゆる犯罪の教唆・煽動の可罰性という、実定法上の制度の当否にかかわらざるをえず、スカンロンの議論は、論争の火中に一石を投じるものとなった。(59) 日本の裁判官たちにとっては、この問題は、戦前の大審院判例以来の「煽動」(あおり、そそのかし)概念の適用のことがらとして、とっくのむかしに解決ずみ、卒業ずみの陳腐な性質のものである。[60] 日本の憲法学者にとっては、この問題は、「〃危険〃の法理」[61] とか、それをソフィスティケイトした「〃ブランデンバーグ〃の法理」[62] とかで結晶した「範疇」で処理すれば足り、深刻な憲法上の争点でありえないのである。[63] けれども、一九七〇年前後の時代には、スカンロンら哲学者にとって、これは、市民的不服従の正当性にかんする重要な主題であったし、いまでもそうありつづけているのである。[64]

ここに紹介したスカンロンの論文が公刊されたのは、一九七二年冬のことであり、先に紹介したボーク論文はその前年秋に世に出ている。スカンロンがボークのものを読んでいたかどうかは、テクストおよびその行間からは推定できない。いずれにせよ、ひとしく表現の自由の原理論を扱いながらも、両者の違いはあまりにも大きいのに驚く。両者は異なった世界に住んでいるのではないかという感さえするのである。

個人の自己実現としての表現の自由

一 スカンロンは、自らが展開した表現の自由論は、正当な国家における権力の限界を示すものとしてあるのであって、なにか特定の権利の定立を目指すものではない、と断っている。[65] ところが、スカンロンとほとんど同じ哲学的な基礎（カントの定言的命題に要約される道徳哲学をふまえたロールズのモデル[66]）に立って、そしてスカンロンの「自主性」に深く依存しながら、一九七四年にはリチャーズは、わいせつ文書規制の領域で、まさに、権利としての表現の自由を論じるにいたっている。[67] 実定憲法研究者がひとたび自主的な判断主体たる個人の自己充足・自己展開として表現の自由を捉えたならば、今までほとんど自明の理としてきたわいせつ文書の取締まり、犯罪の煽動禁止、商業広告の規制など個々の領域へ権利問題を広げてゆかざるをえない。リチャーズの仕事は、その現われの一つであった。

ロールズ・モデルを踏襲して、自主的判断主体の自己尊重・自己充足・自己発展の観点から表現の自由を基礎づけるものとして、ベイカー[68]とレディッシュ[69]の二人を代表させることが許されよう。ベイカーとレディッシュとは道徳的な基礎をほとんどおなじくしていると思われるが、表現の自由のつかまえ方および自由の意味内容が少し違う[70]。枝葉の問題に迷い込まないように注意しながら、両論を見てみる。

まず、ベイカーである。かれは、自分の立場を「自由（Liberty）モデル」として表出し、既述のエマソンの四つの根拠論のうち、第一要素（自己充足）と第三要素（意思決定への参加）との二つにこそ、基軸的な意味がある、と捉える。エマソンのリストの第二要素（知識の拡張と真実の発見）は、第三要素と異なるものではなく、第四要素（社会の安定化）は、まさに第一要素と第三要素の効果として出てくるものにすぎない、と見るわけである[71]。では一体、なぜ第一と第三の要素が基軸的かといえば、第一の「自己充足」の点でいえば、スカンロンの「自主性」論と基本的に異ならない理由づけが用意されている。すなわち、平等で理性を具えた、自主的な道徳主体は、自分の選択、自己規定、自己発展、自己表現において、国家から介入を受けてはならない、という理由によってである[72]。第三要素の「意思決定への参加」（ベイカーは、これを「変革への参加」と表現するのであるが）にあっては、「集団の決定は、ひとの、そのひとたるゆえん（identity）とひとの発展契機（opportunities）との両方にいちじるしい影響を与えるものであるから、人びとの平等な価値と人びとの自主性とを尊重するためには、人びとは集団の決定過程に参加する平等な権利が与えられていなければならないのである[73]。」と説く。

このようにベイカーは、「自己充足」と「意思決定への参加」との二つの価値を――その中心点あるいは集約点はいかにあるかということをかならずしも明らかにせずに、むしろ――いわば並列的に採用して、基軸とする。この点に、ベイカーの議論の特徴の一つがあるといえよう[74]。このうち「自己充足」はさておき、「意思決定への参加」が取りあげられている点だけを見れば、これは、ビケル、ボークなどの「民主主義体制＝表現の自由」モデルと同じではないか、という疑問が生ずるかもしれない。けれども、両者には、質の差がある。ベイカーは、自己がその一員であるところの集団の意思決定に、自分が参加することを権利として把握し、それを表現の自由と結びつけている。個人が出発点にあり、個人が帰着点なのである。そうだから、ベイカーは、コンセクウェンシャリズム＝効用主義においては当然視されるところの、諸価値の比較衡量を断固排除し、表現の自由を「権利」として押し出すのである。これに反し、ビケルやボークの眼目にあるのは、民主主義「体制」であり、その円滑な効率のよい運営なのである。そのための道具、そのための手段として、個人に表現の自由が配分されるのである。かく配分された自由は、さまざまな制度論的な制約を受け、他のいろいろな対抗価値との比較衡量によってはじめて、その存在がみとめられるにすぎない。要するに、民主主義と表現の自由との関係を、個人の側からみるか、体制（制度）の側からみるかの違いが、両者を深く分け隔てさせているのである。

ベイカーは、「自己充足」と「変革への参加」との二契機を、これにかかわる個人の側から追求しようというのだが、そのやり方が徹底している。この点の特色は、保障にあずかるべき「表現行為」の位置づけに現われる。先に言及したスカンロンは、「表現行為」ということを、「表現行為の主体が、一人もしくはそれ以上の人びとに、なんらかの主張（命題）(proposition) または姿勢（構え）(attitude) を伝える (to communicate) べく意図してなされた行為」[75] と捉えているのであるが、ベイカーは、これに強く反対する。スカンロンのこの定義では、他者とのかかわりと表現内容 (proposition or attitude) とが重要要素になっているが、ベイカーによれば、これは、スカンロンが「思想交換の市場」モデルに期せずして取込まれてしまったことから生ずる誤りである。「思想交換の市場」といった観点からではなく、個人の「自己充足」、個人の「意思決定への参加」の観点から見れば、第一に、他者といっさいかかわりのない、自分だけのための〝孤独なる〟表現行為も、保護に値するのでなければならず、第二に、「主張や姿勢」(proposition or attitude) がふくまれない言論——例えば、としてベイカーは、もっぱら娯楽をこととした噺《はなし》あるいは語《かたり》をあげるのであるが——も保障されるべきであり、第三に、重要なのは、言論の源泉が自我にあるということ、言論の選択は自我によってなされることなのであって、それ以外のいっさいの要素は問題ではない、とこうベイカーは論ずるのである(76)。これが、スカンロンに対する有効な批判たりえているかどうかには疑問が残るが(77)、それはさておき、ベイカーはこんな具合に自我を前面に押し出すのである。

ベイカーにはもう一つの特徴がある。それは、自らの立場を「自由（Liberty）モデル」と称していることと関連がある。かれは、再三指摘したような仕方で、「自我」の実現をひたすら追い求めるのであるが、こうした「自我」にとって一番根本的なことは、この過程で国家からの介入を受けないということ、つまり「自由」が確保されること、とされる。個人の「自由」を重視し、かつ、伝統的な「市場モデル」を排斥するのに急なベイカーは、「自我」がかかわる社会、「自我」が展開する場である社会過程、別言すれば、「自我」とその「自我」を取り囲む環境を捨象し去っているがごとくである。社会構造的な分析を拒否している、といってもよかろう。社会構造的な視点が入るならば、表現活動には、単に送り手が必要なばかりではなくて、受け手もいなければならず、両者のあいだの交流（コミュニケーション）が一定の重要な意味をもつはずなのであるが、個あるいは孤が表現の発源体であるということにこそ重点を置くベイカーにとっては、交流という契機はさほど重要ではないのである。「自我」の発展のためには、自らが表現行為の主体たるばかりではなく、他人の表現を受けとること、および社会に一定の情報が流れていることもまた不可欠なように思われるが、ベイカーによれば、聴観衆の利益やその総体として社会過程における情報の流れを確保する利益は、表現の発源主体の自由が保障されれば、それらの利益は自ら効果的に付随して現われることになる(78)。このようにひたすら、個人の「自由」を中心に体系づけるベイカーの立場からすれば、ふつう「知る権利」として語られる国政情報へアクセスする権利のごときは、ありえないわけである。個人は、現に社会に流れている情報に「自由に」アクセスすることが事実上できるにすぎず、国家権力としては、聴観衆のこの「自由」を邪魔してはならないという義務を負うにとどまるのである(79)。

二　レディッシュもまた、エマソンのリストで第一にあげられている「自己充足」の契機に基礎を置いて、「自己実現」(self-realization) 論を展開する。このゆえに、ベイカーと同系列にあるものと、ふつう理解されている。確かにレディッシュは、表現の自由の憲法保障は、究極において「一つの真の価値」に根ざしているのでなければならず、その価値とはかれが「個人の自己実現」と呼ぶものだ、という立場をとる。けれども、レディッシュは、「個人の自己実現」という概念がはっきりした内容のものでないことを隠そうとせず、かえって、いうならば、その融通無碍のゆえにこの呼び方を採ったのだという。(80) 個人の持てる力をフルに開発するという面と自分の運命に関係することは自分で決定するという面を合わせ有する、その意味ではたんに消極的な、あるいは純粋個人的な意味合いで「自由」「自主性」を捉えるのではなくて、能動的、ダイナミックに生存する個人という脈絡で問題を把握しようとしている、といえようか。そうだから、レディッシュは、ベイカーが排斥する「思想交換市場」モデルを、むしろ「自己実現」のための副価値 (subvalue) として、自らのなかに取込む。それればかりではない。エマソンのリストの第三(民主的政治過程)の契機および後に別箇に紹介する予定のブラシのいう「統治に対するチェッキング機能」(81) 要素も、同様に、より広い価値たる「自己実現」のうちに統合されたものとして包摂するのである。「思想交換市場」モデルについていえば、その効用主義的な色彩のゆえに多くの非難を受けてきているが、レディッシュによれば、このモデルは、自己実現という究極価値にとって単なる手段でしかないとしても、表現の自由の意義を考えるばあい無視できない。個人は、つねに自分の生活に関係する決断を、正に自分でおこなわねばならないのだから、これにかかわる情報や意見が自由に流通しているという条件が不可欠である。「思想交換市場」の考えは、正にこの条件を成立させ、機能させることをねらっている、と説く。(82) もし、この「市場」が自由競争によってかならずしも有効に所期の目的が達せられないのだとすれば、それは「思想交換市場」モデルが間違っているのではなくて、自由メカニズムを修正し再調整して「市場」の機能を回復すべきなのである。

「民主政治過程」モデルは、既述のようにベイカーもまた「意思決定への参加」あるいは「変革への参加」という価値づけによって、かれ自身の表現の自由論のなかに取入れているのは、先に見たとおりである。もっとも、ベイカーのばあいには、この契機、つまり「変革への参加」といういい方でとらえられた「民主政治過程」の契機は、どちらかというと、かれにあってより重要であり、第一次的であるところの、「自己充足」要素の蔭に隠れてしまっている気味がある。つまり、なぜベイカーがわざわざ「自己充足」と「変革への参加」とを並列させたのか、両者の関係はいかなるものと考えられているのか、今一つはっきりしないものがあった。これに対し、レディッシュのばあいは、民主政治という「過程指向型」の観念もまた、「自己実現」という究極価値から演繹される副価値なのであって、表現の自由の観点から見て無視されてはならないものである。これは、自分が自分を治める（"self-rule"）という点および自分が参加するという点、この両点からみて、「自己実現」と通底するものがある、と見るのである。民主政治過程と自己実現過程とは、あるところで重複し、どちらにしても切れ目なく両者はつながったものと考えられるであろう。したがって、ボークやビケルのようなコンセクウェンシャリストと違って、表現の自由は「一見明白、かつ支配的に政治的な言論」に限るなどという発想は、全くもって無縁である。そして、ちょうどあたかも、「自己実現」のためには、生活に影響し、自らが決定をしないわけにゆかないことがらについての情報の流れが開放されていなければならないのと同様に、選挙や統治にかかわる情報の自由な流れも確保されていなければならないのである。(83)

以上考察したことからわかるように、レディッシュの「自己実現」モデルは、個人の自主的な判断による価値の選択、運命への挑戦という、個人主義的・自由主義的な性格が強いものの、その社会構造的な指向のゆえに、目的論的な思考、もう一つ、語弊をおそれずにいえば、コンセクウェンシャリズムに対して、けっして一義的に対立的でないものがある。制度・体制・過程といったものを「自己実現」の手段として積極的に取込む。このゆえ、表現の自由を、個人に具わった絶対的あるいはそれに近い性質の権利――ノズィック流にいえば、国家に対するサイド・コンストレィントとしてはたらく自由――とは、レディッシュは考えない。表現の自由といえども、真に止むを得ない統治目的からする価値選択のまえに、みちをゆずらざるをえないばあいがあることを承認する。このように表現の自由といえども、ある種の限定された価値衡量による制約がありうることを容認するのが、レディッシュの特徴といえる。

ペリーの認知的価値論――「道徳的なるもの」と「政治的なるもの」の合一――

一　ひとしく個人の「自己充足」あるいは「自己実現」という契機を、表現の自由原理の中核に据えながら、ベイカーとレディッシュはかなり違ったことを考えている。その違いはいろいろな分野で具体的に表出する。最もラディカルには、商業広告の自由（commercial speech）について出てくる。ベイカーは、商業広告なるものは端的に企業利益の反映であるのだから、「個人」の「自己充足」と無関係であり、したがって、これは、いうならば概念必然的に、表現の自由にかんする憲法保障の埒外に置かれる。ところがレディッシュは、メッセージがだれ（どんな主体）によって、どんな目的で世に現われたかが問題なのではなくて、当該メッセージを受け取る個人の利害こそが問題である。すべてのメッセージは、それを受け取る個人の判断素材として意味をもち、その取捨選択は当該個人に任さるべきである。商業広告だからといって、憲法上特別に差別されるべきでないというのが、レディッシュの基本的な立場である。

ベイカーのように、「自由」という観念を「国家からの自由」という古典的あるいは消極的な意義に限定してとらえ、しかもそれを純化した「個人」の観念からみた「自己」の展開に不可欠なものとして浮彫りにするのは、とかく「個人」を自己目的以外の目的のために埋没させてしまい勝ちな今の世にあって、たいへん意味のあることであると思う(84)。けれども、こうした「自由」を保護し充足するためには、まさにほかならぬ積極的な「自由」——支配あるいは統治に参画する政治的・社会的な権利——が手段として必要である、という考えも無視しえない重さをもってわれわれに迫るものがある(85)。簡単にいえば、レディッシュの立場は、後者の考えを反映している、と理解される。今、一方の極に、表現の自由の価値をもっぱら民主主義的な文脈のもとで捉え切る立場があり、他方の極に、表現の自由の意味合いをひたすら純粋個人の人格発展の脈絡で把握する立場がある、というふうに二極分解の図式があるとすれば、レディッシュの立場は、両方にまたがる折衷説ということにでもなろうか。

レディッシュにあっては、表現の自由にとっての民主主義的な契機というのは、民主主義あるいは民主「過程」は個人の「自己充足」という終極目標にとっての「道具＝手段」であり、そういうものとして、民主主義あるいはその「過程」は表現の自由にとっては見逃しえない契機である。けれども、民主主義あるいはその「過程」は、単に「道具＝手段」だから重要だというだけのことなのかどうか。民主主義あるいはその「過程」は、表現の自由にとってそれ自体として、内在的に意味をもつと考えられないかどうか。別言すれば、個人の「自己充足」の契機と民主主義あるいはその「過程」の契機とは、表現の自由にとって目的と手段の関係なのではなくて、いうならば盾の表裏のように、一体（congruent）なものなのではないか——そういう観点から、レディッシュの延長線上に、しかし独自に折衷の途を切り開こうとするのが、ペリーである(86)。ペリーは後述のような論理をもって、個人の「自己充足」の契機と民主主義的な契機とは、表現の自由原理論にとっては合一するものであるという考えを打ち出すとともに、レディッシュにおいてやや曖昧なうちに処理されてしまっている表現の自由の積極的な側面を、ペリーは前面に打ち出している。それはどういうことかというと、ベイカーと違ってレディッシュは、表現物＝情報を、受け手の側に即したいわば社会的存在として性格づけ、したがって、客観的にあるべき「開かれた、自由な情報の流れ」の必要性を説いている(87)。けれども、レディッシュはこうした「情報の流れ」にかんして、個人はいかなる自由、いかなる権利をもつかという点についてはほとんど語るところがない。これに反し、自由の積極的な側面に一定の配慮を払おうとするペリーにあっては、政府保有情報へのアクセス権は憲法上保障されるべき、表現の自由の内容として構成されるものとなる。(88) このことからわかるように、ペリーは、レディッシュとほとんど共通の基本的な立場を出発点としながら、しかもレディッシュが留保したところの、表現の自由の憲法体系的・構造的な理解を、より明白に打ち出している、と要約しうるであろう。以下、ペリーの原理論を簡潔に紹介する。

二　従来から、表現の自由の基本価値をめぐって、一方に民主主義的な政治過程の維持を重視する考え（conception）と、他方にそういった「過程」指向論を排斥して個人の「自己実現」の契機を決定的なものと見做す考え（conception）とが対立しているが、ペリーは、この両者はけっして相互排他的なものではなく、ともに適切なものとして成立し、そればかりではなくてお互いに補足し合う（complementary）関係にあるはずだと説く。(89) ふつう、相互補足的（complementary）という語を用いるときには、AとBとが足らざるところを補い合ってCを構成することを意味するかもしれないが、ここではそうではなくて、民主「過程」指向の考えによって保護されるべき表現の自由の範囲（category）と、個人の「自己実現」に最大の価値を置く考えにもとづいて主張される表現の自由の範囲とは、合致する（congruent with one another）と論ずるところにペリーの所説の特徴がある。例えば、わいせつ文書の自由（規制）であれ商業広告の自由（規制）であれ、この種の表現の自由の範囲（category）を画する争点を処理するに当たり、民主「過程」論からする議論と「自己実現」論がとる議論とでは、広狭に違いがないはずだ、とペリーは説くのである。そして、そのことを次のように論証する。

まず最初に、「過程」論を出発点として、そこから考察を進める。民主政治過程というものは、市民の政治参加（主観的な契機）と政府による市民への責任制（客観的な制度の契機）との両者を不可分なものとして内包する。すなわち、前者は、後者が実効性を有するためにはぜひ必要であるし、後者があってはじめて前者は意味をもつという関係にある。そして、このどちらも、表現の自由原理のための規範的な内容としては、おなじものを要請する。すなわち、政府の、市民への責任制という観点からいえば、政府は、公共活動を評価するのに役立つ情報の交流およびこうした情報へのアクセスをさまたげてはならない、という要請が出てくるが、おなじ要請は、市民の政治参加の観点からもおこなわれる。

ペリーは、こうして「政府は、公共活動を評価するのに役立つ情報の交流およびこうした情報へのアクセスをさまたげてはならない」という要請を確認するとともに、この要請を次の二点において再吟味する。第一、「さまたげてはならない」というが、これはかならずしも絶対的な禁止を意味するのではない。やむをえない対抗利益との関係では、例外も認容されうる。ただし、例外が許されるのは、よほどのばあい――合理性（rational）にもとづく正当化以上に強い理由づけがあるばあい――でなければならない、という謂いである。第二、「公共活動を評価するのに役立つ（useful）」と述べたが、「役立つ」か「役立たない」かの判断をするにさいし、政府（裁判所も当然ふくむ）は狭い判断を選択して責任逃れをすることがありうるから、基準を緩やかに大きくとる必要がある。つまり、「役立つ」と「まあ、いえる」程度のもの（plausibly useful）であれば足りる、とペリーはいう。「役立つ」とは「とてもいえない」というのでないかぎりは、政府はさまたげることができないと考えるべきだ、というのである。[90]

三　このことを敷衍して、ペリーは、「政治的なるもの」と「道徳的なるもの」との一体性を語る。既述したように、ボークのような狭く「政治的なるもの」を理解する立場からすれば、例えば、ジョイスの『ユリシーズ』のたぐいの小説は、「一見明白かつ支配的に政治的な言論」とはいえないとして、切捨てられることになるが、このジョイスの作品のごときは、「思想、価値観、感性の表現、もっと広くいえば、世界や世界のなかの私たちの住んでいるところにかんする、特定の理解の仕方、物の見方または経験の表現」であるという意味において、性質上「道徳的なもの」とみるべきである。[91] そして、「道徳的な物の見方」は終極的には、またそのまま同時に、「政治的な物の見方」でもあるのだから、ジョイスの作品は「政治的なもの」でありうるわけである。もし「政治的なもの」が保護されねばならないとするならば、「道徳的なもの」も同然でなければならないはずなのである。そして、合衆国最高裁判所の判例理論はもちろんのこと、多くの学説は、まさにそのようなものとして表現の自由の憲法保障を処理してきているところである、とペリーは確認する。[92]

こうしてペリーは、今度は、「過程」論のほかに他にありうる原理論のほうへと視座を移す。すでにお馴染みのエマソンの四つの根拠論のうちから、エマソンが第四に挙げた「(社会)安定化」契機を取り上げて、ペリーは、この契機は独自の価値論を有するというよりは、むしろ、「過程」論が説くところと裏腹のものだろう、と捉える。社会の「安定化」、社会生活・政治生活の円滑な運用という目標は、正にほかならぬ民主主義的な政治体制がねらいとするところなのであって、そうだとすると、表現の自由の原理論にとっては、民主過程の要素と社会「安定化」の契機を独立の二つのものとして定立する必要はなかろう、ということになる。すなわち、社会「安定化」論は、「過程」論に付随的なものとして、吸収合併されてしかるべきだと説く。

そうすると、エマソンの図式で残るのは、「真理探究・真理到達」の契機と「自己充足」の契機の二つ、ということになる。そして、この点におけるペリーの議論の特徴は、この両契機を一体のものとして捉え、そう捉えることによって、ベイカーやレディッシュの観念する「自己充足」あるいは「自己実現」とは一味違ったものを打ち出している点にある。こうである。個人が「自分の人格を発展させ、自己を充実し実現してゆく」というばあい、表現の自由との関係で眼目にあるのは、知的な側面、「現実を常によりよく理解することを追い求め、それを達成したいという欲求またはそのための能力」という、人間の本質的な特徴こそが、重要なのである。「自己充足」といえば、物質的(肉体的)に満足すること、他人との連帯がうまくゆくことなど、方向がいろいろあるが、ここで問題なのは、なにかを「知ろう」とする内的欲求にほかならないのだから、これは、真理(あるいは、よりよく真実に近づくこと）への欲求ということとおなじことだといわねばならない。こうしてペリーは、「真理探求」の価値と「自己実現」の価値は結局は合一すると考え、両者を包摂すべく――適切な表現方法が考案されるまでの暫定的な呼称として――「認知的」（“epistemic”）価値という命名法を採用する。[93] 現実をもっとよく知りたいと願い、そう努める能力を事情の許すかぎり自由自在に発揮することは、人間の成長にとって、また、社会の福祉にとって、基本的に重要なことを疑う者はほとんどいないだろう。つまり、「認知的」価値が基本的な価値として保護されるべきであるのは、縷言を要しまい、とペリーは考えるのである。

さて、こうして構成された「認知的」な価値に基礎をおいて表現の自由原理論を立ててみたばあい、果たして、先に「過程」論のうえに組立てられた表現の自由原理論からは見えなかった新しい地平が見えてくるだろうか。つまり「過程」論では保護の埒外に置かれるなにものかが、「認知」論ではじめて新しく保護の範囲に入ってくるといったような変異があるものだろうか。こうペリーは自問する。そしてこれに対して、こうかれは自答する。ちょうど「政治的な物の見方」と「道徳的な物の見方」は同一に帰するというのとおなじように、「過程」論からする「範囲」（カテゴリー）論と「認知」論からする「範囲」論とは、完全に重なり合う、というのである。すなわち「現実をよりよく理解するのに役立つ情報と思想」と「政治的な物の見方を追求するのに役立つ情報と思想」とは、結局においておなじ内容のものであるはずだ、というのである。[94] そのことを、具体的に論証すべく、ペリーは、破壊活動の煽動、商業広告、わいせつ表現、その他の範囲（カテゴリー）に即して、各論的に分析する作業を展開することになる。

知性的なるもの、社会的なるものに向けて

一　ペリー原理論の特徴の一つを、次の点に見出すことができよう。すなわち「政治的なるもの（客観的なるも

の)」と「個人的なるもの(主観的なるもの)」という本来的に相容れないもののように考えられ勝ちな関係に「道徳的なるもの」という両者それぞれに相関する要素をもってきて、この二つのものに橋を架けることを試みた、という点である。かれの、この試みが成功したと見るかいなかは、ひとにより評価が分かれるだろう。しかしながら、ペリーが「政治的なるもの」と「個人的なるもの」との両方を睨み合わせ、両方を包含しうるような原理論を探究しようとした意図は、比較的多くの人びとの了とするところではなかろうか。つまり、ひたすら「政治的なるもの」に根拠をおいて、表現の自由を専ら民主主義のための手段・道具として割切るのは、もしボークのように狭い「民主主義」論で自由の範域を極端に限定してしまうのでないとしても、なお、大いに問題である、と見ないわけにはゆかない。表現の自由は、他のなにものかの目的のための手段ではなくて、本質的に、人間の価値を追求する個人の権利という側面を固持すべきだからである。他方しかし、表現の自由を純粋に「個人的なるもの」一本槍で十分に意義づけることができるかというと、われわれの側にある種の飽き足らなさを覚えるのも、これまた否定できないものがある。飽き足りない想いはさまざまでありうる。その一つをこう摘出しえよう。表現の自由を単に「個人の自由」ととらえ、他のもろもろの「個人の自由」と一緒のものにしてしまえば、表現の自由は、他の諸自由の一つ(one of them)でしかないことになる。この方向は徹底すれば、表現の自由は、包括的な権利(大権利)たるプライバシーの権利の、一つの現われたる小権利でしかないことになりはしまいか。「個人的なるもの」という考えとの関係でもう一つ憂慮されるのは、これでは、表現の自由はたんに個人の好みに耽ける自由というだけのものに堕してしまうのではないか、理念を欠いた弱々しいものになってしまいはしないか、という点である。

さいごの点に一言すれば、表現の自由の憲法保障のもと、現代マスメディア産業はかつてない規模でさまざまなモードの表現物を商品として販売し、市民大衆もこれら表現物をかつてない勢いで消費して止まない現状がある。これを原理論のレベルでどう評価するかということが、例えば、ある。憲法は、限りなくセンセーションをもとめて止まず、個人的な遊楽を飽くことなく追求する表現物が、万遍なく欲する人びとにゆきわたるようにするために、表現の自由を与えたのか。なぜ、どのようにして憲法は、こういう表現物に、ことさらに強い保障を与えていると理論構成しうるのか。

こういった問題背景を前提とすれば、端的に個人主義的・自由主義的な原理論に対抗して、表現物が一定の実体的価値を有するがゆえに、これを保障するため表現の自由があるのだ、という考えが出てくるのは、ある意味で自然である。

こうして例えば、ボリンジャーは、表現の自由はただ単に個人がいいたいことをいう自由というのではなくて、「社会を知的なものに仕立て上げ、そのように性格づける」ものであることが重要なのだ、と説く[95]。ボリンジャーは、今世紀に入ってから合衆国において表現の自由の原理確定のために決定的に重要な役割を果たした二人の先覚者（哲学者ミクルジョンと裁判官オリヴァ・W・ホームズ）の言説に即しながら、表現の自由の「知的な諸価値」(intellectual values) を強調するのである。

二　ライトの問題意識も、似ているところがあるといえる[96]。表現の自由というものは自己実現に仕えるものであるのだとしても、それは単なる個人の恣意的な無限定の自由と考えるべきではなかろう、とライトもまた考えるのである。しゃべる人間の個人的事情、その者の目前の状況を越えたなにものか、すなわち広い意味での政治的、宗教的、倫理的および文化的なことがらにかかわりがある、その意味で「社会的なるもの」と呼べるものがあってこそ、言論は言論たりうるのであり、かかる言論の自由を保障する意味があるのではないか、とライトは考える[97]。自由の保障に値するものとしての言論は、少なくも潜在的には、個人・社会の進歩・成長・開発・啓発を促す創造的な契機をもつはずである。これはJ・S・ミルの原理論にほかならない。現今、J・S・ミルの効用主義はコンセクウェンシャリズムのレッテルをはられて不人気になっているが、再評価に値する、とライトは考えるのである。

三　ボリンジャーもライトもともに、ニュアンスの差をもちながら、表現内容にある種の社会的に積極的な意味合いをもつことを、要請するのであるが、さてそこから、具体的にどんな憲法論が出てくるのかは、両人のばあい未知数である。単なる個人主義に即して表現の自由を無限定・無内容なものにしてしまうのは誤りであり、表現の自由は、自由保障に値するなにか認識すべき目的とつなげて理解すべきだと、問題提起しているところに、かれらの議論の意義がある。

かれらの議論のなかで私の注目をひいたのは、ふたりとも、I・バーリンのいわゆる「積極的な自由」(98)要素を、それぞれが構成する原理論のなかに積極的・肯定的に取込んでいることである。すなわち、ボリンジャーは、現代社会における表現の自由原理は、バーリンのいわゆる「消極的な自由」からむしろ「積極的な自由」へ移行しつつある状況変化に対応しうるものでなければならない、と主張する脈絡のなかで、バーリンの「二つの自由」が語られる(99)。他方、ライトは、表現の自由の基礎にある個人の「自主性」(autonomie)を、単に消極的に——あるいは無内容に広義に——これを捉えるのでなく、アリストテレスやヘーゲルの思想に即し、これを「動態的な発展」に資するものとして捉えるべきだと主張するのだが、後者の「自主性」こそバーリンが「積極的な自由」として描き出したものだ、と述べる(100)。このばあい、ボリンジャーが指摘しているとおり、バーリンは「二つの自由」のうちで「積極的な自由」についてはことさらに語ることが少なく、とりわけ、それと「消極的な自由」との関係は全く論ぜられていないという事情が考慮されねばならない。似たように、表現の自由の領域でボリンジャーやライトがバーリンの所説に一定の手掛りを持とうとするばあいにも、今のところはなお、抽象論あるいは試論にとどまっている。

ともあれ、このように表現の自由の原理論において、バーリンのいう「積極的な自由」を視座に組込むべきだとすれば、ここではおのずから「個人的なるもの」としての「権利」(主観的な法)を超えた、あるいはその外にあってこれと密接にかかわるところの、客観的な諸制度の構造的な理解がどうしても要請されることになる。こういう方向づけが正しいのか正しくないのか。また、正しいとして、では一体、表現の自由における「消極的な自由」(主観的なるもの)と「積極的な自由」(客観的なるもの)の、構造的・体系的な理論は、いかに構築されるべきか。このように、さらに問題は新しく展開せざるをえない。

以上のように、表現の自由にかんする議論の方向を見定めたうえで、以下に、いくつかの落穂拾い——といってしまっては語弊があるのだが——をおこなって、諸理論の検討にある種のまとめをつけることにしたい。

「チェッキング価値」論

一　原理論との関係で、言及すべきものであって取残されてきた所説に、ブラシの「チェッキング価値」[101]論がある。ここで「チェッキング価値」とは、「公共的権力の濫用」(abuse of official power)を監視し取材し公に報道することによって、ジャーナリズムが現実に果たしている権力抑制的な機能に着目した概念である。ブラシによれば、ジャーナリズムのこうしたチェッキング作用のなかにこそ、表現の自由(合衆国憲法修正第一条)の現代に特有な価値を見出すべきである。ブラシの見るところ、アメリカでは、公民権運動やベトナム反戦運動が展開した一九六〇年代～七〇年代を経過するなかで、表現の自由にかんする訴訟事件として合衆国最高裁判所にのぼってきたもののかずかずは、明らかに従来のタイプと違う。従来は、言論の自由市場の公正な運営(フェア・プレイ)、あるいはまた政治過程への象徴的な参加が求められたにとどまるのに対し、現代は、目に見えて明らかな社会的諸力からの解放、権力把持者や社会制度への不信、ルーティンなるもの(型にはまって処理されてきているもの)の廃絶、といった要請、すなわち、権力そのものにかんする問題が提起されているという点で特徴的である。こうした問題性を背後にもつ憲法訴訟においては、従来の表現の自由原理論に基礎づけられた司法審査では、けっして本質的な解決は得られない。従来の理論の再検討をつうじて、その延長線上に現代に有効な新しい理論が構築されねばならない。こういう考えのもとに、ブラシは、「チェッキング価値」論を提示するのである。

ブラシのいわゆる「チェッキング価値」は、ロックに遡る近代初期から英米諸家の論ずる表現の自由論に伝統的に見られるものであるが、一九七〇年代以降の新しい法展開、なかんずく、名誉毀損法領域、ニュース収集の許容性問題、マスメディアへのアクセス規制領域などにおいて、これは決定的な視点たるべきだとされる。ここにあげられた具体的な法分野でのブラシの「チェッキング価値」論は、大いに魅力的で説得力に富むものがある。

それでは一体、「チェッキング価値」論は、われわれが先にエマソンの定式化により考察した四つの根拠論に取って代わる、独自の第五の理論であるのか、というと、そうではない。[102] ブラシ自身がいっているように、かれの所説は、価値をめぐる従来の諸論を否認した新理論ではなく、むしろこれらに付加されるものとしてありうる補完理論(a possible supplement)[103]たる性格を有する。従来の理論との関連でいえば――だれしも容易に推論できるように――これは、ミクルジョンにより最も鮮やかに構想された「自己統治」(民主主義)理論に近い。いや、同じ土俵のうえにある、といっても過言ではない。事実、ブラシ自身、ミクルジョンの所説を詳しくそして批判的にフォローしたうえで、「「チェッキング価値をはっきり認識してこれを構造的に考えることは、こうした理論(「自己統治」論――引用者)に対していくつかの独特な要素を付け加えることになるだろう。[104]」と述べている。

表現の自由の原理論という点でいえば、ブラシの理論は、民主主義的な価値に力点をおいて、従来の理論を肯定的に再確認し、しかし重要な部分に補強を加えることによって、現代に特有な状況に有効に対応し、表現の自由を活性化しようとするねらいをもっている、といえよう。

原理論の紹介と分析を主題とする本章では、したがってそのように位置づけられるものとしてのブラシ「チェッキング価値」論には、これ以上の考察を要しない、といえるように思われる。しかしながら、次のような角度からみれば、ブラシの理論には、原理論の現代的な考察にとって重要な論点がなおいくつか含まれている。

二　ブラシ論文の特徴の一つは、表現行為における公共的諸力への「チェッキング価値」を重視し、そしてそのゆえに、すなわち、そうした価値を内容とするがゆえに、当該表現行為を――そういう価値を体現しない表現行為に比べて――特別に厚く保障すべきである、と主張しているところにある。[105] 一定の表現内容指向型の理論といえる。これは、先に見た所説でいえば、ボリンジャーやライトが無限定・無内容な表現の自由に対し、ある種の物言いをつけているのに、少しばかり近いものがあろう。有象無象のマスメディア（日本のばあい、最近の〝3FET〟に代表される写真週刊誌[106]を考えよ）が、あるいは表現の自由を叫び、あるいは読者・視聴者の「知る権利」を振りかざすことによって、人間の低劣な好奇心を満足させる目的だけのメッセージを巻き散らしている現状への、憲法学者としてのいら立ちを、ここにも見るおもいがする。

（表現）内容重点的な物の見方となると、勢い二つのことが問題になるであろう。第一、この議論は、あの、悪名高いボーク理論のように、特定の、多かれ少なかれ恣意的に構成された「政治的な価値」を排他的に優先させ、他の価値を表現の自由の世界から放逐してしまうことになりはしないか、という問題である。しかしながら、ブラシとボークとは全く違う。前者は、後者のように、表現の自由に内在することのあるべき他の価値を否認もせず過小評価もしていない。ブラシが腐心するのは、先述のごとく、民主主義的（自己統治的）価値論の現代化あるいは活性化にほかならないのである。このことと関連するが、ボークの関心は、破壊活動的な煽動などのような反体制的言論およびわいせつ文書などのごとき風俗紊乱的・反社会的表現を効果的に取締るための憲法論の模索にあった。これに反し、ブラシは、現代のジャーナリズムが抱えていて、しかし伝統的な法理論によっては十分に有効に処理することのできない法分野――名誉毀損、取材行為の自由化、マスメディアへの市民の接近化――に場を求め、そこに妥当し適用されるべき憲法論を構築しようとしているのである。両者は、交わるところがない、といってよい位である。

三　内容指向型という点でもう一つ、問題にする余地があるのは、従来の表現の自由の理論によれば、国家の規制権力は、表現の内容については「中立的」でなければならない（principle of content neutral）と説かれてきたこととの関係である。[107] 確かに、国家が表現の内容を審査し、特定の内容のゆえに当該表現行為を鎮圧することは、表現の自由にとって最もいまわしいことである。このゆえに、この法領域にあっては、国家権力は、内容中立的でなければならないという原則は、厳正に保持されるべきである。そうだとすれば、「チェッキング価値」という内容を決め手に、こうした言論活動に対して国家が特別な保護を与えるべしとする、ブラシの理論は正当性を欠くのではないか。すなわち、かれの内容指向的な傾きは、内容中立の原則と矛盾抵触するのではないか。この疑問に対して、いくつかの答え方がありうるだろう。一つ、伝統的な内容中立の原則は、権力による自由の否定（介入、侵害）にむけられ、こうした範域を制限・限定することをねらいとした。これに反し、ブラシは、国家権力が効果的な自由保障を与えて来なかった領域において、自由保障を拡大的に承認することをねらいとしている。従来の内容中立論が消極的性質のものだとすると、ブラシの内容指向論は積極的な性格が強い。

どちらにしても、ブラシの理論では、「チェッキング価値」に任ずるメッセージとそうでないメッセージとのあいだに、憲法上の保障のあり方に差が生ずる。この差は「不平等」を構成し、したがって表現の自由の法理に原理的に背反するのではないか。[108] この議論は、ひとしく名誉毀損的なメッセージ——と、それぞれの当事者が感ずるような内容のもの——でありながら、一方のメッセージが公務員の職務行為に関するのに対し、他のそれが多かれ少なかれ純粋な私人といえる者の私的行為に関係する場合には、自由保障の点で差異が生ずるのは、「不平等」であり、憲法上許されないという議論と、ほぼ同じものであり、そういうものとして理論的に処理できるであろう。「不平等」ということを問題とする（あるいはそう評価する）前提には、両者がある観点（ここでは表現の自由を享有するという観点）から見て、「等しい」はずだ、という命題がふまえられていなければならない。「平等」原則は、「（ある観点からみて）等しいものは、等しく扱われるべし」という要請にほかならないからである。[109] ところで、公務員の職務行為と純粋私人の私的な行為とが、一般論として「等しい」とか「等しくない」とか論ずることは、私の見るところ、全く無意味である。両者はある観点（例えば、ただひたすら仕事に打込む主観的な姿勢という点）では「等しい」（あるいは「等しく扱われるべきである」）かもしれないが、他の観点（例えば、制度から要請する勤務のあり方という点）では「等しい」とはいえない（あるいは、「等しく扱われること」こそ、まさに不平等となる）。

この議論に説得力をもたせるためには、もっと細密な省察が必要であるだろう。けれども今は、表現の自由の領域において国家はいかなる脈絡においてもつねに、あらゆるメッセージ内容から中立的でなければならない、という命題は、そう簡単には成立し難いものがあるということを確認し、ブラシの内容指向スタイルを表現内容の非中立性という点で非難するのは、誤りであることを指摘するにとどめる。

諸個人のありうべき好奇心の満足にではなくて、「チェッキング価値」にこそ、表現の自由の独特な意味づけを与えようとするブラシの考えには、そう立論することの憲法構造的な根拠がある。「各人がいいたいことをいう」という点に自由の根拠をおく、純粋型の「権利」論、「個人の自由」論とは違ったレベルでの価値選択が、ここにすでにはたらいているわけである。

四　けれども、ブラシのばあい、ただ単に民主主義的な統治過程のなかに組込まれたものとして表現の自由を捉えるという、比較的多くの論者に共通する立場が踏まえられているばかりではなくて、ある種の、あえていえば現状についての危機意識と表現したくなるような現状認識に支えられていることに、私は注目したい。それはなにかというと、「われわれの時代における選挙人の低い投票率と政治的な討論の貧困化」[110]、簡単にいえば、豊饒な社会のもたらした非政治化・脱政治化である。ブラシがことさらに、ジャーナリズムによる「チェッキング価値」を重視した背景には、民主主義の復権――これによる、大げさにいえば、危機の克服――を目指す憲法論がある、と思う。

大方の読者が先刻気づかれているように、ブラシの「チェッキング価値」を問題にするにさいし、私はあえて、ジャーナリズムを主体として登場させる仕方をとってきた。ブラシ自身はジャーナリズムあるいはジャーナリストということばを採用しているわけではないのであって、ここは私の「意訳」である。けれども、ブラシの「チェッキング価値」は、明言するとしないとにかかわらず、その担い手は、日本語では新聞界・報道界あるいは報道機関ということばで表現されるところのザ・プレスが措定されている。よかれ悪しかれ、諸個人が諸個人として終始する形の表現行為は、ブラシの考察の外に置かれている。この点、すなわち、制度としてのプレスを主体として表現の自由論を構成するのが、ブラシの理論の第二の特色である。

現実の民主的な政治過程に着目して、ブラシは、反対政党とプレスという二つの制度のうちの一つを、[111]表現の自由の舞台に乗せているのである。こうした「制度的理解」は、ドイツ的アプローチではけっして特異ではないのに反し、[112]少なくとも従来のアングロ・アメリカ的な方式においては、ほとんど取られることがなかった物の見方である。[113]「ザ・プレスの自由」は、ふつう一般の「スピーチの自由」と違うのか違わないのか、違うとすれば、どの点が、いかなる理由で違うのかという議論は、かれの「チェッキング価値」論と別箇独立に切り離して、それ自体表現の自由の現代的問題の一つとして、合衆国では広く、大いに議論されているところである。[114]

個人を超えて——あるいは、個人とは別にそれと並んで、その傍に——プレスという制度の存在あるいは独自の機能を法的に承認しようという発想は、「主観的な側面」とは別に、「客観的な側面」をも、表現の自由の保障範域内に取込む努力の現われにほかならない。これが現実の社会構造的な観点あるいはそうした脈絡において表現の自由を構築しようとする理論作業の一つであることは、たぶん指摘するまでもないであろう。

「〝対話〟する権利」論

一　ブラシの理論は、既存の原理論でいえば民主過程に近いところに身を置いて、これを再解釈するものであるが、最近の「理論の再台頭」のなかから出てきたチェヴィニーの「〝対話〟する権利」論は、[115] 従来の原理論とのかかわりでは、どう位置づけたらよかろうか。チェヴィニーによれば、アングロ・アメリカ諸国においては、表現の自由は、個人主義的な理論と思想交換の自由市場論との両面から基礎づけられてきたが、そうではなくて「対話（ダイヤローグ）なしには、（ことばには）意味がない」という言語哲学的な命題のもとで、この自由を価値づけるべきである。つまり、「対話」が生成し展開して、ことばに「意味」を持たせるためにこそ、表現の自由は保障されねばならないのだ、と説くのである。チェヴィニーの意図するところは、こうである。表現の自由を、個人主義理論や思想交換市場論のような自由主義諸国にだけ通用する理論に拠って基礎づけるにとどまるとするならば、こうした理論が欠けている社会主義諸国においては、表現の自由は理論的な支柱を失ったままで留めおかれることになる。しかし、表現の自由は、自由主義体制とか社会主義体制とかの体制を超えて保障されるべきなのである。そうだとすると、従来の原理論にはなかった新しい根拠を探しもとめなければならない。こうして、チェヴィニーは、あらゆる言論、あらゆるディスコースの内面に秘められている契機、すなわち対話によってはじめて意味をもつという契機（"No meaning without dialogue"）に焦点をあてるのである。どんな個人も、どんな集団も、どんな政府も、およそ思想を理解し、自分自身をひとに理解させることを欲するかぎりは、対話が保障されねばならない。そしてそのために表現の自由があるのだ、と考えるのである。

従来の伝統的な原理論は、「各人が、自分のいいたいことをいう自由」というふうに表現の自由を構成したときに、送り手（発表者）の意欲の満足にのみ着目した。言語（表現）なるものは、受け手（聞き手、見る者）とのあいだに成立する社会関係であること、他者と交流(communicate)する点に本質があることなどは、表現の自由をたんに個人主義的に理解する従来の観点からは、どちらかというと軽視されてきた。この点は、チェヴィニーの批判するとおりだと思う。チェヴィニーは、「他者」との関係において言語はいかに用いられるかを問い、探究するウィトゲンシュタインの所説、言語をつうじてはじめて自分自身や世界を「理解」することができると力説するガダマーの所説など、最近における言語哲学の潮流を追い、「合意形成」のプロセスに着目しつつ「コミュニケーション行為」論を考察するハーバーマスのような社会科学の業績を取込んで、「対話の権利」論を展開するのである。

二　今、しばし憲法論をわきにおいていえば、「対話」あるいは「会話」という営為のもつ意義を重視する思想動向が、日本でも見られるのは周知のことに属する。すでにして、チェヴィニーが引用し依拠する言語哲学、記号論、コミュニケーション理論は、この国でも大いにもてはやされているところである。この間にあって例えば、チェヴィニーがマルクス主義言語理論を語るとき依拠するヴォロシノフ『マルクス主義と言語哲学』(116)の真の著者と推定されるミハイル・バフチン(117)のばあいには、八巻にまたがる邦訳著作集が公刊されつつあり、ほとんど思想界の寵児と称して過言ではない位である。こうしてバフチンの〈対話の哲学〉は、〈解放の笑い〉としての〈カーニバル〉論とともに、広く受け容れられている。バフチンによれば、「〈対話〉は、つねに逆転の可能性を秘めた、スリリングな相互関係であり、双方が一致してしまったとき——つまり、対話がおわるとき——、一切は死を迎えることになる。果てしなく〈対話〉をつづけてゆく過程においてのみ——矛盾をにないつづけるなかでのみ——、〈有意味な存在〉としての〈人格〉はありつづけるのである(118)」。人間は、〈対話〉によって〈他者〉との関係をもち、かく〈他者〉、すなわち〈差異〉とぶつかり合うことによってはじめて、自己を意味づけることができる、とバフチンはいうのである。大変魅力的な省察ではあるまいか。

わが国に目を転ずれば、リベラリズムにもとづいて「正義」論を構築せんとする井上達夫『共生の作法』のなかに、次の文章を見出す。「異質な価値観を抱く他者との間で、相互理解の困難さ故に緊張を孕んだ対話を粘り強く営むことを通じて、自己の思想の地平を絶えず拡げてゆこうと努める人々の、永続的な探究の情熱から生まれる自己批判的な謙抑としての寛容こそが、リベラリズムの基底に脈打つ精神なのである」[119]。これは、リベラリズムの——相対主義とのかかわりにおける——弁明論ではあるが、〈対話〉のもつ意味において、バフチンの説くところと似たものがあるであろう。ちなみに井上は、「会話」なるものを「異質な諸個人が異質性を保持しながら結合する基本的な形式」と捉え、会話こそ、「統一体」とは対極にある「社交体」のパラダイムであるとして、「会話としての正義」[120]を唱えるのである。別な法哲学者・田中成明もまた、「対話的合理性」[121]という概念を中心において、実質的正義論を構築しようと試みている。

三　こうして見たばあい、〈対話〉ということばで意味されるある契機が、人間にとって、あるいは人間の共生にとって、決定的に重要なものであると考えるのが、最近の思潮であるらしいとわかる。しかしながら、チェヴィニーが主張するように、〈対話〉価値を基底に置く表現の自由原理論こそが、従来のいっさいの原理論に取って代わって新しい理論として専一的に支配すべきなのであろうか。私にはどうも、〈対話〉という新規概念が用いられるかいなかを別にすれば、こうした要素は、例えば個人主義的価値論にしろ、思想交換市場論にしろ、従来の原理論のなかに、実質的に内在していたように思う。個人主義的な理解のもとにおける表現の自由は、けっしてたんに各人の「しゃべりたいことをしゃべる自由」としてだけあるのではない。すでにしてミルトンの時代から、異説との出合いによる自己発展の契機を内包していたのであって、個人は、メッセージの送り手であると同時にその受け手としても考えられていたし、こうしたメッセージの交換はどこかで完了し終結するということは考えられないことであった。表現の自由における個人主義的な価値づけは、〈対話〉論的な価値づけと少しも矛盾しないように思う[122]。ほぼ同じことが、原理論としての思想市場論についても当てはまる。市場論の中軸にある「交換」は、まさに〈対話〉にほかならない。こうしてみれば、チェヴィニーの〈対話〉価値論は、従来の原理論に取って代わる新理論であるよりは、より多く、従来の原理論が内包する価値を、〈対話〉という契機を導入することによって、再確認し、あるいはよりよく充実させる役割を果たすにとどまるのではないかと思う。このばあい、自由主義・社会主義の両体制を超えた原理論を構築するという、チェヴィニーのねらいを貫徹するために、自由主義と一体化した「個人主義」ということばを避けたいというのであれば、「人間主義」という言い換えをしても、従来の原理論にとっては、一向に差支えないはずである。思想交換市場論という呼称も、社会主義社会からは嫌われるかもしれない。けれども、思想交換あるいは〈対話〉が、計画経済のばあいと同様に、社会主義的に計画化されてしかおこないえないという考え方を前提とするならば、そこにはもはや、体制を超えた表現の自由原理論など成立する余地はないことになる。〈対話〉という、体制を超えた人間の人間的欲求を設定することによって、体制を超えた表現の自由原理論を構築しようとする意図は、大いに了とするところであるが、真の表現の自由の確立は、現にあるものとしての「体制」の止揚そのものを、要求するかもしれないのである。

むすびにかえて

一　以上、アメリカ憲法学界の理論状況を紹介分析してきた。いささか、他人の褌で相撲を取った感がある。これに対しては、日本には日本独特の原理論があるはずだ、いや、なければならない、と批判する向きがあるだろうと思う。そうした批判が、たんに消極的にではなく、積極的にかつ具体的に展開することを大いに期待したい。私自身も、後日、もう少し自分のことばで、原理論に肉薄し直してみたいと考えている。

冒頭にも記したことだが、アメリカでの「理論の再台頭」と対比的に、日本ではこの方面の議論はかならずしも活発ではない。日本では、「なぜ今さらそんな議論が必要なのか」というふうに、「理論の再台頭」の意義そのものを疑問視する向きさえある。[123] たぶん、在来の、さまざまな根拠論の並存並列でいいではないか、という考えに立つであろう。実際、アメリカにおいても、憲法によって保護される表現の自由の価値は多種多様なのであって、憲法はけっしてこのうちの一つだけを排他的に選択しているわけではないと考え、在来の原理論はそれなりに、あるいはそれぞれ、いい線をいっているとする、いうならば現状肯定的・妥協的な立場をとる論者がいる。[124] けれども、こうした妥協的な現状肯定的な原理論は、表現の自由を取巻く現代的な問題状況を踏まえて、既成理論の有効性を再確認したうえでなければ、その正当性を保持することができないというべきである。ただ漫然と論証なく既成原理論をよしとしてしまうにしては、現代の表現の自由を取巻く客観的な状況がはらむ問題性は小さくない。本章を閉じるに当たり、そのことの意味を私なりに指摘しておきたい。

ドウォーキンに代表される「権利」論、つまり個人主義、自由主義に基礎づけられた原理論は、非常に魅力的である。この立場から主張される表現の自由は――ノズィック流にいえば――サイド・コンストレインとして始源的に国家権力につきつけられている制約体なのであって、他のいかなる利益との比較衡量をへることなしに、尊重されねばならない。表現の自由は、いわば絶対的な価値をもつものとして貫徹するわけである。こうして各人が表現の自由を享有し行使することによって、社会総体においては、あるいは社会過程もしくは政治過程においては、思想・情報の交換市場が自生的に生ずることになる。けれども、この市場の形成展開は、各人の自由勝手に属するのであって、たとえていえば神様から見て、市場に登場する思想・情報に偏りがあるとか、多様性を欠いているということがあるとしても、それはどうでもいいことなのである。各人の自由が真に保障されさえすれば、その結果、多種多様の思想・情報が適切な程度に出廻るであろうという位の予測をもつにしても、そのことは、この理論の要素ではない。

個人の権利が権利であるためには、しかし、少なくも権利として保障され、それとして貫徹するための制度がなければならない。制度的な保障、例えば適切に機能する司法審査制度が具わっている必要がある。そして、かかる制度がいかにあるべきかは、まさにほかならぬ、個人の権利の問題であるのであろう。

けれども、なぜ一体、個人には表現の自由（あるいはその他の基本権、基本的自由あるいは人権）が保障されねばならないのか、という元々のところに遡って考えてみると、表現の自由は、たんに個人の権利というように尽きない、もう一つ別の道徳的、哲学的な価値を踏まえているのではないかという考えを、私は払拭することができない。その価値たるや、主観的であるよりは客観的なものなのであって、その実現のためには、それに適合的な制度が具わっていなければならないように思う。

このことを、「権利」論の支柱を担う存在ともいえるロールズの所産に即して、少しばかり考察したい。

二　周知のように、ロールズは、その主著『正義論』において、正義にかんする第一原則、すなわち「各人は、もっとも広範な基本的自由に対して――他の者のおなじ自由と矛盾対立しないかぎり――平等な権利を有するのでなければならない。[125]」とする原則にもとづいて、一つのシステムとしての基本的自由[126]を定立する。そのなかに、思想・良心の自由などとならんで、言論の自由が位置づけられている。かく位置づけられたものとしての表現の自由は、疑いもなく、個人主義的に考えられた個人の「権利」にほかならない。ところでロールズは、基本的自由にかんする第一原則と並んで、社会的・経済的な不平等克服のための第二原則を踏まえながら、これら正義原則の社会的諸制度への適用を考察する段において、立憲民主的な統治過程を構想しているが、この民主的な政治過程に関連して、次のように提示しているのに気がつく。すなわち、「わたしたちは、民主的な政治体制なるものは、言論・結社の自由、および思想・良心の自由を前提にしているのを、当然のことと見ているといえよう。つまり、これらの制度化は、正義にかんする第一原則によって要求されるばかりでなく、ミルが論じているように、これらは、政治的なことがらが合理的な（rational）仕方で処理されるためにも、必要なのである」と。こう語ることによって、表現の自由の、民主主義的な意味合いが示唆されているのである。ロールズにおける「民主主義」論を理解するためには、なお詳細な考察が必要であるが、今ここでは、かれにあっては、表現の自由がたんに個人主義的な観点で捉えられて能事足れりとしているのではないことを確認しておけばよい。

ともあれ、ロールズが表現の自由をいかに価値づけしようとしているのかは、たいへん興味のあるところであるのだが、『正義論』以降、比較的に詳しく表現の自由論を展開している著作が公刊されているので、[127] これに即して若干の考察をしてみる。ロールズがこの著述で意図したのは、表現の自由をふくむ基本的自由をいかに制度化するか (instituting the basic liberties)[128] の解明である。局面はしたがって、実定憲法学のレベルにきわめて近い。いや、部分的には憲法学的な考察そのものでさえある。

ロールズは、一連の基本的目的のなかの、ある特定の自由は、あらゆる人間が適切に成長し、各人の能力を全面的に発揮しうるような社会的条件の創出・維持は、多かれ少なかれ本質的にかかわるがゆえに、重要であるということ、別言すれば、ある種の自由は、こうした社会的条件を保障するのに多かれ少なかれ必要な手段 (a more or less necessary institutional means)[129] であるがゆえに、重要であるということで、説明できる、と考える。そしてまさに、言論・出版の自由、討論の自由は、こうしたものとして、特別に高いウエイトをもつに値する、というのである。すなわち、表現の自由は、他のもろもろの基本的諸自由を確保するための道具であるがゆえに、特殊的に明確に保障される資格がある、というわけである。私の理解するところ、他の基本的諸自由の確保に仕えるがゆえに特別な資格をもつ表現の自由とは、ただたんに「(個人が)いいたいことをいう自由」という個人主義的に理解されたものではありえないのであって、それは、政治的な、したがって民主主義的な性格づけを帯有しないわけにはゆかない。こういった性格をもつものとして、政治的な表現の自由は憲法典のなかに位置づけられ、貫徹しなければならない。

ロールズは、そのことの具体的な意味を、実定憲法の理論史が析出した、三つの定点 (three fixed points)[130] に言及することによって、明らかにする。三つの定点とは、①治安誹毀罪（crime of seditious libel）の否認、②出版の自由に対する事前抑制の原則的禁止、および③革命理論・破壊主義理論の唱導の自由、を指す。これらすべてが、民主過程の保持に関係するものであることは、今さらいうまでもない。

　ロールズがこのように憲法理論史の所産を抽出するに当たって依拠しているのは、カルヴェン(131)、ブラシ(132)、ミクルジョン(133)など、掛け値なしのコンセクウェンシャリストたちの業績だということは、私にはとても興味深く感ぜられる。ここから安易な結論を引き出すつもりはないが、出発点を異にしながら、個人主義的理解と民主主義的理解とは、実定制度のレベルで合流点に達する部分がある、ということ位はいえそうである。

　確かに、ロールズが指摘するように、自由主義の伝統の一角には、政治的な自由なるものはたいていは、他の諸自由を確保するためのたんなる手段であるという性格のゆえに、価値において劣っていると考える傾向がある。しかしながら、かりに他の自由の手段だという見方が正当であるとしても、正にかれがいうように、ある種の政治的な自由は基本的自由として優先的保障が与えられるべきなのである(134)。

三　結局のところ、こういえないだろうか。表現の自由は確かに主観的・個人的な性質の顕著な権利である。それに疑いをさしはさむ余地はない。けれども、この権利は——少なくもある種の行使において——他の基本的な諸自由を確保し、よき民主主義的秩序を維持するという、客観的な制度的な目的に仕えるものでもあるという面も見逃すことはできない。表現の自由には、こうした道具的な価値も具わっている点で、他の基本的自由と性格を明らかに異にする。表現の自由における道具的な価値は、副次的なもの、付随的なものにすぎない、といいたい者はいうがよい。けれども、これは、軽視していいということを意味してはならない。かえって、基本的自由としての表現の自由を、実定憲法制度のレベルでさらに具体的に特定させる段においては、この価値——民主主義的な政治過程の手段としての価値——に敬意を表することは不可避であるであろう。

問題は、民主主義的な価値のゆえに、表現の自由は——たんなる個人的な価値に根ざすに止まるのと違って——どこまで自己を拡張できるか、ということである。ふたたびロールズの『正義論』に戻って、平等な政治参加を語っている部分を参照してみたい。他人に比べて多くの資力を持つ者が自分の資力を用いて政治的議論を自己の都合のいいように支配することを放任するのであっては、平等な政治参加の原則によって守られる諸自由は、その価値の多くを失うことになってしまう、と当然のことながら、かれは指摘する。そこで、——とかれはつづけていうのだが——平等な政治的諸自由に公正な価値を確保しておくために、補正措置（compensating steps）を講じなければならない。こうした補正措置としてはいろいろな方法がありうる。例えば、私有財産制の社会における所有と財産の再配分、自由な公共討論を推進するための経常的な公金支出があげられ、さらには政党への資金援助も言及されているのである。[135]

政治的自由の一環としての表現の自由においても、その公正な価値の平等配分という観点から、なんらかの補正措置を講ずべき必要性を、ロールズは示唆していると読むことができるはずである。ここで補正措置と呼ばれているものは、（政治的自由たる表現の自由のための）制度的保障と呼び代えていいだろう。ここでいう制度的保障は、表現の自由をしかと保障するために必要な司法審査が制度的保障だという意味合いとは、ある種の径庭がある。後者は、個人の権利を確保するための制度的保障という構成で割切れるものがあるが、前者は、まさにそういう構成で足らざるところを補完し補強し、そうすることによって、個人の権利を包括しつつ、しかもそれを超えたところにある価値を確保する目的に仕えるものなのである。

補正措置としての制度的保障のごときは、基本的自由の一環たる表現の自由にとっては無縁のものだ、と、そう主張する人たちがいるのは、十分に予測しうる。これらの人たちは、表現の自由というものを純粋に個人的な権利と理解し、そうした理解の正当性に固執しているのである。けれども、ある視点からの哲学論議に終始するのではなく、基本的自由を具体的に特定化し、実定憲法秩序のなかで適合的に制度化（instituting the liberty）するための憲法論のレベルでは、個人的価値のほかに憲法的価値をも取込んだ構想がなければならない、と思う。補正措置としての制度的保障を、表現の自由の問題として考察する正当性があり、必要性があると思う。もとより、かかるものとしての制度的保障の、どこからどこまでが憲法の命ずるところ（as a matter of principle）であり、それ以外は裁量・政策の領域に属するのか、これを識別するのは容易ではなく、領界設定の個々のばあいには、争いが生ずるであろう[136]。けれども、補正措置としての制度的保障は、およそ憲法問題ではない、と割切ってしまうことは、現代を取巻く困難な言論状況の多くを憲法レベルの表現の自由の埒外においてしまう結果を招来せずにおかない。すなわち、憲法は、現代の問題にはなんの役にも立たないところの、無用の長物に堕することになるであろう。そうあるべきではない、と思うのである。

（1）　吉祥寺駅事件判決が三つの先例的大法廷判決を挙げていて、そのうち前二つがこの事件との関係で先例的価値に乏しいことを、本文で指摘しつつあるのだが、じつをいえば、第三番目の電柱ビラはり事件の大法廷判決が、自らの正当化のために、前二つを先例として挙示していたのであった。吉祥寺駅事件判決が第三番目を挙げるのにとどめたのであれば、私としては文句がないのだが、これと一緒に前二つもそっくり引継いで引用してしまったので、第三番目における先例引用上の欠陥のほうも引継がれることになったのである。

（2）　吉祥寺駅事件判決には、伊藤正己補足意見が付加されている。そのなかで伊藤裁判官は、ある種の「パブリック・フォラム」論を展開している。しかし、その伊藤裁判官も、本章で批判した無造作な、ほとんどひとを、いや少なくも私を困惑させるような種類の、三つの先例挙示には同調しているのである。私には、伊藤補足意見で展開されているパブリック・フォラム論が、犯罪の煽動罪や戸別訪問禁止罪とどういう関連性があるのか、一向に腑に落ちないものがある。

(3) 私の感想は、高見勝利「表現の自由と最高裁」『法律時報』七二五号一三頁以下（一九八七年）のイメージとかなり近いものがあるように思う。

(4) 例えば、最近では中川剛「表現の自由の経済的価値(上)(下)」『書斎の窓』一九八五年一一月号、一二月号、同「表現の自由・再訪(上)(下)」『書斎の窓』一九八七年九月号、一〇月号がある。表現の自由に対する抑制すなわち表現の不自由は、歴史的に普遍的であったばかりではなく、しばしば引用されるオリヴァ・W・ホームズの次のことばが示すように、理にかなった人間（あるいは政府）がおこなう当然の行為でさえある。「意見の表明に迫害が加えられるのは、完全に論理的であるように、私には思われる。あなたが考えていることに、あるいはあなたが持っている権力に、あなたがなんの疑いも持っておらず、心底からある結果をもたらそうと望んでいるとすれば、あなたとしては、そのような自分の願いを法のなかに言い現わし、これに反対するいっさいを撫切りにしてしまおうとするのは、自然のことである。言論による反対を許しておくのは、ちょうどあたかも、だれかが、自分は円を四角にしたとほざくときとおなじように、その言論はなんの効力もないとあなたが考えている証拠か、あるいは言論がもたらす結果に、あなたは余り心配していないとか、自分の権力や自分の考えに疑いをもっている証拠ではないか、と思えるのである」(Holmes, J., dissenting in Abrams v. U. S., 250 U. S. 616 (1919))。正にこのゆえに、ひと（哲学者あるいは憲法学者）は、「にもかかわらず、なぜ、表現の自由は保護されなければならないか」につき、主張責任を負わされているという面があるようである。

(5) Schauer, Must Speech be Special?, 78 Nw U. L. Rev. 1284 (1983).

(6) 中川・前掲「表現の自由の経済的価値(上)」四七頁。

(7) 最（大）判一九七二年一一月二二日・刑集二六巻九号五八六頁。

(8) この引用句は、特定の学説からとったものではない。これは、日本国憲法典が表現の自由などの近代的な市民的諸自由と全く同列に、明文をもって、現代的な社会的・経済的な諸権利を保障している事実にもとづき、比較的に広く、しかしきわめてしばしば暗黙裡に、支持されている解釈論の典型を、私が人為的に構成したものである。この種の解釈論は、今述べたように多くは暗示的に包懐されていて、まれに気心の知れた同士の研究集会では語られるものの、なかなか表面に出て来ない。これに対し、中川・前掲論文は「日本国憲法では、表現の自由のみが他の権利に優越するほどの価値を有するものではないということになる。少なくとも、信教の自由や表現の自由が、生存権や労働基本権等の社会権より優越した地位を占めると解釈できる手がかりはない。」（四六頁）と述べることによって、むしろ例外的に率直であるとさえいえる。

（9）John Rawls, *A Theory of Justice* (Cambridge, Mass.: Harv. Univ. Press, 1971).

（10）Robert Nozick, *Anarchy, State and Utopia* (New York: Basic Books, Inc. 1974).

（11）アメリカの法律学界にとってカント道徳哲学に影響を受けた理論系統が、いかなる位置を占め、いかなる意味をもつかにつきさし当たり、See, Fletcher, Why Kant, 87 Colum. L. Rev. 421 (1987).

（12）Scanlon, A Theory of Freedom of Expression, 1 Phil. & Pub. Aff. 204 (1972).

（13）Ronald Dworkin, *Taking Rights Seriously* (London: Duckworth, 1977); do., *A Matter of Principle* (Cambridge, Mass.: Harv. Univ. Press, 1985).

（14）Bruce A. Ackerman, *Social Justice in Liberal State* (New Haven: Yale Univ. Press, 1980).

（15）David A. J. Richards, *The Moral Criticism of Law* (Encino, Calif.: Dickenson, 1977); do., *Sex Drugs, Death, and the Law* (Totowa, N. J.: Rowman and Littlefield, 1982).

（16）Joel Feinberg, *The Idea of Obscene* (Lawrence, Kansas: Univ. of Kansas Press, 1979).

（17）「香城理論」として知られる香城敏麿裁判官の、司法審査論がこれである。芦部ほか研究会「憲法判例の三〇年」『ジュリスト』臨増『日本国憲法——三〇年の軌跡と展望』四七四頁以下（一九七七年）、同「憲法判断の基準と方法」『ジュリスト』七八九号一二二頁以下（一九八三年）、同「憲法裁判の客観性と創造性」『ジュリスト』八三五号一〇頁以下（一九八五年）における香城氏発言、香城敏麿「最高裁判例解説」『法曹時報』二七巻一一号八六頁（一九七五年）など参照。

(18) 表現の自由と司法審査論（あるいは憲法訴訟論）とが交差する領域に、いわゆる「二重の基準」問題がある。そして、これについての日本の理論状況の一端については、本文で既述した。この論点を扱った最近の作業の一つに、江橋崇「二重の基準論」芦部信喜編『講座　憲法訴訟』第二巻、有斐閣、一九八七年、一二五頁以下がある。私の理解によれば、二重の基準論においてもっとも大事なことは、司法審査上特別に厚く（厳格に）保障されるべきだとされる自由・権利の実体的な価値論である。なぜ、表現の自由は憲法上優越した価値が認められねばならないのか。もし、この自由には特別な価値が認められるべきでないのならば、そもそも、二重の基準論は成立する前提を欠くはずである。またもし、表現の自由が優位的な価値をもつことが肯定されても、他の自由・権利であって、表現の自由に勝るとも劣らない価値がないかどうか（fundamental rights あるいは basic liberties の考察およびそれらの priority の検討）が考察されねばならないだろう。これも、憲法価値にかんする実体論である。こうした実体論的考察があって、次に、では、憲法制度上、どの機関が、どのように、この価値を保障すべきであるのかが問題になるのだと思う。江橋論文には、肝心かなめの実体的価値論にかかわる部分の考察がほとんどなく、権力配分にかんする制度的な検討もなしにすませているという印象をもつ。今流行の憲法訴訟論の問題性をあらためて感じさせられるのである（二重の基準の不毛性を説く、中川・前掲「表現の自由・再訪(上)」が、江橋論文に援軍を見出している観（三九頁注（1））があるのは、理由のないことではないように思える）。

(19) 奥平康弘「表現の自由」宮沢俊義先生還暦記念『日本国憲法体系』第七巻、有斐閣、一九六五年、奥平康弘『表現の自由Ⅰ』有斐閣、一九八三年再録。

(20) Shiffrin, The First Amendment and Ecomomic Regulation, 78 Nw. U. L. Rev. 1212, 1283 (1983).

(21) Emerson, Toward A General Theory of the First Amendment, 72 Yale L. J. 877 (1963).

（22）*Id.*, at 878-86 ; do., *The System of Freedom of Expression* (New York : Random House, 1970) 6-7. T・I・エマースン（小林直樹、横田耕一訳）『表現の自由』東京大学出版会、一九七二年、一―一二頁。

（23）Justice Brandeis' concurring opinion (joined by Justice Holmes) in Whitney v. California, 274 U. S. 357, 375 (1927). すなわち「1　個人の能力の開発、2　活動に従事していることから生まれる幸福感、3　社会の安全弁の提供、4　政治的な真実の発見と伝達」と要約されるもの、これである。

（24）Barron, Access to the Press—A New First Amendment, 80 Harv. L. Rev. 1641 (1967).

（25）後年エマソンは、ふたたび表現の自由原理論に立戻り言及することがあったが、四つの根拠（価値）の関係については、「これらの価値を個々切り離して見てはならない。むしろ、統合された一つのセットとして見るべきである。一つ一つが不可欠である、しかし、それだけでは十分でない、四つは相互依存的（interdependent）だからである」（Emerson, First Amendment Doctrine and the Burger Court, 68 Calif. L. Rev. 422, 423 (1980)）と語るにとどまる。なお、エマソンのモデルを引継ぎながら、それらの相互関係（interrelationships）を語る Bloustein, The Origin, Validity and Interrelationships of the Political Values Served by Freedom of Expression, 33 Rutgers L. Rev. 372 (1981) を参照されたい。

（26）But, cf. Greenawalt, Speech and Crime, 1980 American Foundation Research Journal, 647, 672-673.

（27）ペリーは、第四の価値（社会安定化の要素）に独立の原理性を認めない。かれによれば、第三の価値（社会参加あるいは民主主義の要素）が踏まえられれば、公共にかかわる情報がゆきわたるから、その結果、社会の安定化という価値も充足することになるという（Perry, Freedom of Expression : An Essay on Theory and Doctrine, 78 Nw. U. L. Rev. 1137, 1153 (1983)）。もっともだと思う。「社会の安定化」という点では、さらに付け加えて、もう一つのことがいえそうに思う。「社会の安定化」というのは、自然にそうなるのではなく、人びとの主観、すなわち意識をつうじてそうなるのである。人びとが多かれ少なかれ、自分のいいたいことがいえ、見たり聞いたりしたい情報が与えられていると考え、その点にかんして非常な不満がなければ――このことは、けっして現状に満足しているということを意味しない、現状には不満でも、それを自分の考える方向に変革する可能性が全く閉ざされているわけではないという意識がもてるかどうかが問題である――「社会の安定化」は期待できる。すなわち、第一の価値（個人の人格的な充足）は、第四の価値を包摂するといえるように思う（なお、第二の価値〈真実の探究過程、あるいは思想交換市場の要素〉が、第一の価値あるいは第三の価値に吸収合併されうるのではないという点については、後述するところにゆずる）。

(28) Bork, Neutral Principles and Some First Amendment Problems, 47 Ind. L. J. 1 (1971).
(29) See, e. g., Dworkin, The Bork Nomination, New York Review, Aug. 13, 1987, p. 3ff.
(30) 例えば、最（大）判一九八六年六月一一日・民集四〇巻四号八七二頁（いわゆる北方ジャーナル事件）、最（一小）決一九七八年五月三一日・刑集三二巻三号四五七頁（いわゆる沖縄密約電文事件）、最（大）決一九六九年一一月二六日・刑集二三巻一一号一四九〇頁（いわゆる博多駅事件）など。
(31) Alexander Meiklejohn, *Political Freedom* (New York : Oxford Univ. Press, 1965) (first appeared as *Free Speech and Its Relation to Self-Government*, New York : Harper & Row, 1948).
(32) Meiklejohn, *id.*, 94 in the 1948 edition.
(33) *Ibid.*
(34) Chafee, Book Review, 62 Harv. L. Rev. 891, 899 (1949). チェイフィーは、「ミクルジョン氏の議論で一番弱いのは、かれの想定する公的言論と私的言論とのあいだに境界を設けて、そのうえにのせて議論しているところにある」と批評している。
(35) Meiklejohn, The First Amendment is an Absolute, 1961, Sup. Ct. Rev. 245, 263.
(36) *Ibid.*
(37) Bork, *supra* n. 28, at 26.

(38) Bork, *id.*, at 25.

(39) Bork, *id.*, at 20.

(40) Bork, *id.*, at 30-31.

(41) ボークのような「煽動」禁止論を、グリーナワォルトは「公的なイデオロギー的」「煽動」論ととらえる（Greenawalt, *supra* n. 26 at 756 ff.）。似た議論は、一九二〇年になされたウィグモアの、有名なアブラム事件についての判決評釈にも出ている（Wigmore, Abrams v. U. S.: Freedom of Speech and Freedom of Thuggery in War-Time and Peace-Time, 15 Ill. L. Rev. 539, 556-557（1920））。

(42) See, Alexander Bickel, *The Morality of Consent*, esp. 62（New Haven: Yale Univ. Press, 1975).

(43) Wellington, On Freedom of Expression, 88 Yale L. J. 1105, 1120（1979).

(44) 司法審査自制論に根ざして、表現の自由を制限的に理解するビヴィアは、ボーク理論を、いわゆる「過程」整序モデルに即して継承したものといえる。BeVier, The First Amendment and Political Speech, 30 Stan. L. Rev. 299（1978).

(45) 一九七一年段階で——司法「中立性」の原則を動員しながら——「一見明白かつ支配的に政治的な言論」にしか、表現の自由を認めず、したがって科学、文学などの類の言論を憲法保護の埒外においたボーク自身、後年自分の考えを修正したと称している。ボークは、一九八二年合衆国控訴裁判所に転出する前後から、レーガン大統領により合衆国最高裁判所裁判官に指名される最有力候補の一人に目されていた。そのこともあって、本文で紹介した一九七一年論文がつねに論議の的になっていたのであった。この論文を引合いに出してボークを非難する記事（Keeffe, Here comes Attila the Hun of the Constitution, 69 Am. B. A. J. 1935（1983））が出たさい、ボークは反論文を投稿している（Judge Bork replies, 70 Am. B. A. J. 132（1984））。この、ごく短い反論文のなかでボークは、古きに失した話だし、あの議論は単なる議論でしかなかったのだと弁解しながら、こう述べる。「自分は例えば、修正第一条の保障は明白に政治的である言論にのみ及ぶとは、今は考えていない」。さらにつづけて、自分は「道徳や科学にかんする議論のような、政治とかかわらない言論も、民主統治には不可欠で、保護に値するという結論をとってきている。これは私が繰返し私の学校の教室で述べてきているところである」という。かれの学説変更は、あるいは学校の授業では繰返されているのかもしれないが、その重要性にもかかわらず、われわれの入手可能な文献の形では、宣明されてこなかったようである。しかももし真にこの種の修正があったのであるとすれば、それは、かれの立場の本質部分にかかわるものであるのだから、ボークの側からの本格的な再展開が期待される。

(46) Bickel, *supra* n. 42, at 62.

(47) 以下に考察する「義務論的」(deontologist) なアプローチと対比して、前項でみた立場を「コンセクウェンシャリスト」(consequentialist) あるいは「目的論的」(teleological) なアプローチとして浮彫りにするのが、真に正当か、あるいは生産的かについては、議論の余地がある。それは、一面では「コンセクウェンシャリズム」という観念（の幅）をどう取るかがはっきりしないことにもよる (See, e. g., Lichtenberg, Book Review on S. Scheffler's, *The Rejection of Consequentialism*, 92 Yale L. J. 544 (1983)；Alexander and Horton, The Impossibility of a Free Speech Principle, 78 Nw. U. L. Rev. 1319, n. 12 at 1322)。けれども、一定の範囲で、この両者を区分することが有益であり、かつ不可避的だと思う。

(48) John Stuart Mill, *On Liberty* (Oxford : Basil Blackwell, 1946).

(49) Abrams v. U. S., 250 U. S. 616, 630 (1919) (Holmes and Brandeis, J. J., dissenting)；Whitney v. California, 274 U. S. 357, 375 (1927) (Brandeis and Holmes, J. J., concurring).

(50) Perry, *supra* n. 27, at 1153.

(51) E. g. Baker, Scope of the First Amendment Freedom of Speech, 25 UCLA L. Rev. 964 (1978)；Redish, The Value of Free Speech, 130 U. Pa. L. Rev. 591 (1982)；Baker, Realizing Self-Realization : Corporate Political

Expenditures and Redish's The Value of Free Speech, 130 U. Pa. L. Rev. 646 (1982); Redish, Self-Realization, Democracy, and Freedom of Expression: A Reply to Professor Baker, 130 U. Pa. L. Rev. 678 (1982).

(52) 以下、Scanlon, A Theory of Freedom of Expression, 1 Phil. and Pub. Aff. 204 (1972) に拠って、スカンロンの所説をフォローする。ただし、二つのことに留意すべきである。第一、スカンロン自身、のち、いくつかの議論立てにおいて、自説を修正していることである (Cf. Scanlon, Freedom of Expression and Categories of Expression, 40 U. Pitts. L. Rev. 519 (1979))。第二、この論文におけるスカンロンの関心は、「権利」としての表現の自由にあるのではなく、むしろ「正当な国家権力の限界」としての表現の自由にむけられている。この二つの留保にもかかわらず、「個人の自己充足＝表現の自由論」の一つのモデルとして、今なお考察に値すると思う。

(53) Scanlon, A Theory of Freedom of Expression, 1 Phil. and Pub. Aff. 204, 215 (1972).

(54) *Id.*, at 216.

(55) *Id.*, at 216-217. スカンロンは、こう述べるとき、いうまでもなく、市民的不服従あるいは破壊活動の教唆・犯罪の煽動の問題を念頭においているのである。

(56) Scanlon, Freedom of Expression and Categories of Expression, 40 U. Pitts. L. Rev. 519 (1979).

(57) Scanlon, *supra* n. 53, at 213.

(58) 主体の自主的な判断に任しておかずに、ここへ国家が介入してくるのは、許されざるパターナリズムということになる。スカンロンは、このばあい、もちろん、自主的な判断をなすについての客観的な基礎——つまり、理性が具わり、かつはたらいていること——を前提とする。したがって、かれにあっても、「理性が著しく損われている状態」(severely diminished rationality) にあるばあい、例外とされている。ところが、この点をスカンロンは、先の本文および注(52)および(56)で言及した第二論文において、若干の修正をおこなっている。第一論文においては、あらゆる表現カテゴリーを一律に扱って、本文に述べたような「ミルの原則」を採用したものの、第二論文においては、タバコにかんする有害広告を典型とする消費用物品広告のようなカテゴリーを念頭において、パターナリズムの許容性にかんして、ある種の修正をおこなっているのが、注目される（see, *supra* n. 52, at 532）。タバコは有害かどうか、あるいはある商業広告が虚偽を構成するかどうかを、ふつうひとの理性的判断能力に任せ、この種のメッセージに対し公権力は統制を加えてはならないのか、という問題を考えるに当たり、スカンロンはここに「許されるパターナリズム」がはたらくのを認めるのである。逆にいえば、「理性が著しく損われている状態」というテストに代えて、「自分が自分の判断をくだすことができるということに付着する価値」と、「それを実行するのに伴うコスト」と、さらには「政府が諸個人に代わって諸個人のために判断する権力を委任することに伴うリスク」の三者を衡量するというテストがあって然るべきだ、と考える。現代における表現の自由の問題性の一つ――商業的メッセージの規制――についての、示唆に富む提言ではなかろうか。

(59) Greenawalt, *supra* n. 26, at 645 esp. 674ff.

(60) 最（大）判一九四九年五月一八日・刑集三巻六号八三九頁、最（二小）判一九五二年八月二九日・刑集六巻八号一〇五三頁など。

(61) Schenck v. U. S., 249 U. S. 47 (1919); Dennis v. U. S., 341 U. S. 494 (1951).

(62) Brandenburg v. Ohio, 395 U. S. 444 (1969).

(63) 破壊活動防止法四〇条の煽動罪を合憲とした東京高等裁判所判決（一九八七年三月一六日・判時一二三二号四三頁）は、「〝危険〟の法理」や「〝ブランデンバーグ〟の法理」なるものを十分に参照し検討して構成されたといわれる。判決自身も「当裁判所の見解は、おそらく前記ブランデンバーグ原則と結果的にさほど逕庭あるものではないと思われる。」と自負している。東京高裁のこうした自負にもかかわらず、その判決がブランデンバーグ判決と本質を同じくしているようには、私にはかならずしも思えない。とりわけ疑問に感ずるのは、言論と犯罪との距離（時間的な接近性）について、東京高裁はどれほど真面目に考えているのだろうか、という点である。この問題は、じつは、「〝ブランデンバーグ〃の法理」という具合に日本の司法試験用に作成された缶詰商品の背後にある、人間の自由にかんする基本的な省察と深くかかわる。〃煽動〃的言辞が、聴き手に対してどんな影響を与えたか、聴き手は、この言辞を自主的に判断し、聴き手の責任において実行行為に及んだといえないかどうか。例えば、こういう視角――J・S・ミルやスカンロンはこういう視角が取られるべきだと主張しているのだが――からみれば、〃煽動〃主体の言辞と聴き手の実行行為とのあいだに「切迫性」が強くもとめられることになるように思う。東京高裁は、いや総じて日本の裁判所は、人間の自由にかんする哲学的な議論のようなものを、煽動罪による処罰事件でどれほど念頭においているのだろうか、と尋ねてみたい誘惑を覚える。

(64) See, e. g., Ronald Dworkin, *Taking Rights Seriously*, Chap. 8 (Civil Disobedience) (Harv. Univ. Press, 1977); Rawls, The Justification of Civil Disobedience, in Hugo Bedau, ed., *Theory and Practice* (New York, 1969).

(65) Scanlon, *supra* n. 53, at 204, 215.

(66) John Rawls, *A Theory of Justice*, 130-132 (Harv. Univ. Press, 1971).

(67) David Richards, *The Moral Criticism of Law*, 44-56 (Enico, Calif.: Dickenson, 1977).

(68) Baker, Scope of the First Amendment Freedom of Speech, 25 UCLA L. Rev. 964 (1978).

(69) Redish, The Value of Free Speech, 130 U. Pa. L. Rev. 591 (1982).

(70) 本文では、両名の立場が「少し違う」と書いたが、法人の表現の自由、商業広告の規制のような問題については、両者の違いにはかなり大いなるものがある（Baker, Realizing Self-Realization: Corporate Political Expenditures and Redish's The Value of Free Speech, 130 U. Pa. L. Rev. 616 (1982); Redish, Self-Realization, Democracy, and Freedom of Expression: A Reply of Professor Baker, 130 U. Pa. L. Rev. 678 (1982)）。ベイカーは、自らの理論の哲学的基礎を明示的に展開しているが（Baker, *supra* n. 68 at 964, 991-992: do., Counting Preferences in Collective Choice Situations, 25 UCLA L. Rev. 381, 413-415 (1978)）、レディッシュは、そういう形では、手の内を見せていな

い。

(71) Baker, *supra* n. 68, at 991.

(72) *Id.*, at 992.

(73) *Ibid.*

(74) けれども、じつをいえば、この点についてのベイカーの立場が、私には少しく不分明のものがある。かれのばあい、本文で後述のように、表現の自由の問題を社会構造的にとらえることを拒否するのであるから、「参加」――それは、「社会」への参加にほかならないのだが――によって意味（意図）されている内容がなになのか、なぜ「自己充足」一本槍にならないのか、などが気になる。

(75) Scanlon, *supra* n. 53, at 204, 206.

(76) Baker, *supra* n. 68, at 992-993.

(77) スカンロンが「表現行為」というとき、確かに、ある種の規模の聴観衆とある一般性をもち関心対象たりうるメッセージ内容が、「典型的には」、想定されている。スカンロンがそういう具合に考える前提には、ある銀行に押し入った銀行強盗とその対応を迫られている銀行員とのあいだのコミュニケーション（会話）を、ここで適切な意味合いをもつような「表現行為」とはいい難いのではないかという点で、逡巡を覚えるからである。けれども――と、こうスカンロンはいう。もし、このばあい、件の銀行強盗が銀行員にメモを手渡したとしよう。そして、そのメモには、通常の脅迫的なメッセージのほかに、自分のこの行為はある政治目的からみて正当なのであって、ぜひ自分と一緒になって協力して欲しいというアピールがなされているとしたら、そのばあいには、先ほど覚えた逡巡は消え去る、と (Scanlon, *supra* n. 53, at 207)。スカンロンは、さし当たり、そういう脈絡で「表現行為」の意味を考えているのであって、社会や聴観衆と無関係な、孤独なる言論やたんなる娯楽的な表現は「表現行為」とはいえず、したがってまた、表現の自由の保護に値しないということを、立論しているわけではかならずしもない。

われわれはしばしば、金槌で釘を打とうとして、自分の指をたたいてしまうようなとき、思わず悲鳴をあげたり、呪いのことばなどを弄する。こういった種類の、聴衆を予定せず、これといった意味内容をもつメッセージがふくまれていない「表現行為」も、「自己実現」「自己充足」のための人間活動といえなくはない。けれども、この種の、多かれ少なかれ社会性を欠いた「表現行為」は、公権力の規制を受けることはほとんどないので、その意味ではわれわれにとっての問題性が薄い、といえる。

(78) Baker, *supra* n. 68, at 1006.

(79) *Id.*, at 1007. 自由主義的・個人主義的な「権利」説という点では——概していって——共通の基礎をもつといえるドウォーキンも、国政情報にアクセスする「権利」などは憲法上ありえない、と論ずる (Ronald Dworkin, *A Matter of Principle*, Chap. 19 (In the Press Losing the First Amendment?) (Harv. Univ. Press, 1985)。

(80) Redish, *supra* n. 69, at 593.

(81) Blasi, The Checking Value in First Amendment Theory, 1977 Am. B. Foundation Research J., 521.

(82) Redish, *supra* n. 69, at 616-619.

(83) *Id.*, at 604.

(84) 例えば、アイザィア・バーリン『自由論』(小川晃一ほか訳、みすず書房、一九七一年) (Isiah Berlin, Two Concepts of Liberty, in his *Four Essays on Liberty*, London : Oxford Univ. Press, 1969) 三八八―三八九頁の言明が、このことを裏打ちしている、と思う。「かれら〔事実を尊重するひとびと〕がその実現につとめている『消極的』自由は、訓練のよく行届いた大きな権威主義的構造のうちに、階級・民衆・全人類による『積極的』な自己支配の理想を追求しているひとびとの目標よりも、わたくしにはより真実で、より人間味のある理想であるように思われる。より真実であるというのは、それが、人間の目標は多数であり、そのすべてが同一単位で測りうるものでなく、相互にたえず競いあっているという事実を認めているからである。一切の価値が一つの尺度の上の目盛としてあらわされうる、したがってただ最高の価値を決定するための検査が問題なのだと想定することは、自由な行為者としての人間に関するわれわれの知識を誤謬に導き、道徳的な決断を、原理的には計算尺でできるような運算と考えることである」。

(85) バーリン・前掲書、三七八―三七九頁参照。

(86) Perry, *supra* n. 27.

(87) Redish, *supra* n. 69, at 604.

(88) Perry, *supra* n. 27, at 1194-1200.

(89) *Id.*, at 1143. 四つの価値論を最初に体系的に展開したエマソンは、後年ふたたび四つの価値のそれぞれが不可欠であることを指摘するとともに、「それだけでは不十分なのである。この四つは相互依存的（interdependent）である」と述べているのは、既述したとおりである（注(25)参照）。ペリーは、この「相互依存的」というとらえ方を、「相互補足的」というとらえ方に改めて、「自己充足」価値と「民主主義」価値との関係を明らかにしようとするのである。

(90) Perry, *supra* n. 27, at 1147.

(91) *Id.*, at 1149.

(92) この点にかんする合衆国最高裁判所判例として、ペリーは、「修正第一条は、……文学的、芸術的、政治的、もしくは科学的な価値を持つ作品を――政府あるいは国民の過半数がこれらの作品の表わす思想を承認しようとしまいと、そんなことと無関係に――保障しているのである。」という、ミラー判決（Miller v. California, 413 U. S. 15, 34 (1973)）の文節をあげている。あるいはまた、トライブ（Laurence H. Tribe, *American Constitutional Law* (Mineola, N. Y.: The Foundation Press, 1978), 577. n.11）とともに、別の判決に見出される次の文句を引合いに出すこともできるであろう。「しかしながら、わが判例法はかつて一度も、哲学的、社会的、芸術的、経済的、文学的もしくは倫理的なことがらにかんする表現は修正第一条の完全な保障に値しないむねを、示唆したことがない」（Abood v. Detroit Board of Education, 431 U. S. 209 (1977)）。

(93) Perry, *supra* n. 27, at 1155.
(94) *Id.*, at 1160.
(95) Bollinger, Free Speech and Intellectual Values, 92 Yale L. J. 438, 468 (1983).
(96) Wright, A Rationale From J. S. Mill for the Free Speech Clause, 1985 Sup. Ct. Rev. 149.
(97) *Id.*, at 156.
(98) バーリン・前掲書注(84)。
(99) Bollinger, *supra* n. 95, at 472-473, n. 94-95.
(100) Wright, *supra* n. 95, at 155, n. 24.
(101) Blasi, The Checking Value in First Amendment Theory, 1977 Am. B. Found. Research J., 521. 本書四六—五一頁参照。
(102) 本書では、エマソンの定式にしたがって、根拠論の四つの形で提示してきたが、ブラシは、これを、①個人の自主性、②（言論内容の）多様性、③自己統治（民主主義）、という具合に、三つに整理している（Blasi, *id.*, 544 ff.）。独立の根拠として、四つをあげるか三つをあげるかは、目くじら立てて論ずべきほどに重要な争点ではあるまい、と思う（より重要なことは、むしろ、主観的なるもののほかに、客観的なるものを認めるかどうか、すなわち、一つか、あるいは二つ以上か、という点にあるだろう）。
(103) *Id.*, at 523.
(104) *Id.*, at 565.
(105) *Id.*, at 631.
(106) 現代マスメディアの世界での、流行の急速な浮沈現象を目の当たりにすれば、ここで〝3FET〟に若干の解説を付すべきかもしれない。これは、直接には、〝フォーカス〟(F)、〝フライデイ〟(F)、〝フラッシュ〟(F)、〝エンマ〟

(E)および〝タッチ〟(T)の、一九八六年一一月末に出揃った五つの写真週刊誌を指す。これらは、特定の個人として識別できる写真を登載し、多かれ少なかれその者をスキャンダラスに描出することによって、読者の人気を獲得しようとする性質の出版物であって、そのゆえに、プライバシー保護との関係で論議をひきおこすことになった。

(107) 現代〝福祉国家〟においては、政府はかつてない規模で言論市場そのものに介入するようになっている。政府は、けっしてたんに言論を制限し規制するだけではなく、言論の機会を提供し、かつ、きわめてしばしば、自らが言論活動をおこなうといった積極的な関与をしてきているのは否定できない。この状況に着目し、あらためて、「なぜ、表現の自由か」の議論を深化させることにより、言論市場における政府の積極的な活動(これを、合衆国では、"Government Speech" という)に憲法的な考察をすることが、緊急の課題となる(Mark G. Yudof, *When Government Speaks: Politics, Law, and Government Expression in America*, Berkeley, Calif.: Univ. of California Press, 1983. が総括的な研究として注目に値する)。表現内容についての、政府の「中立性」原則は、まさに、こうした観点からも重要となる(See, e. g. Kamenshine, The First Amendment's Implied Political Establishment Clause, 67 Calif. L. Rev. 1104 (1979)). 日本における、この間の問題状況の一端を垣間みるものとして、さし当たり、奥平康弘「福祉国家における表現の不自由——富山県立近代美術館」『法律時報』一九八八年一一月号を参照されたい。

(108) 表現の自由は、ありうるいっさいの表現(行為、内容)の平等を保障すべしという要請を含意する、と、こう主張したのは、カーストであった(Karst, Equality as a Central Principle in the First Amendment, 43 U. Chi. L. Rev. 20 (1975))。注目に値する視点だと思う。

(109) この「平等」原則に対するポーレミックな考察を加えるものとして、see, Westen, The Empty Idea of Equality, 95 Harv. L. Rev. 537 (1982).

(110) Blasi, *supra* n. 101, at 561.「アパシーとアノミー」の支配する現代、なにによってこれに立ち向うかが、ブラシの主要関心なのである(*id.*, 632).

(111)　*Id.*, 529.

(112)　西ドイツの「プレスの制度的な理解」については、浜田純一「プレスの自由の『制度的理解』について(1)(2)」『東京大学新聞研究所紀要』二七号（一九七九年）二三頁以下、二八号（一九八〇年）一九頁以下参照。

(113)　ブラシは、報道記者の取材源秘匿にかんするセミナルな論文（Blasi, The Newsman's Privilege: An Empirical Study, 70 Mich. L. Rev. 229 (1971)）を発表して以来、「プレスの制度的理解」に近いところで、表現の自由論の構築を試みる流れの、代表者といってよい。

(114)　この点については、さし当たり本書第八章「政府保有情報の開示請求権をめぐる論議——アメリカ合衆国のばあい」参照。

(115)　Chevigny, Philosophy of Language and Free Expression, 55 N. Y. U. L. Rev. 157 (1980).

(116)　V. N. Volosinov, *Marxism and The Philosophy of Language*.

(117)　桑野隆『バフチン』岩波書店、一九八七年、一四三頁以下。

(118)　桑野・前掲書、九―一〇頁。

(119)　井上達夫『共生の作法』創文社、一九八六年、二〇二頁（傍点——原文）。

(120)　井上・前掲書、二五四頁以下。

(121)　田中成明『現代法理論』有斐閣、一九八四年、一八九―一九四頁。かれは、「対話的合理性」を実践哲学の中核にすえるとともに、他方、この概念が示唆する「手続」あるいは「過程」重視の契機のゆえであろう、制度論のレベルでももう一度「対話的合理性」が語られる。後者は、適正手続（デュー・プロセス）の観念とほとんど同一である。

(122)　たぶんそう考えたからであろう、シャウアーは、チェヴィニーの所説を、自己充足あるいは自己発展の価値づけをおこなう立場と捉えている（Frederick Schauer, *Free Speech*: A Philosophical Enquiry, 59, Cambridge: Cambridge Univ. Press, 1982）。

(123)　一九八七年一〇月九日開催の全国憲法研究会・研究総会の報告・討論にその種の発言があった。

(124)　See, e. g. Shiffrin, Defamatory Non-Media Speech & First Amendment Methodology, 25 UCLA L. Rev. 915, esp. 961-962 (1978) ; Yudolf, In Search of a Free Speech Principle, 82 Mich. L. Rev. 680, esp. 698 (1984). なお、Cf. F. Schauer, *supra* n. 122, esp. 85-86.

(125)　John Rawls, *A Theory of Justice, supra* n. 9, at 60 and passim.

(126)　Rawls, *id*., 203.

(127)　Rawls, The Basic Liberties and Their Priority, in Sterling M. McMurrin, ed., *Liberty*, *Equality, And Law,* Salt Lake City : Univ. of Utah Press, 1987.

(128)　*Id.,* 10.

(129)　*Id*., 50.

(130)　*Id*., 57.

(131)　Harry Kalven, Jr., *The Negro & The 1st Amendment,* Chicago : Univ. of Chicago Press, 1965.

(132)　Blasi, *supra* n. 101.

(133)　Alexander Meiklejohn, *supra* n. 31.

(134)　Rawls, *supra* n. 127, at 13. 表現の自由——とりわけ政治的な表現の自由——の優越性を、それが他の諸々の自由を確保するための手段として重要不可欠であるという理由によって基礎づける試みは、たぶん、それほど珍しいものではなかろうと思う。See, e. g., Christian Bay, *The Structure of Freedom,* 136, Stanford : Stanford Univ. Press, 1958. 「政治的言論の自由は、手段的に重要な自由であり、他の諸自由が大幅に長期にわたって保障されるためには、まさにこの自由が確保されており伸展している必要があるのである」ということを、ベイは論証しようとしている。私もまた、奥平康弘『憲法』弘文堂、一九八一年、第四章で、そういう構成をとっている。

(135) Rawls, *supra* n. 9, at 225.

(136) 具体的にいえば、例えば、言論市場、とりわけ放送メディアその他独占的あるいは寡占的な市場における、「多様性の確保」、あるいは統治過程にかかわる政府保有情報へのアクセスの保障などの問題は、裁量的・政策的な事項として憲法論から切り棄ててしまうにしては、あまりにも、原則的な性格のもののように思う。これに反し、マスメディアへのアクセスや、私人の保有する情報に対してなされる、他の私人による開示請求のごときは、対立する諸利益との調整を要する政策的な領域にあると思う。しかし、こうしたことについての論争は、尽きることがないだろうと予想される。

第二部　現代社会における表現の自由の展開

第二章　税関検査の「検閲」性と「表現の自由」

はじめに

外国から持ち込まれる出版物、フィルムその他の表現物は、国内に搬入される、その段階で、税関により「公安又は風俗を害すべき」ものかどうか審査を受けなければならない。そして、当該物件が税関長により「公安又は風俗を害すべき」ものでないという認定を受けたもののみが、国内に搬入を許され、日本に居住する市民はここではじめて、この物件に接することになる。この制度は、中立的ないいかたによれば税関検査と称され、消極的な評価が加わって税関検閲と呼ばれるが、英語では、端的にcustoms censorship（税関検閲と訳すほかない）と表現されてきている。

この制度はもちろん、戦前からある。そして戦前には、内務省（警保局）による国内出版物の取締り体系に追随しながら、外国から流入する異質なイデオロギーを「水際で」排除し、わが国に固有独自な天皇制秩序を維持するのに、これはおおいに役立った。

一九四五年八月、敗戦を契機に内務省の国内出版物取締り体系は、それ自体としては維持することができなくなり、徐々に解体した。けれども、それと密接な関係をもちながら出版および思想取締りのために重要な役割を果たしてきた税関検査のほうは、まずは無傷で生き残ることができた。その後、例えば、一般公開して上映される予定の映画『夜と霧』が「残虐」だとして一部カットされたり、ベトナム戦争の現地被害者らの写真が「残虐」だと判断されたりする、当然ありうる「行き過ぎ」事件が発生し、それが多少世の指弾を受けたりすることがあって、法律制度上、あえていえば姑息な修正をほどこしながら、生き長らえて今日にまでいたっている。戦後四〇年、さすがに最近では、税関検査も大体のところ「風俗」のうち「性的な風俗」にかぎった取締りに的をしぼってきているのが、実情のようである。慣行的にそうなっているにしても、この制度はこれまで、憲法上の疑義表明にさらされながら、一度も最高裁判所の実体判断を受けないまま、生き延びてきているのであった。そしてようやく、一九八四年がやがて終ろうという時点で、最高裁判所（大法廷）は、この制度につきはじめて正面から憲法論を提示し、合憲であるむね宣言した（一九八四年一二月一二日・民集三八巻一二号一三〇八頁）。

この最高裁判決へ辿り着くまでの道程について、いうならば税関検査をめぐる四〇年史について、若干の叙述をしたい気持があるが、本章は、そういった種類の個人的興味を棚にあげて、一応の到達点である八四年の大法廷合憲判決そのものに焦点を合わせる。

一　税関検査合憲判決における「検閲」分析
——憲法二一条二項前段の解釈問題——

税関の輸入規制は訴訟たりうるか

税関検査を司法審査の対象とし、これを合憲と判示した大法廷判決は、さまざまの争点をかかえている。第一の争点は、本案（実体）以前のものである。すなわち、関税法および関税定率法の関係規定によって構成される、書籍等の輸入規制は、抗告訴訟の対象たる「公権力の行使に当たる行為」かどうかという訴訟要件の問題である。これはそれ自体としては憲法問題ではない。行政法解釈の問題であって、もっぱら被上告人・政府の側から提起された論点である。しかし、かりにもし、政府のいい分——税関長の行為は、関税定率法二一条一項三号に該当する物件と認めるのに相当な理由があるという、たんなる「通知」で、なんの法的効果ももたないものであるから処分とはいえない、という論理——がとおるとしたら、税関規制の憲法論はそれを提起する場を失い、違憲か合憲かの問題は雲散霧消し永久に浮び上がってこれない運命にあることになる。この問題は、まことに不幸なことだが、そういう重要性を帯有していたのであった。

政府は、一九六一年自らがおこなった関税定率法の改正(同年法二六号)を盾にとるのだが、この改正たるや当初から憲法訴訟を回避する意図がかなりはっきりしていた。(1) ところが、下級審のなかには、政府が仕掛けたこのワナにはまって、政府のいい分どおり、門前払いの判決をするものが出てきたのである(東京高判一九七三年四月二六日・判時七〇七号一八頁)。しかしさすがに最高裁は、この手にのらなかった。すなわち一九七九年一二月、最高裁第三小法廷は、税関長の「通知」(および異議の申出に対する「決定」)に抗告訴訟の対象たる処分性をみとめる解釈をとったのであった(最(三)判一九七九年一二月二五日・民集三三巻七号七五三頁)。こんどの大法廷判決は、細部を別とすれば、この第三小法廷の解釈を大法廷として確認しただけのことである、といえるであろう。(2) そして、この点の大法廷判決が正当であることには、ほとんど贅言を要しないと思う。

検閲禁止条項の意味および「検閲」の定義

税関検査による輸入規制が「公権力の行使に当たる行為」だとすれば、次に問題になるのは、ではこの行為は憲法二一条二項が「検閲は、これをしてはならない。」と定めるところの「検閲」に該当しないかどうかである。本件訴訟の中枢にかかわる争点である。ここから先は、かつて一度も最高裁が踏み入ったことのなかった世界に属する。(3)

ちなみに、大法廷判決には反対意見があるが、それは「検閲」にかんしてではないから、以下問題とするところのものは裁判官一致の考えということになる。

一　この争点にかかわってまず、憲法が命ずる検閲禁止の強度あるいはその範囲が問題になる。検閲禁止条項は、公共の福祉を理由とする例外を認めているか、それとも無条件で絶対に許さない趣旨か。大法廷判決はこの点で次のようにいう。憲法二一条一項が表現の自由保障を一般的に定めながら、同二項で検閲禁止の特別規定を設けたのは「検閲がその性質上表現の自由に対する最も厳しい制約となるものであることにかんがみ、これについては、公共の福祉を理由とする例外の許容……をも認めない趣旨を明らかにしたものと解すべきである。」と。すなわち、外国および日本の歴史的経験に照らし、二一条二項前段は「検閲の絶対的禁止を宣言した趣旨と解されるのである。」という。

もし表現の自由保障にとって、今回の大法廷判決がメリットをもつところあるとすれば、この、検閲の絶対的禁止を宣言した箇所こそがそれだ、ということになるであろう。ありていにいえば、私などは、この箇所はごくあたりまえの理を語っているにすぎず、逆にむしろ最高裁が別のもう一つの解釈を選択したとすれば、たいへんなことになるだろうと思う。けれども、この、もう一つ別の解釈——公共の福祉を理由にすれば、検閲制をしくことは許されるという解釈——は無視しえない力をもつ(4)。本件をふくめ税関検査の訴訟のたびに政府側が熱心にこれを主張し、二つの高等裁判所がこれを支持してさえいるのである（東京高判一九八一年一二月二四日・判時一〇二四号二四頁、札幌高判一九八二年七月一九日・判時一〇五一号五七頁）。

もし例外的に「検閲」が許されるのだとしたら、本件のような「善良な風俗」維持を名目としたあれやこれやの検閲のみでなく、戦時または緊急事態時においては、「国家の安全」「戦争目的遂行」のための、かつてあったさまざまな検閲が容易に再現されることになる。こんどの大法廷判決は、こうした道筋から出てくる検閲をすべて、憲法上否認したものと了解される。先述したように、この説示は当然の理を反映していると私は思うが、そうではなくて、なんぞきな臭い世の中になりつつある日本の現状のもとでは、特筆に値する名判決と評すべきなのかもしれない。

二　では一体、絶対的禁止が語られるところの「検閲」とは、いかに構成される概念か。大法廷判決は、こういう。「憲法二一条二項にいう『検閲』とは、行政権が主体となって、思想内容等の表現物を対象とし、その全部又は一部の発表の禁止を目的として、対象とされる一定の表現物につき網羅的一般的に、発表前にその内容を審査した上、不適当と認めるものの発表を禁止することを、その特質として備えるものを指すと解すべきである。」

過去において司法部が「検閲」に対して与えた定義は、いくつかある。例えば、いわゆる教科書裁判との関係で、いわゆる杉本判決は『検閲』とは、これを表現の自由についていえば公権力によって外に発表されるべき思想の内容を予じめ審査し、不適当と認めるときは、その発表を禁止するいわゆる事前審査を意味し、また、『検閲』は、思想内容の審査に関する限り、一切禁止されていると解すべきである。」（東京地判一九七〇年七月一七日・行裁例集二一巻七号別冊）とした。本件とおなじ税関検査関係で札幌高裁が試みたものに、「検閲とは、公権力が、外に発表されるべき思想その他の表現の内容をあらかじめ審査し、その結果、その表現内容の発表を不適当と認めるときは、発表を禁止する等発表に対し規制を加えることであると解されている。」（札幌高判一九八二年七月一九日・判時一〇五一号五七頁）とある。

下級審の、この二例と対比して、こんど与えられた最高裁の定義は、一読明らかなように、たいへん詳しくできている。精妙で厳密、と称すべきかもしれない。大法廷は、例えば「公権力」ではなくてより狭く「行政権」という語を選択している。また例えば「あらかじめ審査し」などというあいまいないい方を斥けて、「その全部又は一部の発表の禁止を目的として」と規制の目的概念を導入し、さらに「網羅的一般的に、発表前にその内容を審査した上」、と規制のシステム性を強調している、といった次第である。

いうまでもないことであるが、ある概念を詳細に厳密に定義すればするほど、それが適用されうるばあいというのは狭くなる。最高裁はかくして、「検閲」概念の詳細化・厳密化をはかることによって、「検閲」非該当性の余地をより広くすることに腐心しているのが特徴的なように、私には思える。

ともあれ、ここではこの最高裁「検閲」概念の是非を、抽象レベルで論ずることはしないですまそうと思う。最高裁定義の当否を、具体的な適用の場で検討するという手順をふむことにする。

「検閲」にあたるか(1)――事前規制の問題――

判決は、次に前引「検閲」定義に照らし、税関検査による輸入規制が、これにあたるかどうかの考察をすすめる。この考察は三つに分かれるが、まずは税関検査が「事前規制」にあたるかどうかが検討される。定義にふくまれていない「事前規制」という概念が突然出てくるので一寸とまどうが、これはきっと定義でいう「発表前にその内容を審査した上、不適当と認めるものの発表を禁止する」(傍点引用者)の趣旨をつづめて表現した語だろうと思う。

判決は、税関検査による輸入規制のゆえに「当該表現物に表された思想内容等は、わが国内においては発表の機会を奪われることとなり、これを受けとろうとする者の「知る自由が制限されることとなる。」のに着目する。こうして「これらの点において、税関検査が表現の事前規制たる側面を有することは否定することはできない。」(傍点引用者)とのべる。

「しかし」と最高裁は考察を展開する。「一般に、国外においては既に発表済みのものであって、その輸入を禁止したからといって、それは、当該表現物につき、事前に発表そのものを一切禁止するというものではない。また、当該表現物は、輸入が禁止されるだけであって、税関により没収、廃棄されるわけではないから、発表の機会が全面的に奪われてしまうというわけのものでもない。その意味において、税関検査は、事前規制そのものということはできない。」（傍点引用者）。

自分の無能をさらけ出すことになりたいへん恥かしいが、私には、この「しかし」からはじまるパラグラフが、謎、エニグマである。とくにわからないのは、まえの「事前規制たる側面を有することを否定することはできない」という評価と、あとの「事前規制そのものということはできない」という判断とを、どうつなげて理解したらいいのか、である。もちろん私といえども、前者は「知る自由」、すなわち表現物を受けとる（アクセスする）自由との脈絡で語られ、後者は「発表する自由」のことを問題にしているらしいことはわかる。私がわからないのは、いま最高裁にとって問題なのは税関検査が「検閲」にあたるかどうかであり、そして最高裁が定立したところの「検閲」の定義は、規制対象としてはひたすら「発表」しか念頭においていないのに、なぜ一体、定義あてはめの段において「知る自由」といった「発表」外的なことがらに言及するのだろうか、ということである。定義との関係では所詮イレレヴァントとして斥けられるにきまっているのに、なぜ「事前規制たる側面を有することを否定することはできない」といったふうに、「自由」へのリップサーヴィスをするのか、それがよくわからない。

もう一つわからないことを付け加えれば、こんどは定義があてはまる、「発表」のレベルのことだが、「当該表現物は、輸入が禁止されるだけであって、税関により没収、廃棄されるわけではないから、発表の機会が全面的に奪われてしまうというわけのものでもない。」という説示である。ふつう考えられるばあいには、問題の表現物は——判決もいうように——「国外において既に発表済みのものであ」る。「発表」ということを、このように国外のそれをさすとすれば、最高裁の「検閲」定義は外国出版物との関係ではおよそあてはまらないはずである。いかに日本が「大国」といえども、日本の政府機関が、外国で、地球上のどこかで、「発表」される出版物等の、その「発表を禁止すること」はとうていできるわけがないからである。

先に言及しておいたように、税関規制の結果、「当該表現物に表された思想内容等は、わが国内においては発表の機会を奪われることとなる。」とは、最高裁自らが語っているとおりである。ところが、その最高裁が、あとになると「没収、廃棄されるわけではないから、発表の機会が全面的に奪われてしまうというわけのものでもない。」と説示するので、不敏な私は混迷の極に達する。あれとこれとをつなげてみて私に理解できることは、「国内では『発表の機会』は奪われているが、国外で『発表』できるのだから、『発表の機会』が全面的に奪われてしまうわけではない」という趣旨ぐらいのところである。そうだとしても私には釈然としないものがいくつかのこる。先にもみたように、そしてまた最高裁も承認しているように、ふつう考えられるばあいには、問題の表現物は「国外においては既に発表済みのもの」なのである。したがって、日本の国家権力が寛大にもこれを「没収」も「廃棄」もしないことによって、「発表の機会が全面的に奪われてしまうというわけのものでもない」という――最高裁によれば、考慮に値する――ありがたい効果が出てくるのではない。日本の税関が「没収、廃棄」しても、多くのばあいそれとまったく関係なく「国外においては既に発表済みのもの」なのである。

ふつう考えられるケースではないばあい、例えば、日本のフィルム製作者（その他メディアのいかんをとわないメッセージ製作者）が、なんらかの理由で海外で「発表」せずに、生の素材であれ編集済みのものであれ、作品を国内に搬入しようとした、としよう。税関長は審査のうえ、これは関税定率法二一条一項三号に該当するのに相当の理由があるとみてそのむね輸入申請者に通知したと仮定しよう。たしかにこのようなばあいには、たいへん寛大にして慈悲深いことに現行法では――一九六一年の改正前の旧法と違って――当該物件が没収も廃棄もされずにのこっているので、これをどこかの、日本国よりもより寛容な外国へ搬入し直しさえすれば、その外国ではじめてこの物を「発表」する機会が出てくる。ひょっとして、最高裁が語る「発表の機会が全面的に奪われてしまうというわけのものでもない」というのは、この辺をいうのかもしれない。(5)

だが、いま私たちはたんなることばの遊びをしているのではなくて、日本国憲法の表現の自由とかかわって「検閲」（その定義とあてはめ）を問題にしつつあるのである。このさい、外国で「既に発表済み」とか、なんらかの形で外国に積み戻すことによって「発表の機会が全面的に奪われてしまう」のを逃れることができるとか説示することに、なにほどの意味があるのだろうか。もしこのように、日本以外の地球上のどこかに「発表の自由」がありうるといういい分が、少しでも日本の表現の自由に意味があるのだとしたら、日本国憲法が規定する市民的自由の多くは、大打撃をうけざるをえない。「尼寺へゆけ」ではないが「外国へゆけ」ということによって、日本国における市民的不自由のあれやこれやを合理化したり過小評価したりすることができることになるからである。

最高裁が日本国憲法の「検閲」との関係で「発表」の要素を重視するのであれば、これは日本における「発表」の問題として処理すべきであったと思う。

「検閲」にあたるか(2)――「目的」と規制態様――

最高裁は、税関検査は外国での「発表」を禁止するものではないがゆえに、「検閲」にあたらないと判示したのち、さらにもう二つ「検閲」にあたらない論拠を提示する。その一つは、税関検査なるものは「関税徴収手続の一環として、これに付随して行われるもの」であるにすぎないとする理屈である。

この論点では、最高裁の「検閲」定義のうちの、「目的」の要素と「網羅的一般的」という審査態様にかんする要素との二つが混合して取り扱われている。最高裁の論理をもう少しくわしく追えば、こうである。税関検査は、関税を徴収することが目的なのであって、「広く輸入される貨物及び輸入される郵便物中の信書以外の物の全般を対象とし」ていることが指摘される。そして、それらのなかに包含されている思想内容等の表現物を、「付随的手続の中で容易に判定し得る限りにおいて審査しようとするものにすぎず、思想内容等それ自体を網羅的に審査し規制することを目的とするものではない。」ととらえる。

一　この論理にも、たくさんの疑問を禁じえない。そのいくつかをあげてみる。第一、「目的」である。このごろの最高裁は、とくに市民的自由のかかわる憲法判断において公権力の「目的」を、それも限定化する方向で、語る傾向がある。(6)このことの問題性は別の機会に論ずるほかないが、一般に、ある一つの――とみえる――行為には、一つの「目的」追求の契機しかふくまれていないとはかならずしもいえない。税関検査という複合的な行為体系には、複数の「目的」がこめられていると考えるほうが合理的である。そこには、関税徴収だけではなくて、麻薬類、偽造貨幣などなど輸入禁制品の国内搬入を遮断するという「目的」が顕著に、伝統的に、ふくまれてきている。われわれの問題であるいわゆる三号物件（「公安又は風俗を害すべき」表現物）もそうした「目的」の重要な対象物でありつづけてきた。伝統ということでいえば、三号物件の検査は、戦前には左翼文献その他当局が「思想内容」上好ましくないと判断した、ありとあらゆる外国出版物を排斥するものとして、思想統制の「目的」上、きわめて大きな意味をもつメカニズムであったのである。

最高裁は、こうした戦前の、明らかに思想統制の役割をになった三号物件の審査もふくめて、現行の輸入禁制品の取締りをすべて「付随的」の名で片づけようとしているようにみえる。けれども、かりに「付随的」だとしても、「目的」は目的なのである。そして、ある権力の存在が憲法上許容されるかどうか問われるばあいには、その権力の「目的」が「主要」か「付随」かは、きわめてしばしば、どうでもいいことがらである。「目的」が「付随的」であろうとなかろうと、権力が存在していること自体が問われるのだから。

二　もっとも、最高裁が「目的」を問題にする仕方は、じつは、かなりあいまいである。最高裁自身の本当の〝目的〟は、三号物件の審査が「網羅的一般的」ではないという、審査の態様を語りたかったもののようである。この点をわかり易くいえば、たぶんこうなる。「広く輸入される貨物」等を手当たり次第なんでもかんでも開披し審査するのではなく、外観からみてあやしいと「容易に判定し得る限り」のものを選択して開披し審査するにすぎない、と。

かく理解されるものとしての最高裁の理論には、根本的なところでまず次の疑問が生ずる。第一、貨物の外観において「容易に判定し得る限り」においてしかなされない、つまりいうならばいい加減の仕方でしかおこなわれない検査だから、「検閲」に該当しない、と最高裁はいおうとしているのかどうかである。第二、悪くいえば、いい加減の仕方、中立的にいえば選抜的な仕方でしかおこなわれないという認識と、そもそもの税関検査の大「目的」（それを合憲ならしめる実体的根拠）――「わが国内における健全な性的風俗を維持確保」し「猥褻表現物がみだりに国外から流入することを阻止すること」――とを、どうつなげて理解したらいいのか。

それらの点は別にしよう。ここでもまた、権力の存在が憲法上問われているとき、その権力行使は「一般的網羅的」ではなく、たんに選択的・選抜的であるにすぎないということが（このばあい選択の仕方が合理的かどうかは問わないでおこう）どれだけ問題の解答に役立つのか私には不明である。このこととの問題性は、選択的な権力行使の結果、不利益をうけた当事者（本件原告らがそうであるが）との脈絡でみてみれば、いちばんはっきりする。

三　以上要するに、最高裁の「検閲」定義のうち、「目的」と規制権力の態様にかんする部分のあてはめ問題にかんして、若干の疑問を開陳した。私の疑問は、たんにあてはめの当否を超えて、じつは「検閲」定義そのものにむけられているところもある。しかし定義そのものにかんする考察は、角度を変えて、のちにおこなう。

「検閲」にあたるか(3)――規制機関の性質と司法審査の留保――

さて、「検閲」定義のあてはめレベルで、のこされた最後の論点に移ろう。

大法廷判決では一個の文章で語られるが、じつは区別されるべき二つの要素が、税関検査の「検閲」非該当性のためのものとしてあげられている。一つは、税関検査の主体となる税関は、「関税の確定及び徴収を本来の職務内容とする機関であって、特に思想内容等を対象としてこれを規制することを独自の使命とするものではな」い、という理屈である。他の一つは、税関長の三号物件にかんする通知に対しては「司法審査の機会が与えられているのであって、行政権の判断が最終的なものとされるわけではない。」とする論拠である。二つともたいへん問題の余地のある判示だと思う。

一　第一の説示は、権力主体が「特に思想内容等を対象としてこれを規制することを独自の使命」とするばあいにかぎって、当該主体の権力は「検閲」にあたる、といっているらしい。もしそうだとすれば、最高裁が「検閲」の定義でいちばん最初にいう『検閲』とは、行政権が主体となって……」という部分の「行政権」概念には、じつは「『特に思想内容等を対象としてこれを規制することを独自の使命』とする行政機関に担われた『行政権』」という、いっそう細かい限定が内包されているということになる。最高裁流にいえば、絵にかいたように明瞭な「検閲」専門機関――「思想内容等を……規制することを独自の使命』とする機関――がおこなうのでなければ、「検閲」には該当しないわけである。税関とおなじように、郵政省もそうした「検閲」専門機関ではない。されば、郵政省は電波監理に「付随」して放送番組の「検査」をおこない、その結果ある種の番組の放送を禁止したり、郵送事業に「付随」して小包の内容が「公安又は風俗を害する」か否か審査し、「害する」と思われる小包の郵送を拒否したりしても、いっこうに憲法上の「検閲」禁止に該当しないことになる。この問題は、規制「目的」や規制態様の議論とこみにして、吟味する要があると思う。

二　第二の論点、司法審査の機会が留保されているから「検閲」とはいえないとする説示も、私にはとても理解しにくい。なぜか。実質的法治主義を基礎づける日本国憲法およびそれを一定程度体現する行政事件訴訟法のもとでは、どんな定義によるにせよおよそ「検閲」に該当する公権力の行使は、一つの例外もなく、司法審査の対象とならねばならない。ところが、最高裁の論理にしたがえば、このようにまさに手続法上司法審査の機会が保障されているがゆえに、実体法上「検閲」を構成するはずの権力行使は、「検閲」ではなくなるというたいへん奇妙なことになるのである。明治憲法下のように行政訴訟につき制限的列挙主義を採用し、その結果「行政権の判断が最終的なものとされる」システムと結合したばあいにかぎってはじめて、「検閲」は「検閲」に該当する、と最高裁は考えているらしい。それでいいのだろうか。

私には、事後に、司法審査が保障されるのは当然のことなのであって、ある権力行使が「検閲」にあたるかどうかは、それとは別に、検討すべきことがらだと思われる。そうでなければ、ほかならぬ日本国憲法ではじめて登場した「検閲」禁止条項は、憲法の他の原理（実質的法治主義、あるいは司法国家原理）ゆえに、ほとんど意味をもたないものになってしまうからである。

三　「検閲」あてはめ問題を個別的にみてきた。最高裁は、「以上の諸点を総合して考察すると……税関検査は……『検閲』に当らない」と判示するが、個別の諸点に疑問を禁じえない私は、これらの「諸点を総合して考察」してみても、一向に混迷から立ち直れないままである。

最高裁「検閲」概念の欠陥

「検閲」についての大法廷判決を、やや別の角度からもう少し議論してみたい。

一　最高裁は、先に引用した「検閲」の定義を設定するにあたり、諸外国および戦前日本の「歴史的経験」があずかって力があったことをのべている。そのなかで、戦前の出版法および新聞紙法にもとづく内務大臣の発売頒布禁止処分権を取りあげている部分は、注目に値する。判決はこれをとらえて「その運用を通じて実質的な検閲が行われた」と評価している。すなわち、旧時代の発売頒布禁止制度は、「検閲」に該当するといっているがごとくである。こう解するかぎりでは、例えば、宮沢俊義の解釈――発売頒布禁止制度自体は「検閲」にあたらないが、この制度のもとで「内閲」という非公式の検閲がともなったから「実際には、検閲が行われていたといっていい」とする、ややあいまいな理解（宮沢『憲法II』〔新版〕三六七頁）――と、最高裁のそれとは少し違うようにみえる。

しかし最高裁は、戦前の出版取締り体系を「検閲」に該当すると本当に考えているのだろうか。この点をたしかめるために、最高裁の定義で戦前の制度をはかってみよう。いくつかの点で定義にあてはまらないことがわかる。いちばん問題になるのは、最高裁の定義が徹頭徹尾「発表」にかかわっているところにある。ところが、戦前のシステムは「発表は自由」、しかし『発売頒布』（伝達）のレベルで取締る」ということを眼目としていた。戦前の内務官僚は「発表は自由」というたてまえのゆえに、この制度を欧米と同列の「自由主義」を採るものと自讃してやまなかった位である。このゆえに、最高裁の定義のうちの「目的」、つまり「発売の禁止」を目的とするという標識は、戦前の制度にはまったくあてはまらないことがわかる。次に、「網羅的一般的に……審査」したかどうかをみてみると、戦前の制度では出版物等をいっせいに「納本」させはしたが、「網羅的一般的に」審査したわけではない。そういうコストのかかり手間ひまを要する方式では対応できないので、伝達のレベルで「容易に判定し得る限り」のものを選択的に審査する仕組みを採用したのであった。すなわち、戦前の制度は、権力行使の態様において「検閲」とはいえないことになる。さらにまた、戦前の制度は、最高裁の定義の最後にあたる「不適当と認めるものの発表を禁止する」効果をもつかどうかという点でも不合格である。戦前の出版警察は、「〔国内において〕既に発表済みのもの」の、その伝達（発売頒布）を禁止するものにすぎなかった、といえないことはないからである。

こうしてみたならば、最高裁は、戦前の制度を「実質的な検閲」と呼んでみたものの、本当のところは、これを「検閲」に該当するなどとは露ほども考えていないことがわかるのである。そうだから、私には、最高裁が「検閲」定義を設定するにさいし、なぜ「前記のような沿革に基づき」などと「歴史的経験」を踏まえたがごとく語っているのか、わからないのである。「検閲」にあたらない制度の経験なるものは、どんなふうに「検閲」定義の設定に役立つのだろうか。

以上見たように最高裁の定義を用いれば、戦前の出版取締り体系は「検閲」には該当しないことになるがゆえに、こうした規制体系は、「公共の福祉」にもとづきさえすれば、いつでも合憲的に再現しうることになる。私には、非常に釈然としない部分がのこる。

二a　私からみて「検閲」に該当するのではなかろうかと思う規制体系の多くが、最高裁の定義では「検閲」にならないことになる。それでいいのだろうか。このことを、かいつまんで摘示する。戦前にはまず非公式に内務大臣の新聞掲載記事差止命令というのが発達し、一九四一年の新聞紙等掲載制限令によってそれは内閣総理大臣にひきつがれて正式の制度となった。軍事・外交・財政なんであれ国策上都合が悪いと感じた事件や事項を指定して、新聞紙等にいっさい掲載させないこととしたこの制度は、私からみれば「検閲」の最たるものであるが、最高裁の定義に照らせば「検閲」とはならないだろう。それは、ある事項を特定して「発表」を禁止するものではあるが、「一般的網羅的に、発表前にその内容を審査」するシステムではないからである。しかも新聞紙等以外の媒体によって「発表」する機会が全くないわけではない、とうそぶくことが十分にできるのである。

b　戦後、いわゆる政令三二五号にもとづきアカハタおよびその後継紙が発行禁止を命ぜられたことがある。こうした発行禁止は、最高裁のある裁判官により「検閲制度にもまさって言論の自由を奪うもの」（最（大）判一九五三年七月二二日・刑集七巻七号一五六二頁）と評された。周知のようにアメリカ合衆国ではこの種の、定期刊行物の発行禁止は典型的な「検閲」を構成するものと理解されてきている。日本の破防法五条一項でも、破壊活動団体の機関紙誌の発行停止を定めているが、これも同様に「検閲」該当性が問題になるように私には思える。けれども、こうした定期刊行物の発行禁止はすべて、最高裁の定義では「検閲」にあたるまい。特定の定期刊行物かぎりの「発表」禁止であって、けっして「一般的網羅的に……内容を審査」するという態様のものではないからである。

c　定期刊行物の発行禁停止にこだわって恐縮であるが、先に言及したアメリカ合衆国のばあいは、リーディング・ケース（Near v. Minnesota, 283 U. S. 697（1931））を機軸にして「検閲」問題が多彩に展開して現在にいたっている。けれども、わが最高裁の定義をもってすれば、そもそもアメリカのリーディング・ケースで扱われた案件自体が「検閲」でもなんでもないとして斥けられざるをえない。なぜなら、この事件で争われたのは定期刊行物の発行禁止を裁判所が命ずる方式だった。したがってそれは、「一般的網羅的」な規制でないばかりか、「行政権が主体」となるものでもないからである。

三　以上、いささかアトランダムの気味があるが、最高裁の「検閲」があてはまらない規制方式のいくつかを並べてみた。この考察によって、最高裁の「検閲」概念がいかに狭隘で限定されたものであるかがわかったと思う。

こんどの判決で最高裁は、「検閲」概念を設定することにより、さし当たりまず、長い間論争の的であった税関検査の「検閲」問題に決着をつけた。しかしそればかりではなくて、かく設定した「検閲」概念によって、憲法二一条二項前段（検閲禁止条項）は、拘束衣（ストレイト・ジャケット）をかぶせられ、屋根裏部屋にとじこめられて、その出番をほとんど封ぜられてしまった感がある。それでいいのだろうか。

二　税関検査合憲判決における「表現の自由」分析

――憲法二一条一項の解釈問題――

税関検査の合憲性の実体的根拠

税関検査が「検閲」に当たらないとしても、それでもってこれにまつわる憲法上の疑義のすべてが払拭されたことになるわけではない。こんどは、この規制方式が、その他の点で憲法保障と抵触するところがないかが、問われることになる。

こうして最高裁は次に、この、疑いもなく表現の自由に制約を加えるものであるところの輸入規制が、それにもかかわらず憲法に反しないかどうかを問うている。問題は大まかに二つに分かれる。最初の論点は、税関検査を合憲たらしめる実体的な根拠があるかどうか、あるとしたらそれはなにか、ということにかかわる。第二の論点は、現実の税関規制システムを成り立たしめているものの一つである関税定率法二一条一項三号の、文言形態にかんして生ずる。法律の文言が広汎不明確でないかという、いわば形式的手続的な性質の問題である。第一の論点から考察をすすめてゆこう。

一　本件では、上告人らが入手しようとした物件は「猥褻な書籍」等に当たるとして、関税定率法二一条一項三号「公安又は風俗を害すべき書籍〔等〕」の適用をうけたのであった。そこで最高裁は、本件で直接問題になった「猥褻な書籍」等に標的を合わせて、こうした物件の輸入を禁止することが、表現の自由を保障する憲法二一条一項の規定に違反するかどうかを検討する。

順序としてまず、刑法一七五条の合憲性を肯定した、いわゆるチャタレー判決（最(大)判一九五七年三月一三日・刑集一一巻三号九九七頁）といわゆるサド判決（最(大)判一九六九年一〇月一五日・刑集二三巻一〇号一二三九頁）を引き合いに出しながら「表現の自由は……公共の福祉による制限の下にあることは、いうまでもない。また、性的秩序を守り、最小限度の性道徳を維持することは公共の福祉の内容をなすものであって、猥褻文書の頒布等は公共の福祉に反するものであり、これを処罰の対象とすることが表現の自由に関する憲法二一条一項の規定に違反するものでないことも、明らかである。」（傍点引用者）と宣言する。このようにいちじるしく抽象の世界で合憲性を導き出してしまう「公共の福祉」論が、いっこうに屋根裏部屋の方へ退けられそうもないのをみるのは、私としては残念だが、いまは個人の感傷にふけっているわけにゆかない。私はせめてここで「性的秩序を守り、最小限度の性道徳を維持することは公共の福祉の内容をなすものであって」ということから一足飛びに「猥褻文書の所持または閲覧等は公共の福祉に反するものであり、これを規制の対象とすることが表現の自由に関する憲法……の規定に違反するものでないことも、明らかである」というところまでは押しすすめなかったことをもって、満足しなければならないのかもしれない。

ともあれこれは、国内の猥褻文書の頒布等にかんする問題であった。最高裁は次にこんどは、外国出版物の輸入規制のレベルへ視点を移し、こう説示する。「そして、わが国内における健全な性風俗を維持確保する見地からするときは、猥褻表現物がみだりに国外から流入することを阻止することは、公共の福祉に合致するものであり、猥褻刊行物ノ流布及取引ノ禁止ノ為ノ国際条約（昭和一一年条約第三号）一条の規定が締約国に頒布等を目的とする猥褻な物品の輸入行為等を処罰することを義務づけていることをも併せ考えると、表現の自由に関する憲法保障も、その限りにおいて制約を受けるものというほかなく、前述のような税関検査による猥褻表現物の輸入規制は、憲法二一条一項の規定に反するものではないというべきである。」（傍点引用者）

二　この説示はいくつかの疑問を誘発する。第一、「併せ考えると」と多少あいまいな表現になっているので私の勘違いかもしれないが、一九三六年の国際条約の規定がわいせつ物輸入規制を合憲たらしめる論拠になっている（少なくとも論拠の一つになっている）ように思われるのである。これは、条約、それも日本国憲法が成立する以前に締結された条約をもって、憲法の中身（表現の自由の意味するもの）を決定する手がかりにしているのではなかろうか。表現の自由を制約する法律の合憲性を、国際条約によって基礎づける立場は、憲法よりも国際法のほうが優位するという考え方と結びついてのみ、可能であるように思える。私は、日本の最高裁は国際法優位説ではなく憲法優位説をとっているものと了解してきているが（いわゆる砂川判決（最（大）判一九五九年一二月一六日・刑集一三巻一三号三二二五頁）参照）、私の了解は誤りなのだろうか。市民的自由の制約立法が合憲かどうか問われるとき、本件判決のように、国際条約をもって合憲性を説明することができるのだとすれば、憲法は国際条約によって壟断されかねない。それも、ときによれば、本件のばあいがまさにそうであるように、憲法の成立する以前に締結した条約が、憲法の内容を決定することになりうるわけである。私には、判決のこの理がわからない。その点はさておいて、第二の問題がある。最高裁が引き合いに出す国際条約一条の規定は、本件判決も認めているように「頒布等を目的とする……物品の輸入行為等を処罰することを義務づけている」にすぎない。くわしくいえば同条は「営業ノ為若ハ営業トシテ又ハ頒布若ハ一般ノ展覧ノ為」という目的の限定があったうえで、輸出入規制をおこなうむね定めている。この国際条約一条と、日本の税関がおこなっているところの輸入規制とが合致するところがあるとすれば、後者が「営業ノ為若ハ営業トシテ又ハ頒布若ハ一般ノ展覧ノ為」に猥褻文書の輸入をはかろうとする行為を阻止するかぎりにおいてであり、かつ、それにとどまる。ところが後者、つまり日本税関の輸入規制は、けっしてそうした目的に限定されていないのである。限定からはみ出した部分は、国際条約一条によっては支持されてはいない。したがってかりに百歩ゆずって、国際条約一条が「憲法保障も、その限りにおいて制約を」加える力をもつものと認容するとしても、判決のいうように「前述のような税関検査による猥褻表現物の輸入規制は、憲法二一条一項の規定に反するものではないというべきである。」という結論にはかならずしもならないはずである。小（営業その他一般頒布を目的とする輸入行為の規制を謳う国際条約一条）をもって大（営業その他一般頒布を目的とする輸入のみならず、個人が所持する目的で輸入するばあいも取締るところの、日本税関による輸入規制）を説明しつくすことはできないのではないかというのが、私の疑いである。

三　国際条約のみならず、そのまえに最高裁がチャタレー判決などに依拠しながら語ったところの合憲論も、じつは猥褻文書の「頒布等」にかかわるものであったことに、ご注意いただきたい。ここで「頒布等」は頒布、販売、公然陳列または販売目的の所持など刑法一七五条所定の行為を指すのであって、「単なる所持」まではふくまないものと了解すべきである。つまり、前記国際条約も、この「公共の福祉」合憲論も、ともに、わいせつ文書の頒布等とのみかかわるのであって、「単なる所持」とはなんの関係もないのである。そうだとすれば、いくら最高裁が、あれとこれとを「併せ考えること」、すなわち総合的考察を促してくれても、「単なる所持」をも規制対象とするところの「前述のような税関検査による猥褻表現物の輸入規制は、憲法二一条一項の規定に反するものではないというべきである。」という結論に文句なく到達するわけにはゆかないのである。これが私の第三の混迷理由である。

「単なる所持」を取締る問題

実際のところ、税関検査をめぐる憲法問題の最大のポイントの一つは、「単なる所持」のための輸入行為をも規制しているところにある。そしてその点では、いま紹介した最高裁の判示がいくら「憲法二一条一項の規定に反するものではないというべきである。」と断じても、このポイントとの関係では、的外れのものとして説得力を欠いているように、私には思えるのである。早々と合憲の結論を出すまえに、最高裁は、このポイント、すなわち「単なる所持」を目的とする輸入行為をも規制することが「憲法二一条一項の規定に反するもの」かどうかを、きちんとまず検討すべきであったと思う。

もっとも最高裁は、論理的には転倒したうえで、すなわちまず「輸入規制は、憲法二一条一項の規定に反するものではない」と断定してからのち、「単なる所持」を目的とする輸入行為の規制につき、「やむを得ないものといわなければならない」理由を提示している。「合憲だ」といい切ってからの説明なので、この「やむを得ない」とする理由づけが、どの程度憲法論であり、どの程度たんなる法律解説でしかないのか、残念ながら私には不明である。

最高裁の説示は以下のようである。原文は一パラグラフ、一センテンスの長文だが、ここでは私の便宜のために、あえて二分して紹介する。「わが国内において猥褻文書に関する行為が処罰の対象となるのは、その頒布、販売及び販売の目的をもってする所持等であって（刑法一七五条）、単なる所持自体は処罰の対象とされていないから、最小限度の制約としては、単なる所持を目的とする輸入は、これを規制の対象から除外すべき筋合いである」。これが前段である。原文では「であるけれども、」とあるのを「である」で一応切った。後段はこうなる。「けれども、いかなる目的で輸入されるかはたやすく識別され難いばかりでなく、流入した猥褻表現物を頒布、販売の過程に置くことが容易であることは見易い道理であるから、猥褻表現物の流入、伝播によりわが国内における健全な性的風俗が害されることを実効的に防止するには、単なる所持目的かどうかを区別することなく、その流入を一般的に、いわば水際で阻止することもやむを得ないものといわなければならない。」

一　まず前段である。先に、最高裁のこの説示が憲法論なのか法律解説にとどまるのかわからないとのべたが、中身に入ると、その点がますますわからなくなるのである。判決は「最小限度の制約」を語り、その点で「単なる所持を目的とする輸入は……規制の対象から除外すべき筋合いである」と論ずる。一見して、「最小限度の制約」および「筋合い」は憲法上の要請として語られているようにみえる。しかしどうもそうではないらしい。刑法一七五条では「単なる所持自体は処罰の対象とされていないから」とあって、刑法と平仄を合わせるべく「最小限度の制約」が出てきているにすぎないからである。けれども、最高裁がいま問われているのは、現にある刑法一七五条と平仄が合うかどうかなのではない。「単なる所持」（それを目的とする輸入もふくむ）にまで公権力が規制の手を拡げることが、憲法の許容するところかどうかである。そのこと自体を問題にすべきだったのではなかろうか。

私としては、猥褻文書であれその他どんな文書であれ、文書の頒布等に規制を加えるにとどまらず、その「単なる閲覧」を規制することが、憲法二一条一項のもとで可能なのかどうかを、最高裁にしかと議論して欲しかったと思う。そしてもう一つ私の欲をいえば、この問題、つまり国家権力は、文書の「単なる所持」その他の個人的な利用を規制しうるかどうかという問題に対して、最高裁は、このような個人の自由領域への規制方式は原則として許されないむねを、明言してくれればよかったのに、と思う。別言すれば、プライバシー尊重の原則をも踏まえた憲法二一条一項の解釈としては、表現行為の制約は「最小限度」のものでなければならず、そして「最小限度の制約」たるためには、表現行為のうちの純粋に（あるいは、非常に）個人的な性格の強い部分につき、自由（「制約からの自由」）が確保されるべきであるという原則を、最高裁に宣言してもらいたかった。

こういえば、私一個の主観的な願望にすぎないと一蹴されるかもしれない。じつは、私の願望は、表現の自由や一般に市民的自由の領域における司法審査のあり方いかんという問題に関係するのである。いままでのべてきたかぎりでは、最高裁は、憲法上の争点をきちんと識別し、これに対して明確な判断基準を示し、それを自覚的な方法にしたがって現在の争点に適用してゆくという手順を踏んではいない。これでは、表現の自由に対する司法審査としては、体をなしてはいない、とさえいいたいほどなのである。

二　ともあれ、大法廷判決は刑法一七五条を標準としながら「最小限度の制約としては、単なる所持を目的とする輸入は、……規制の対象から除外すべき筋合いである」と語る。私流の理解からは、この「筋合い」は憲法の命ずるところとなる。次に問題になるのは、では一体、この「筋合い」は絶対的に貫徹するのか、それとも、他に決定的に有力な根拠（compelling governmental interests）があってどうしても例外的に「制約」を認容するほかないのか、ということになる。最高裁のばあいには、憲法審査という自覚なしでではあるが、「筋合い」に対し例外（制約）が許される「やむを得ない」事情が考察されているのは、すでに引用したとおりである。

最高裁が提示する例外根拠は二点ある。(イ)輸入目的の識別の困難性、(ロ)流入した文書を頒布・販売過程におくのが容易であるのは「見易い道理」、これである。最高裁は、この二点の認識を前提にして、「わが国内における健全な性的風俗が害されることを実効的に防止する」という大目的（公共の福祉）を達成するためには、「単なる所持目的かどうかを区別することなく」、無差別、一般的に輸入規制するのは「やむを得ない」と評価するのである。最高裁はこれを憲法レベルの「必要最小限度」論、あるいは「厳格な司法審査」論として展開しているのではないかもしれない。しかし私のほうは勝手にそういうものと受けとって、若干の考察を加えてみたい。最初は、二つの、認識にかかわる論点である。(イ)輸入目的の識別は困難かもしれないが、不可能ではなく、ある程度のところはできるのではないか。(ロ)流入した文書を頒布、販売するのが容易だというが、かりにそれが容易だとしても、個人目的で輸入した者の圧倒的多くは頒布、販売の用に供するわけではないのではなかろうか。すなわち、(イ)および(ロ)については、別の認識も成り立ちうるのではないか。最高裁は、状況を総合的に認識するというよりは、結論（無差別・一般的な規制を「やむを得ない」とする評価）に適合的な事実だけを拾いあげた疑いがなかろうか。単なる所持を規制する、いわゆる「やむにやまれぬ」理由の提示としては、たいへん不十分だという印象をぬぐえない。

三　最高裁は「健全な性的風俗が害されることを実効的に防止する」目的を重視し、無差別一律の規制をよしとみた。「その流入を一般的に、いわば水際で阻止することもやむを得ない」と表現される。「水際で」などといえば、「一網打尽」というように似て、たいへん効率的で遺漏がなく完全に聞える。

しかしながら、ことば尻をとらえるようで悪いが、「水際で阻止」といえるためには、阻止が穴だらけであって、いたるところに「流入」があってはならないのである。現実の税関規制体系はどうか。この点では、最高裁自ら「検閲」分析のところで認識しているように「容易に判定し得る限りにおいて審査しようとするものにすぎ」ないのである。体系は完璧だが、たまたまその運用に少しばかりの手ぬかりがあるというのではない。体系自体が、「水際で阻止する」とはとうていいえないような仕組みになっているのである。その結果、現実の税関規制は、一網打尽からほど遠く、「たまたま税関に引っかかった奴は、運が悪かった」という形になっているのである。こうして「水際で阻止」されずに流入した文書は、最高裁の、前記(イ)および(ロ)の認識にしたがえば、「容易に」頒布、販売の過程におかれて、そのために「わが国内における健全な性的風俗が害され」つつあることになるのだが、最後の点は大いに議論の分かれるところであろう。

現行の規制システムはけっして「水際で阻止する」ように仕組まれておらず、その実際の運用でもけっして成功裡に「水際で阻止」してもいないから、「水際で阻止することもやむを得ないものといわなければならない」という最高裁の説示は、ただ単に「運」の悪かった者に対してのみならず、現実の事態を多少とも知っている市民たちに対して、説得力に富むものとはなりえていないように思う。

「公安」規定の効力

以上最高裁の判示は、結局のところすべて、猥褻文書等の取締りにかかわるものであった。ところが、税関検査の根拠法規（関税定率法二一条一項三号）は、「公安又は風俗を害すべき書籍」等とあって、けっして猥褻規制にとどまっていない。この文言は、広汎、不明確ゆえに、違憲無効ではないかという議論にさらされざるをえない。こうして次に、最高裁はこの問題を扱うことになる。そしてここへきてはじめて、最高裁のなかから不協和音が聞えてくる。四名が名を列ねる補足意見、一名の意見および四名を擁する反対意見が出てくるのは、法律の文言の形態をめぐってである。一名の意見は、実体論（権力論）にかかわるが、他はすべて本質的には形式論・手続論の世界での見解の差である。

一　多数意見は、法律の文言では「公安又は風俗を害すべき」とあるが、「公安」と「風俗」とは可分的であって、本件では「風俗」にかんする部分の適用が問われているにすぎないという理由にもとづき、「公安」概念を考察することを拒否し、もっぱら「風俗」の考察に終始する。この点が特徴的である。

多数意見はこうして、「公安」についてはいかなる評価も加えていないが、これは、司法部の憲法判断はその事件で具体的に適用される法条に限定しておこなわれるべきだという、考え方にもとづくに違いない。しかしながら、日本国憲法八一条にもとづいて成立する司法審査は、アメリカ流の付随的審査制をとっているのであって、具体的事件の解決に局限されなければならないとしても、こと表現の自由の制約が問題になるばあいには、当面の事件に適用される法規だけではなく、それと関連する法規（ばあいによれば、法律全体）の合憲性審査をおこなってもよろしい、いやむしろおこなうべきだ、という解釈は十分に成り立つ。とくに、文面上無効（void on its face）が争点となるばあいはそうである。要するに、表現の自由という憲法保障をどう理解するかという、憲法の実体価値の考えようにかかわる。表現の自由にいわゆる優越的価値を認めるべきだとすれば、表現の自由にかんする司法審査については特別に積極的な方法が許されていいことになる。いや、そういう方法がとられるべきであるということになる。(7)

二　表現の自由の領域においては当事者の違憲攻撃を拡張的に許容してしかるべき理由を、いまここで縷々申し立てる余裕がない。さし当たり、二つのことだけを略述したい。第一は比較的大きな議論に関係する。具体的な事件を契機に市民たる当事者が多大のエネルギーとコストを犠牲にして憲法訴訟を提起するとしてもなお、これは人為的な構成行為にすぎない。伝統的な法技術用のメスで関係事実は裁断されるが、それは所詮大きな脈絡のなかで存在する社会的事実のほんのひとかけらでしかないのである。そうしたばあいなお、自らが人為的に裁断した事実以外のものをみようとしない近視眼的な手法に徹するとすれば、そうした司法審査は、現代においては単に〃消極的〃というよりは〃反動的〃という評価を加えられるのを甘受しなければならないだろう。(8)つまり、伝統的に消極的な司法審査の固執は、現代においては、自らを社会的に無意味なもの・無効果なものとしてしまう途へ通じる。

第二の論点は、本件に特有な具体的な事実の評価にかかわる。多数意見は「公安」を本件と無関係だと切り離してしまうことによって、「公安」にもとづく輸入規制の合憲性を不問に付した。しかしながら、税関当局のほうは「公安」規定を軽視も無視もしていないのである。かえって例えば、たまたま手元にある一九六七年の参議院大蔵委員会議録が示しているように、税関当局は「まず『公安』につきましては、破防法において禁圧されておりますところの文書、図画が当たるということは、まず言えると思います。[9]」と、まことに天真爛漫にいってのけている。こう言明することにより、この文言は明確かつ正確だ、と語るのである。かく語るとき、それが違憲無効だという判定がありうるなどとは、ほとんど考えられてはいない。あるいは現在の慣行では「公安」にもとづく輸入規制はおこなわれてはいないかもしれない。しかし、当局が違憲だと明確に判断する手順をふんでそうしたわけではまったくない。たんに行政の政策裁量において、そうなっているにすぎないと思われるふしがある。最高裁は、本件を機縁に、「公安」部分は合理的な解釈により司法的に救済する余地なく文面上無効とみて、違憲無効の判断をくだすべきであったと思う。そう判示したからといって、「立法権への侵害」であり、「司法の逸脱」だという批判を受けることはほとんどなかっただろうに。

三　「公安」部分については、大橋進裁判官以下四名の補足意見ののべるところがある。まず「右の『公安』に関する部分は本件とかかわりがないので、多数意見がその合憲性について論及していないのは当然であるが」(傍点引用者)というまえおきがある。私には、それほど「当然」とは思えないのは、既述したとおりである。つづいて補足意見は、「公安」部分は「風俗」部分よりももっと不明確、広汎であると評価した。補足意見は、後述のように「風俗」関係規定を改正することが「望ましい」という立法論を語る点に特徴があるのだが、おなじ立場から「『公安』に関する部分についても、併せ検討を加えるべきものであることを付言する。」としている。

合憲性が問われる事件において、補足意見の形をとって、語るところは、じつは憲法論では全くなくて、ひたすら改正を望ましいとするていの立法論であるというのは、一体、どういうものだろうか。どういうものだろうかというのは、最高裁が固持してゆずらないところの、司法消極主義の見地からみて論理的につじつまがあうものなのだろうか、という意味である。補足意見の展開する立法論は、立法部にむけた勧告的、助言的な見解である。そして政府部門あての勧告的、助言的な見解は、司法部としてなすべきでない、というのが司法消極主義のABCではなかろうか。いや、補足意見としてならば、こうした逸脱が許されるという議論があるかもしれない。私は、その、許される根拠を知りたい。もっと別に、一般に司法は、この程度の立法論を展開することが許されるだけでなく、望ましくもある、という考えもあるかもしれない。しかし、この考えの内容がどのようなものであれ、それは司法消極主義に対する内部からの反逆の契機をふくむものであることは認容して欲しいものである。

四　さて、伊藤正己裁判官以下四名の反対意見も「公安」にかんし多少の言及がある。じつは、この反対意見は、「風俗を害すべき書籍〔等〕」の規定の違憲無効を主張する点にポイントがある。しかし、末尾でのべているのは、「公安」部分にかんしてである。いわく「……補足意見において……『公安』を害すべき書籍、図画等という規定の効力について論じられている部分は、我々の立場からすれば、むしろ当然の帰結である」(傍点引用者)と。私にはまたしても不可解である。補足意見は、今みたように「公安」関係規定の改正を望ましいとする立法論をのべているだけで、同規定の効力にかんしては、なにも発言してはいないのである。すなわち違憲無効と評価しているのではない。それを「我々の立場」(「風俗」関係規定を違憲無効と判断する立場)からすれば「当然の帰結」と称する意味が不可解である。反対意見は、「公安」部分は、「風俗」部分よりも、ますますもって違憲無効という立場に立っているのであって、たんに改正が望ましいという以上のことを主張していると推定してはじめて意味があるはずのものだからである。

私は、後述のように反対意見の本体(「風俗」関係規定を違憲無効とする立場)そのものには同調しえないと感ずるが、ただ、反対意見が「公安」にかんして違憲無効と判断している部分については、賛成したく思う。望むべくんばしかし、「公安」概念においては、「風俗」概念が広汎、不明確かどうかという、概念の外延の不確定性をめぐる問題をはらんでいるのと違って、概念の存立自体が問われているがゆえに、「文面上無効」(void on its face) だと判断すべきだったと思うのである。

「風俗」規定の限定解釈

一　いよいよさいごは、「風俗」関係規定の効力の問題である。多数意見は、『風俗を害すべき書籍、図画』等の中に猥褻物以外のものを含めて解釈するときは、規制の対象となる書籍、図画等の範囲が広汎、不明確となることを免れず、憲法二一条一項の規定の法意に照らして、かかる法律の規定は違憲無効となるものというべ」しとする憲法論を踏まえつつ、同規定に「猥褻な書籍、図画等のみを指す」と解釈上の限定をふし、こう限定されたものとして同規定は「初めて合憲なものとして是認し得る」と判示した。この多数意見には、補足意見、意見および反対意見が付加されているが、これらの範囲内でいえば、私は、多数意見を正当なものとして選びたい。

多数意見がこの限定解釈を「合理的な解釈」であると説明している箇所には、反対意見が攻撃しているように、無理がある。強引あるいは説明不十分なところがある。実際のところ、税関当局は、比較的最近といえる時点までは、「風俗」規定をもう少し広義に解釈して、猥褻文書以外のものをも輸入規制してきた（例えば、反戦平和を訴える出版物、写真等を「残虐的」ゆえに「風俗を害すべき」ものとしてきたのである）。多数意見は、そういう事実があたかもなかったかのごとく取扱って、限定解釈は「合理的な解釈だ」といい切っているのは、大いに問題である。「風俗」規定が、反戦、平和を訴えるメッセージの抑制のために奉仕した歴史を見据えて、審査して欲しかったと思う。

このように、猥褻にかぎるという限定解釈が「合理的」だと判断する多数意見の理由づけには不十分なものがあるが、さればといって、この限定解釈そのものは、「不合理」であるとか、かなり無理なところがあるとか評価すべきかというと、そうは思えない。これは「合理的な解釈」として成立する、という多数意見の結論には賛意を表明したい。

多数意見は、また、問題の規定は「〔この〕限定解釈によって初めて合憲なものとして是認し得る」のであって、それ以外の解釈では「違憲無効」で生きのこる道がないと明言している。このように一定の憲法判断を踏まえて自覚的に選択しておこなう限定解釈は、憲法判断回避のためにする苦しい解釈（例えば、いわゆる恵庭事件判決、札幌地判一九六七年三月二九日・下刑集九巻三号三五九頁参照）と違い、ありえていいことである。似たような限定解釈はかつて、いわゆる全逓東京中郵判決（最（大）判一九六六年一〇月二六日・刑集二〇巻八号九〇一頁）といわゆる都教組判決（最（大）判一九六九年四月二日・刑集二三巻五号三〇五頁）でもとられた。これらは、のち、最高裁自らによって否認されてしまったが、方法的に是認される解釈方法として再採用されたのは、結構至極だと思う。

二　さてこれに対し、反対意見は、表現の自由の領域では軽々しく限定解釈が許容されるべきではないと判断し、現行規定を明確化するために「猥褻な書籍、図画」等という具合に明示的に改正して出直すほかなく、違憲無効と判定すべきであったと異論を提示する。しかし、この意見にはにわかに賛同できない。実際上の効果をもたない少数意見だからこういえるのではなかろうか。反対意見の持主たる裁判官もふくめて、すべての裁判官は、現実に今おこなわれている税関規制が「猥褻な書籍、図画」に限っており、けっしてより広い「不道徳な書籍、図画」にまでは及んでいないことを、共通認識として踏まえているのである。それでありながら反対意見は、こうした性格の現行税関検査を、単に根拠法規が広汎、不明確にすぎるという理由で、いっせいにすべて停止させ、しかるのち国会が「猥褻な書籍、図画」等と限定する立法をおこなうのをまって、今現におこなわれている慣行をそっくりそのまま復活させるのをもってよしとするのである。ところで、この一時停止期間中は、明々白々「わが国内における健全な性的風俗を害」するに違いないところの文書等が自由に陸続と流入し伝播することになるわけである。これを、看過しえない由々しき事態とみる点では、反対意見の裁判官も多数意見の裁判官と同様なはずである。反対意見は国会による改正立法という部分に特別な重要性を見出し、由々しき事態の招来も致し方なしとみているようである。これに反し、多数意見は、反対意見が欲すると同一内容の改正を、自分たちの手で、すなわち司法による限定解釈で——国会の協働を待つまでもなく——なしうるとしたのである。現実の慣行はそのかぎりで追認されると同時に、由々しき事態の招来も回避できたわけである。実際上の見地やコストの点からみて、司法的解決（多数意見）のほうが立法的解決（反対意見）よりも、優れているように思える。

三　以上の意味で多数意見に与したいが、全面的に賛成するわけではない。問題はこんどは「猥褻」概念にかかわる。多数意見は「猥褻」ならば不明確でも広汎でもなく合憲だとみる（その点では反対意見も同様）。刑法一七五条との関係における「猥褻」はそのようなものだと、かりに認容しよう。けれども、そのことは、税関検査という、主体も手続も刑事司法とまったく異なるところの権力の行使との脈絡でも、おなじように、おなじ程度で、いえるのかどうか問題だと思う。多数意見も反対意見もそのことをまったく問題にしていないのは、私には不満である。試みに、最近の判例から析出される「猥褻」の判断基準および基準適用方法のあれこれを想起してみるがいい。ともかくも外見的にはたいへん厳格で精緻にできている判定基準や適用方法は、もっぱら事後制裁としての、そして当事者主義にもとづく訴訟過程を経て、裁判官が利用するものとしてのみ、考案されているのである。ところが、「関税徴収手続の一環として、これに付随して」おこなわれる税関職員の認定においては、判例が析出した判定基準もその適用方法も、そのどちらも無用の長物でしかない。「いや、どのみち、税関職員の判定はヘアがあるかないかという客観化され機械的に処理しうるものだから問題ない」という反論が予想される。しかし、それは的を外した議論である。例を『四畳半襖の下張り』にとろう。最高裁が最高権威をもって認定した、このワイ本の国内流入は断固として阻止されねばならない。帰国者がたんに私的に持ち帰ったばあいもふくめこの本の流入を許すことは、「国内における性的風俗が害されることを」見すごすことになり、「付随的」ながら税関の任務の懈怠とならざるをえない。けれども一体、税関長その他の税関職員は『四畳半襖の下張り』やそれと類似の書籍が猥褻かどうかを、明快に裁断できるか。私はたいへん疑問に思う。税関検査との関係では「猥褻」概念は明確でも一義的でもないのである。

むすびにかえて

判決に即した考察に終始したため、この主題にかんして語るべきことの多くを割愛するほかなかった。章を閉じるに当たり、二つのことだけを指摘しておきたい。

税関検査はむかしから「書籍、図画、彫刻物その他の物品」（関税定率法二一条一項三号）という具合に、形ある表現物の取締りにかかわってきた。「水際で阻止する」と格好よいことをいえるのも、形ある物件であるからである。だが、予見しうる近い将来、海外からのメッセージは、音、光、電波など形のない媒体によって、国内に流入し伝播することになる。いや、この現象は現にもうはじまってさえいる。さて「国内における性的風俗が害されることを実効的に防止する」ために「水際」ならぬ「空際」でどういう手がとられるか。そういう時代になりつつある現在、古色蒼然たる税関規制はいかにして生き残りうるだろうか。だんだんその存在理由がとぼしくなってきている。それは、税関検査を合憲ならしめる実体的な基礎論にも影響をおよぼさずにはおくまい。

第二、わいせつ文書の取締りは、事後制裁であれ事前規制であれ、本当のところこれを根拠づけるのはむずかしい。だから裁判所は、なぜこれを取締るのかを、抽象レベルでしか語ろうとしないのである。今回の大法廷判決にも、問答無用の部分がついてまわり、非常に説得性に富むとはいえないものになっている。これをめぐる議論は山ほどある。そのうちの一つにプリンストン大学哲学教授のスカンロンのがある。(10)かれは、国家権力によるポルノ規制の根拠として最終的に考えるに値するものを二点あげている。一つは「捕われの観衆」の保護であり、もう一つは性や性的なしきたりに対する態度の「望ましくない」変容の防止である。しかし、どちらの理屈にも、たいへんむずかしい争点が随伴するのは、同教授の指摘するとおりである。今回の大法廷判決は、この種の表現の自由の原理にかかわる議論のために、なにか積極的な手がかりになるものを提示してくれたとは思えず、その点でも残念である。

(1)　一九六一年の法改正により、いわゆる三号物件は、他の輸入禁制品と違って没収・廃棄処分から切り離され、「公安又は風俗を害すべき」物件と「認めるに相当の理由」ありとする「通知」に服することとなった。と同時に、「通知」に対する異議の申出を輸入映画等審議会になしうることが認められることとなった。伊藤正己裁判官はかつて、この改正に関連して、その裏に「規制そのものの実体の違憲性、あるいは少なくとも違憲の違いを隠蔽する意図がかんぐられてならない。」とのべている（伊藤正己「税関検閲と憲法二一条」『ジュリスト』二二三号六頁（一九六一年））。一九六一年の法改正の、別の大きな脈絡との関係で有する問題性については、奥平康弘「国家の陰謀――〃税関検閲〃判決にちなんで――」（同『ひらひら文化批判』有斐閣、一九八七年、一七六頁）を参照されたい。

(2)　一九七九年最高裁第三小法廷判決には、横井大三裁判官の、税関検査による輸入規制は「処分性」がなく、これを訴訟で争う途はないとする反対意見が付加されていた。けれども、こんどの大法廷判決においては、どの裁判官もこの点で異論を唱えていない。

(3)　一九七九年最高裁第三小法廷が扱った問題はもっぱら「処分性」にかかわっていた。しかし、高辻正巳、環昌一両裁判官は税関検査の中身にかかわる問題提起を試みている。とりわけ環裁判官の意見は、こんどの大法廷判決と対比させて考究に値する、品質の高いものであった。とはいっても、この環意見は所詮傍論的な見解表明でしかなかった。

(4)　憲法調査会報告書第三編〔三〕四(五)参照（なお第一小委員会報告書一三五―四一頁参照）。

(5)　ひょっとして最高裁は、「国外において既に発表済みのもの」でなく、世界未公開の表現物につき、こう考えているのかもしれない。すなわち、「たとえ輸入規制がおこなわれても、これに不服な市民は、もろもろの行政不服申立ておよび取消訴訟を提起し、これらに勝ちのこり、裁判所により規制措置が取り消されたあかつきには、当該表現物は国内に搬入することが公然と許され、したがって国内で『発表の機会』がありうるではないか」と。最高裁がもしそう考えているのだとすれば、別の疑問が生ずる。ここは、「事前規制」かどうかが問われている場だということを忘れないでいただきたい。事後に行政上および司法上の審査があるという手続きのどこに、その「事前」におこなわれた「事前規制」を、「事前規制そのものということはできない」といわしめるような魔力が秘められているのだろうか。

(6) 典型例は、政教分離規定の解釈における「目的」・「効果」標識を語るいわゆる津地鎮祭合憲判決である（最（大）判一九七七年七月一三日・民集三一巻四号五三三頁）。

(7) 芦部信喜『憲法訴訟の理論』有斐閣、一九七三年、五五頁以下、奥平康弘『表現の自由Ⅰ』有斐閣、一九八三年、一〇、二七頁など参照。

(8) See, e. g., Bruce A. Ackerman, *Reconstructing American Law*, Harvard Univ. Press, 1982, chap. 3-4.

(9) 参議院大蔵委員会議録一〇号、一九六八年五月一〇日、二頁。

(10) Scanlon, Freedom of Expression and Categories of Expression, 40 Univ. Pitts. L. Rev. 519 (1979).

第三章　選挙運動の自由と憲法

――アメリカ合衆国のばあい――

はじめに

本章は、選挙運動なかんずく選挙運動資金を規制する法律の憲法問題を、最近のアメリカ合衆国における問題状況に焦点を合わせて、考察してみようとするものである。

素材をアメリカ憲法にもとめる以上は当然に、問題のありようを内在的に理解することに努めなければならない。以下の考察過程から徐々に知れるように、合衆国においては、選挙運動はもちろんのこと選挙運動のための費用の出し入れも、合衆国憲法修正第一条（表現の自由）にかかわることがらと把握されているので、本章は勢い、表現の自由そのものを課題とすることになる。

ところで合衆国においては、言論・文書など表現行為による選挙運動は原則として自由におこなわれ、合衆国憲法との抵触が問題になる事例は――比較的最近までは――ほとんどなかったといっていい。他方、選挙運動のための資金についていえば、買収、利益誘導その他選挙の公正をさまたげる行為を規制する目的上、連邦・州の両法レベルで、資金規制体系をもってきている。そして、比較的最近までは、この種の規制立法のほうも暗黙のうちに当然視されていて、その憲法適合性が争われるということは、なしにすまされてきたのであった。しかるに、一九七〇年代後半に入ってはじめて、こうした立法は憲法上の挑戦を受けることになり、そして一九七六年には合衆国最高裁判所（いわゆるバーガー・コート）は立法中のある種のメカニズムに違憲無効の判定をくだしたのであった。いや、それればかりではなく、その後現在にいたるまで、従来確固たる基礎をもつとみえた選挙運動資金規制体系に、積極的にメスを入れて違憲部分を切除する路線をとりつづけている。(1) このばあいバーガー・コートが拠り所にしたのは、憲法修正第一条（表現の自由）にほかならないわけだから、判例のこうした趨勢は――選挙運動資金の統制領域において――表現の自由という観念に新しい性格・意味を付け加えたもの、とみることができる。すなわち、本章は、″バーガー・コート″という名称で呼ばれるところの現代合衆国最高裁判所が、表現の自由を現代の脈絡でどう捉えようとしているかを、究明しようとするものである。(2)

アメリカ憲法に素材をもとめるものとして本章は、いまのべた種類の考察目標をもつ。けれども、筆者の意図はもう一つ別なところにあることも、あらかじめ明らかにしておきたい。それは、本章の考察対象外にあることなのだが、日本の公職選挙法がとる選挙運動規制体系の憲法論にかかわる。日本では、アメリカ合衆国をふくむ先進民主主義国では考えられないような、こと細かな統制メカニズムが、言論・文書などによる選挙運動に対してはたらく仕組みになっている。(3) こうしたメカニズムは、当然に日本国憲法二一条の保障する表現の自由に違反しないかどうかが問題になる。この問題に接近する日本最高裁判所の方法は、しかしながら、筆者からみれば、いちじるしい欠陥がある。最高裁判所のやり口が欠点にみちているということは、さすがに最近ではようやく、一般の認識をかちうるようになってきた。その結果、最高裁判所と同様に結論においては現存規制体系を合憲とするものの、最高裁判所（大法廷）とは違った方法をとる傾向が、最高裁判所の一部および下級裁判所のいくつかに出てくるようになっている。

日本のばあい、選挙運動規制体系の合憲性を判断するにさいし、最高裁判所のとる方法がいわば内部から破産宣告を受けるようになってきた、といえる。(4) では一体、それに代わって新しく採用されるにいたった手法――それによって現存規制体系を合憲という結論に導くところのもの——は正当なのだろうか。

日本での新しい合憲導出手法は、いくつかあって、おのおのニュアンスの差がある。ある説は、選挙運動規制は価値中立的な「ゲームのルール」の性質を有するとし、たんなる「ルール」の設定だから立法裁量のはたらく余地が広い、という。(5) あるいはまた他の説では、規制はたんに表現行為のある種の手段を制限するにとどまる「間接」規制にすぎないという面を強調したり、「付随的」な規制にすぎないと性格づけたり、(6) 要するに表現行為そのもの（表現の内容）の規制ではないということによって、そこから安直に、広範な立法裁量をひき出してしまう議論となる。それらに共通していえることは、規制体系の実体にはほとんど踏み込むことなしに、立法府の判断は合理的であり、したがって合憲であるという論理形式をとっている点である。

筆者は、こうした形式主義的な司法審査方法は主題の重要性（選挙過程における表現の自由をいかに確保するかという問題性）にかんがみ、最高裁判所（大法廷）が伝統としてきている手法に優るとも劣らぬほどの欠陥をもつ、と考える。そしてこの考えを、日本の論議そのものを素材にして、次の第四章「選挙運動の自由と憲法——日本のばあい」が展開するであろう。

さて本章の問題に戻っていえば、以下の叙述の過程で、日本とはずいぶんと違った状況が明らかになるはずである。日本の最高裁判所のような表面をなでた「弊害」論でお茶をにごす方法も、ゲームの「ルール」論・「間接」規制論・「付随的」規制論などにもとづく形式論に終始した立法裁量論も、合衆国ではその痕跡をさえまったく見出すことができない。

もちろん、このばあい、「アメリカはアメリカ、日本は日本」という図式で、事態を処理し安心立命する手はある。他方しかし、この彼此の差から、日本の問題状況についてなにかの教訓を見出すこともできるだろう、と思う。筆者は、後者の立場をとりつつ、さし当たり、まず合衆国憲法の事情を眺めてみたい。

一　言論・文書による選挙運動と表現の自由

Mills v. Alabama のアプローチ

日本と違ってアメリカでは、口頭、文書その他の表現行為による選挙運動は原則として自由である。よって生ずる害悪——例えば、名誉侵害——は一般法の規律で対処するものと考えられている。しかしながら、選挙過程は特別な過程であって、他人の権利利益の救済という点からいっても、選挙の自由・公正を担保する目的からみても、ここに一般法を補完するものとして特別な法の規制があってしかるべきであるとも考えられている。(7) こうして例えば、たいていの州では投票日当日、投票所近隣地域で、最後の追い込みアピールをするような類の選挙運動を禁止している。これを野放しにしていたのでは、勢い物理的な押しつけをともなう迷惑行為になるばかりでなく、投票者の冷静な判断に邪魔が入ることになりかねない。おまけに、虚偽のメッセージが流されても、対立候補者にはもはや有効に反論するチャンスが乏しい。この事情は、一面では対立候補者に特殊な利益侵害をもたらすことになるし、他面では選挙人に誤った情報を一方的にインプットすることにもなりうる。そうしてみれば、投票所近傍における最後の追い込み運動は、——他に有効に規律しうるよりゆるやかな代替手段が考えられないこともあいまって——禁止されてもやむをえない、とみなされている。事実、筆者の管見に属するかぎり、この種の方法は、深刻な憲法上の挑戦を受けることはなく受容されてきている。(8)

さて、この例をそれだけ取りあげれば、日本のある種の裁判官にとっては、我が意をえたりということになるかもしれない。こうした禁止立法のアメリカ的解決方式は、「選挙のルール」論、「間接的、付随的規制」論あるいは

「たんに時、所、方法の制限」論のいずれかにもとづく立法裁量論で片づけると、おなじことではないか、といいそうである。そのことを検討するまえに一つ、次に紹介する合衆国最高裁判所の判決をみていただきたい。

アラバマ州は、先にみた最後の追い込み選挙運動の禁止立法の立法目的とおなじ趣旨で、投票当日なんぴとも、レファレンダム・イニシャティヴをふくむ投票・選挙のためにはどんな運動もしてはならないとする法規をもっていた。ところがこの法規にもかかわらず、バーミングハム市のある日刊新聞社が投票日当日発行の新聞社説のなかで、住民投票にふされている主題について、これに反対する見解を発表したのであった。編集長は右法規違反を理由に州によって起訴され、これをきっかけに、法規の違憲無効が争われることになった。州最高裁は、問題の法規を合理的な規制であって違憲ではない、と判示した。[9] 要するに、反論の機会のないままおこなわれる投票日当日の選挙活動は、選挙人を惑わすおそれがあるというもっともな根拠がある、とみたのであった。

合衆国最高裁判所はしかし、この法規を違憲無効と判断した。[10] ブラック裁判官による法廷意見は、次のことを指摘する。この法規のもとでは、投票日の前日ならば「最後の瞬間」の選挙運動を自由にやってよろしいのだが、この言論に対して翌日、すなわち投票日に反論を加えることはまかりならん、ということになる。投票日その日にしか、反論するチャンスがないという明白なばあいであるのに、それは駄目だ、というのである。これは、選挙人を惑わさないように保護するという法の本来の目的と完全に矛盾するものだ。「公におこなわれる選挙で、市民にむかって、こう投票して欲しい、ああ投票すべきだと新聞編集者が要請するのを罪とするような法律が問題のばあいには、合理性の判定基準を適用することによって憲法修正第一条には違反していないと判定しこの法律を承認してしまうようなことは、とうていできない。[11]」こう判示して、事件を原審に破棄差戻したのであった。

この判決は、選挙過程あるいは広くいって政治過程において、表現の自由は最大限保障されるべきことを説いた[12]先例として、よく引用されており、ほとんど古典的な位置を占めている。これに対する批判もないではないが、その批判たるや、日本で通用しているところの「選挙のルール」論、「付随的・間接的規制」論、「たんなる時、所、方法の規制」論のいずれかにもとづく立法裁量論（「合理性の基準」論）とは、根本的に性質を異にしている。当該法規には厳格な審査基準があるべきことを当然の前提としたうえで、立法を支える「どうしても必要不可欠な利益」(governmental compelling interests) があるかどうかの評価レベルでの異論であるにすぎないからである。[13]

「厳格な審査」のもう一つの例

選挙過程にふさわしく情報の交通整理をするうえで、多くの州が採択する規制メカニズムであって言及に値するのは、配布また掲示する選挙文書のなかに、当該文書の発行責任者の氏名・住所そのほか必要なアイデンティフィケーション・データを明示せしめる制度である。匿名・虚名の文書の流布・展示を刑罰をもって禁止する方式である。[14]

周知のように、一般論としては表現の自由は匿名による表現の自由をも内包する、と考えられてきている。[15] 自己を公開しなければ表現の自由は許されないとしてしまうと、ありうる社会的制裁をおそれて自由に発言する機会を抑制してしまうかもしれない。社会的に不人気な言論も、情報の流れにのせるためには、こうしたばあい、匿名を認めるべきだということになる。抑制的効果 (chilling effect) を阻止しなければならないとする利益配慮は、選挙過程における選挙運動においても、同様にはたらかねばならないのだが、この特別な過程では、別の特別な利益にも目をむけないわけにゆかない。候補者に対する名誉侵害的な情報を抑止する利益および当該情報をより正確に評価しうるようにするための選挙人の利益などがこれである。[16]

選挙運動の責任主体を開示せしめる制度については、次に示す合衆国最高裁判所の判決[17]が、一定の照射をおこなっていて参考になる。最高裁が当面にした事案では、選挙用文書のアイデンティフィケーションそのものが問題になったわけではないが、ことの本質はおなじである。事案は連邦の政治資金統制法が、第一、一〇ドル以上の金額を寄付した者の氏名をすべて開示すること、第二、年間一〇〇ドル以上を特定の候補者に寄付もしくはその者のために独立に支出した個人はすべて、経費の明細を明らかにするよう命じていること、この二点にかかわる。

この事件、すなわち *Buckley v. Valeo* として広く知られる最近の、もっとも著名な憲法事件の一つたるこれは、のちに本格的に取扱う。いまは、選挙運動主体を開示させるシステムだけを取りあげるのであるが、上告人らは氏名などの開示要求自体を違憲だとは攻撃せず、少数政党選出の候補者および少額寄付者に対してこのシステムは不利にはたらく、と攻撃したのであった。

日本でだったら、先ほどからあげてきた理論のどれかで、これを立法裁量の問題だとしたうえで、合理性の判断基準によって、易々と合憲にしてしまう事案である。合衆国最高裁判所は、この問題は表現の自由そのものにかかわると受けとめて、規制システムが合憲かいなかにつき、通常の表現の自由の侵害を審査するばあいと同様の、いわゆる厳格な審査基準にしたがい、「どうしても必要不可欠な規制利益」があるかどうか判断した。こうして、第一、だれが支持者であるかといった種類の、候補者にかかわる情報を選挙人に提供する利益、第二、買収その他の利益誘導を抑制する効果、第三、違法な資金の流れを統制する公権力の効率化などの諸事情が認定され、この点から問題のシステムを合憲と結論づけたのである(18)。

このような *Buckley v. Valeo* から類推して、厳密な文言で構成された法律により、選挙用文書に責任者の氏名・住所の開示を要求すること自体は、憲法上有効である、とみていいように思う(19)。

選挙過程における自由の最大限確保——さらにもう一つの例——

買収その他の不正行為（corruption）が取締りの対象になっているのは、どの国のばあいも同様である。不正行為あるいは不当な利益誘導の周辺にあって、しかも見方によっては表現の自由の保障にあずかっていいような選挙運動もある。最近の合衆国最高裁判所が問題にしている事件の一つに、こんなのがある。ケンタッキー州の不正行為防止法は、投票を得る目的で候補者が物質的便益の提供を申し出ることを禁止している。ところが、ある選挙での候補者は、自分が当選して公職に就いた暁には、法定の俸給額以下の給料でやってみせる、とテレビの記者会見で言明したのであった。このことが、法律で禁じている利益誘導になるかどうかが問題になった。州の裁判所は、該当すると判示したのだが[20]、合衆国最高裁判所は、問題の州法をこの事件に適用することはできない、と判断した[21]。いわゆる適用違憲の判決である。ブレナン裁判官の書いた法廷意見は、一方で選挙の公正を確保するという国家目的に着目しながらも、他方しかしながら、「候補者が選挙人にアイディアを提供しようとするのを国家が直接に制約するばあいには、憲法修正第一条は、たんに国家側に正当な規制利益があるというだけではなく、どうしても必要不可欠な利益があるということを証明すること、すなわち、保護されるべき表現を不必要に制限するような規制がはたらかないことを、命じている[22]」と説示した。こうして厳格な司法審査をおこなった結果、より低い俸給で働くとのべたこの事件の上告人の約束は、「修正第一条によって保護されないものと歴史的に見做されている不法な利益誘導とは、明らかに性質を異にする[23]」。かれの約束は公になされ、対立候補者の批判や選挙人の審判にさらされていて、それ自体政治倫理を乱すものとはいえない、とみる。しかも上告人は、私費の提供を申し出ているのでなく、そのいってることは、減税や経費削減を語り、行政の整理や効率を論ずるのと似た性格のものであって、憲法上保護に値する[24]、というのである。

本件は、法規自体の効力を問題にするものではない。むしろそれ自体としては有効であるところの法規の適用上の限界性を問題にした事件であった。それにしても、選挙過程において――そこは、とかく日本では、不正行為の防止という規制利益が**一元的**に貫徹するものと看做されてしまいがちな過程なのだが――表現の自由は最大限保障されるべしとする合衆国最高裁判所の基本姿勢がうかがえる好個の事例であるのは、疑いない。

二　*Buckley v. Valeo*

控訴裁判所での *Buckley v. Valeo*

選挙の適正化をはかる目的で、買収などの不正行為を取締まるだけでなく、不正行為に類似する現象をも抑えるべく、どこの国でもそれ相応腐心してきている。アメリカ合衆国のばあいには、連邦および州それぞれが、汚職防止のシステムと政治資金統制システムとの二本建てで、この問題に取組んでいる。このうち、本章が対象とするのは、より多く憲法保障とかかわるところの政治資金統制のほうである。

選挙に関連して一定額以上の金銭の支出を規制するシステムは、イギリスでは、早くも一六七七年の下院規則でとっていた、といわれる[25]。アメリカでこの種の制度が本格的に展開したのは、今世紀初頭、テォダー・ローズヴェルトらの提唱に起源する。その結果、一九一一年に連邦上・下両院議員の選挙運動費用を一定額に押える法律が成立した。一九二五年には、各種の腐敗行為規制法規を法典化する試みがなされたが、選挙のための支出に上限を設ける制度は維持された。この方面の歴史を追跡するのが本務ではないので、以下簡略にすます[26]。折角の資金統制法にもかかわらず、その有効性には疑わしいものがあった。公職の候補者本人を拘束してみても、実際には後援会、各種の政治団体・利益団体や諸個人など本人以外の第三者による支出行為が野放しであるばあいには、このシステムはほとんど無力である。また、選挙過程といってもさまざまある。一般選挙のレベルだけを押えるにとどめれば、予備選挙での不正行為はますます横行し、あとの過程をも汚染することになる。

この種の制度は、公の観点からみてどんなに欠陥があっても、ことの性質上、よほどのことがなければ、利害の直接関係者たる議員たちはなかなか匡正しようとしないものである。合衆国のばあいは、ウォーター・ゲート事件が事態改善のきっかけを与えた[27]。こうして、一九七四年、従来の関係法規の見直し作業をおこない、連邦選挙運動法（Federal Election Campaign Act of 1971[28]）を抜本的に改正した[29]。

さて、ここまでが前置きである。一九七四年に大改正されたこの法律は、すぐさま違憲訴訟にさらされることになった。主な争点は次の六つである。(1)諸個人がおこなう政治献金の上限設定（上限は、a　ひとりの候補者のためにする寄付金額、b　候補者のいかんを問わずおこなわれる政治献金の年間総額、この両方にそれぞれ設定される）、(2)特定のひとりの候補者のためになされるのだが、しかし、この候補者の支配を受けずに独立に支出されるところの費用の上限設定、(3)候補者自らの財源から、自らの選挙運動のために支出する費用の上限設定、(4)ひとりの候補者が選挙運動のために支出する全費用の上限設定、(5)政治献金および運動費支出の報告義務およびこのことにかんする情報の公開、および(6)大統領選出にともなう予備選挙、一般選挙および党内指名に要する費用の一部または全部を公費負担とする制度（公営化）、これである[30]。

第一審たるコロンビア特別区の控訴裁判所は、いま紹介した争点(5)に関連して、選挙費用の開示を定める条項はあいまいかつ広義であって違憲無効と判断したが、そのほかの点ではすべて合憲と判示した[31]。原告らは、政治資金の出入は表現の自由・結社の自由と密接不可離にかかわるので、これを規制することは修正第一条に照らし許されない、と懸命に主張したが、控訴裁判所は、本件で問題になる資金統制は言論そのもの（pure speech）ではなく、言論以外の要素（speech plus）が混入しているばあいにあたるとみたのであった。すなわち、ベトナム戦争時に有名になった徴兵カード焼却行為（U. S. v. O'Brien[32]）と類似のものと解する。こう解したうえで、選挙の公正を保つというどうしても必要不可欠な規制利益（the compelling governmental interest）のため、修正第一条の諸自由に付随的な制約を課することは、いたしかたない、と評価したのである。[33]

合衆国最高裁の *Buckley v. Valeo*

合衆国最高裁判所は、しかし、原審判決と基本的立場を全く異にし、これをきびしく斥けたのであった。最高裁は、上記主要争点のうち、(1)（献金額の制限）、(5)（支出入の報告義務および提出された報告書の公開）および(6)（大統領選挙の公営化）の三点だけは合憲と判示したが、支出額を抑制するシステム、すなわち(2)、(3)および(4)のすべてを、修正第一条で保障する表現の自由を侵害するものであって違憲無効だと判定した。[34] 注目すべきことは、最高裁判所は控訴裁判所と違って、本件規制の対象となっている選挙運動資金にかかわる行為を、表現そのもの（pure speech）、あるいはそれと同質のものと捉えている点である。控訴裁判所が徴兵カード焼却行為にかんする先例（〝オブライエン〟基準）によったのは間違いであった、というのである。いわく「献金および支出に対する本法の制限は、オブライエン事件で認められた行為に対する制限に匹敵するとする見解に当裁判所は与えしえない。金銭支出は、徴兵カードを廃棄するといった種類の行為とはまったく似ていない。金銭が与えられ使われることによって可能になる、ある種の形態のコミュニケーションは、言論そのものであり、ある種のそれは、主として行動だけをふくみ、別なそれは、その両者の組合わせをふくむ。しかしながら、当裁判所はこれまで一度も、コミュニケーションが金銭に依拠するという一事から、非言論的な要素を導き出したり、修正第一条が要求する厳格審査を緩めたりしてよろしいと、示唆したことはないのである[35]」。つまり最高裁は、本法にこめられている規制目的は、選挙の結果におよぼす各人の相対的能力を〝平均化〟（〝平等化〟equalizing）することにあるのであって、そうだとすれば、ここには「コミュニケーションの抑圧」(suppression of communication)[36] という要素がふくまれている、とみるのである。このことを別言して、最高裁は、選挙運動資金の制限はすなわち、「討議すべき争点の数、争点掘り下げの深さ、および及びうる聴観衆の範囲を限定することになって、表現の量の減少」を必然的にもたらす、と説示している[37]。

そこで、果たしてこういう大事《おおごと》を承認せざるをえないほどの、真に必要でさしせまった規制利益（compelling governmental interests）があるかどうかを、厳格に検討しなければならないことになる。

以上が、本件に特徴的な最高裁の基本路線であるが、司法審査の中身に関連した特徴として第二に指摘することができるのは、ひとしく「選挙過程における〝情報量〟」を左右するはずであるところの、選挙運動量の流入とその流出（献金と支出）とを、憲法判断のうえでは質的に異なったものとしている点である。すなわち最高裁は、政治献金というものは候補者に対する支持の意思表明であるものの、その使途にかんしては候補者のまったく自由（表現の自由）にまかせるのであるから、本法が目的とするように献金額を制限したからといって「候補者の活発で有効な討論が展開する可能性や個人たる市民、結社、報道機関、候補者、政党などによる争点になんらの悪影響をも与えることにはならない[38]。」と評価する。政治献金統制の性質をこのように捉えるとともに、最高裁は他方で、多額の寄付金（流入）が候補者当選後の政治的〝見返り〟（quid pro quo）を約束する態のものでありうる以上、不正行為の抜け道を封ずるという規制利益を優先させるのはやむをえない、という結論になる。

これに反し、最高裁判所によれば、政治資金の支出規制はまったく別な話になる。というのは、「これら支出制限はまずなによりも諸個人、集団および候補者による選挙言論の量の限定をもたらすのは、明らかである。この限定効果は、表明される思想内容にかんしては中立的だが、『わが国の選挙過程の中核にあり、修正第一条の諸自由の中核でもある』政治的表現を制約するものである[39]」、と最高裁はみているからである。

そこでまず、先の(2)の制限方式（個人が特定の候補者のために、しかし候補者のふところから出るのではなく、別の第三者が支出するところの費用の上限設定）であるが、最高裁は、次の二点によって、規制利益の存立を否定する。すなわち第一、この方式のもとでは、特定の候補者のためという性格を明示せずに、しかもこの候補者を売り出そうとする人びとは野放しにされる。「見返り」を防止する目的にとっては、抜け穴があることになる。第二、候補者の支配や連繋なしにおこなわれる費用支出は、候補者への献金と違って、候補者の運動に大した役に立たないかもしれず、逆効果ということにもなりうる。「見返り」としてなされる危険性は、ここでは少ない。

このように、実質的な規制利益が存在しないということになれば、このシステムは「生っ粋の修正第一条の自由」(40)そのものに重い制約を課したものと判定するほかない、と最高裁は断ずるのである。

次に(3)の仕組み（候補者自らの財源を運動資金とするばあいの上限設定）が審査されることになるが、ここでは規制利益の不存立がごくあっさりと結論づけられる。法のねらいは、候補者に対する外部からの不当な影響の排除にあるとすれば、外部と連繋がまったくなく自分のふところから捻出しておこなう支出行為は、法のねらいと無関係のところにあるばかりでなく、自己資金に頼ることができればできるほどそれだけ、第三者の献金から自由になり、不当な「見返り」などのひもからも自由になる。つまり、自己資金による支出行為は制限されるべきいわれはなく、大いにおこなわれて結構だ、と最高裁は自己資金の無際限支出を奨励しつつあるわけである。

支出額の制限方式でさいごにのこったのは、(4)（候補者の支出総額に対する上限設定）である。この方式は、直接的な献金の制約を迂回して資金調達するうごきを封ずるために必要だというが、最高裁はこのことに疑問を呈する。法は別に寄付金の上限を抑え、運動費の流出入の報告を義務づけ、資金の流れを公開しているのであって、これらをもってしても不正行為の取締りは無力であるという立証のない以上は、(4)のようにさらにもう一つ制約方式を設けなければならないとするいわれはない、と最高裁は判示する。この問題では、最高裁は、法の目的は他の手段をもって十分に達成できるのではないか、と指摘したものと理解しえよう。

最高裁判決と選挙の〝平等化〟

以上みたように最高裁は、まず選挙運動費の支出を全面的に修正第一条の保障範囲内に取込み、「言論」そのものにふさわしい厳格な審査をおこなった結果、現実の不正行為もしくは不正行為類似の行為を取締まって、選挙過程の純化をはかる目的との関係では、支出行為の規制方式は全部が全部、不合格だと判定した。

ところで、元来、選挙運動資金の統制が発案された背景には、不正行為の防止という目的のほかに、それと離れがたく結びついて、投票意思への働きかけ（潜在的な影響力の大きさ）の平等化、簡単にいって、選挙の平等化と呼べるような目標がふくまれていた、とみることができる。そしてこのばあい、俗に日本語でもいうように「金が物をいう」のであるとすれば、すなわち金の多寡が影響力の大小につながるという認識が正しいとすれば、まずなによりも選挙用支出金を候補者のあいだで平均化すべきことが要請されて不思議ではない[41]。ことに最近のように、投票価値の平等化の要求がつよく現われ、それが一人一票（one man, one vote）の制度として実現される時代になったばあい、おなじ要請が、こんどは選挙過程における発言力の平等へと転移するのは、ある意味で当然だと思う[42]。

Buckley v. Valeo の控訴審の段階では、裁判所は選挙運動資金の支出の平等化を重要な規制利益の一つと捉えていたことは明らかである。だが、これと対照的に最高裁判所では、平等化の契機は非常に低い評価しか受けない。このこともまた、この事件における最高裁の特徴の一つとして特記に値する。

この問題は、いま考察した(2)、(3)および(4)の支出金額の制限方式が合憲かいなかという争点との関係で、最高裁判所により次のように処理される。「選挙の結果に及ぼす個人および集団の相対能力を平等化する」という目的のために「政府は社会のある構成部分の言論を制限することができるという考えは、修正第一条とはまったく相容れないものである[43]」と手きびしく批判する。修正第一条は、社会にあるさまざまな情報をできるだけ広く伝え、そのことによって思想交換を無制限に保障しようとすることをねらっているからだ、という。最高裁は、表現の自由を伝統的・古典的な「思想交換の市場」モデルで理解し、「市場」の理論、すなわち自由競争原理の貫徹するところにまかせ、平等化であれなんであれ、そうした積極目的のために、国家が市場外から競争の自律性に妨害を加えてはいけないというレッセ・フェール原理に忠実であろうとしているように見える。(44)

Buckley v. Valeo 事件そのものに紙面を割くのは本意ではないので、そこで争われた他の論点については、紹介の労をはぶく。もっとも、(5)の方式（選挙費用の支出にかんする届出義務と報告内容の公開）については、別の観点からすでに叙述したところである。(6)の選挙公営について一言いえば、さしずめ日本でなら公営化は——それにともない他の面にどんな不自由をもたらそうとも——無条件によしとみる傾向が、ほとんど超党派的にといっていいくらいに普遍的にみられるが、合衆国ではかならずしもそうではなく、いくつかの側面から憲法上の疑問に遭遇することになる。*Buckley v. Valeo* では、最高裁は、これらの疑念を晴らしたうえで、本法のとる公営化は合憲だと判示した。(45) 以上のことだけを申し添えておこう。

三　*First National Bank of Boston v. Bellotti*

Buckley v. Valeo は、選挙運動費用の出し入れに純粋な「言論」性を認め、その支出面を規制する連邦法のシステムを違憲無効とした。ことの性質上、同様の法理は州や地方公共団体の選挙立法にも適用されることになり、その与える影響たるや多大である。

ところで、*Buckley v. Valeo* では直接の主題にならなかったが、その判断事項にふかく関連するもう一つ別の、同程度に重要な争点が伏在していた。というのはこうである。連邦法および多くの州法では、選挙における不正行為を防止する等の目的で、法人企業や労働組合が選挙運動費用を支弁するのを禁止する法律をもっている。さてそこで、そもそも選挙運動費なるものが、*Buckley v. Valeo* が承認されたように、表現の自由として強い憲法保障を受けるのであれば、こうした法人企業等が選挙資金を支出するのを禁止する法律のほうもまた、その憲法上の基礎を疑われることになりうるのである。

こうして、*Buckley v. Valeo* が引き金となって、こんどは法人企業等のもつ表現の自由はいかなるものかという新しい問題が問われることになる。

First National Bank of Boston v. Bellotti(46)は、合衆国最高裁判所において真正面から、法人企業等が他の社会集団のもっているような表現の自由を享有しうるものかどうか問われた、最初のケースである(47)。ここで事件に少し付き合ってみよう。

ここで問題になったマサチューセッツ州法は、公職の選挙および州民投票で立法の可否を決定するレファレンダムにおいて、銀行および企業が投票結果に影響を与える目的で金銭支出をおこなうのを、刑罰をもって禁止するものであった。この法律では、住民投票についていえば、レファレンダムの対象が「当該法人の財産、経営もしくは資産にいちじるしくかかわりのあるもの」であるばあいだけは、禁止を逃れうることになっていた。ただし、当該レファレンダムがもっぱら諸個人の課税にかんするものであるばあいは、「当該法人の財産、経営もしくは資産にいちじるしくかかわりのあるもの」と解釈してはならないと定めて、適用除外の範囲を限定していた。

この法律が憲法上の挑戦を受けることになった。たまたま、マサチューセッツ州政府は個人の所得税負課に累進制を導入しようと計画し、そのために必要な州憲法改正を住民投票に付することにしたのであった。これをきっかけに、企業の政治活動をしばるところの、先に紹介した法律の合憲性が問われることになったのである。案件は、個人の課税にかんするのであるから、問題の法律によれば、銀行等は、この当否にかんし見解をのべるべく運動することができないわけである。合衆国の憲法に照らして、こうした禁止は許容されるのかという問題が、こうして銀行等の側から提起されたのである。州の最高裁判所は、言論の自由の享有主体としては、個人と法人とは異なるという考えを下敷きにして、銀行等の違憲の主張を斥けた(48)。そこで上告人らは直接合衆国最高裁判所に上告したのである。

合衆国最高裁の立場は、五対四に割れた（五のうちには、バーガー長官も入るが、かれは独自の補足意見を提出している）。パウェル裁判官によって書かれた多数意見は、本件の州法は違憲無効であると判定し、原審判決を破棄した。パウェル裁判官はまず最初に、法人は表現の自由の権利をもつかどうか、もつとすれば自然人と同程度においてかいなか、といった問題提起は――原審裁判所はそういうアプローチをしたのだが――間違っている、と断定する。問われるべき問題は、表現の自由の享有主体いかんにあるのではなく、当該州法が「修正第一条によって保護されるべきはずの表現を奪っているかどうかということでなければならない。当裁判所は奪っていると判断する(49)。」という。本件で銀行等が論じたいと思う主題――住民投票に付された州憲法改正案の当否――は、修正第一条のもっとも強い保護に値するものであって、「もし本件での言論主張者が法人でなかったとすれば、州がこの者のおこなわんとする言論に沈黙を強いることができるなどとは、なんぴともいわないはずである。しかり、この種の言論は、民主政治における決定過程で不可欠なものなのである。公衆に情報を提供しうるものという点で、この言論に内在する価値は、法人、協会、労働組合または個人といった発言者の主体いかんによって左右されないのである(50)。」と説示する。

この考えを前提にして、パウェル裁判官は、本法における規制利益および選択された規制手段に対して――原審と対比的なことだが――厳格な吟味をおこなう。上告人の主張にもとづき、考えられる規制利益を次の二点にもとめた。第一、「選挙過程において個人たる市民の積極的な役割を継続し、そのことによって統治に対し市民が信頼感を失わせないようにすること」、第二、「法人を代表する経営側とは異なる考えをもつ株主の権利を保護すること」、この二つである。そして第一の点では、マサチューセッツでの州民投票において法人の発言力は決定的に大きいとする点の立証がないばかりか、公職の候補者の選挙とは違って、ここでは買収その他の不正行為のリスクもまったく(simply)ない。すなわち市民の信頼をきずつけるなにものも見出しがたい、とみる。第二の株主保護との関係では、二つの面から批判が加えられる。(a)本法はレファレンダムとの脈絡でのみ規制しているが、法人の影響力排除を目的とする意味では、これは狭きに失する(underinclusive)。なぜかというと、通常の法律案の当否を論ずることのほうは野放しにしているからである。(b)本法はまた、株主たちが全員一致で政治資金の寄付あるいは支出に賛成するようなばあいであっても、禁止をはたらかせる構造になっているが、これは禁止すべき理由のとぼしいばあいをも包摂しているがゆえに、広きに失する(overinclusive)、とみるのである。これらの指摘は、規制目的と規制手段の関連性または整合性の欠陥を衝いたものと了解していいだろう。

First National Bank of Boston v. Bollotti は、選挙運動費に化体された表現の自由をどう捉えるかという点で――多数意見はなぜか明言しないのだが――明らかに *Buckley v. Valeo* と重複する部分がある。前者は後者の延長線上にあるのであって、両者合わせれば、表現の自由について――望ましいかどうかは別にして――かつてなかった新しい地平がみえてくることになるのである。

両判決を総合してみれば、検討に値する重要な論点がいくつかふくまれている。けれども、ここでは立ち止まってこれらを検討するという手順を踏まずに、これ以降の判例の流れを追う作業をつづけることにする。

四　政治活動集団の選挙運動資金とその統制

California Medical Ass'n v. FEC

連邦の政治資金統制法に関係して、*Buckley v. Valeo* は、多くの論点に——明確性と説得性に疑問があるとしても——ともかくも解答を与えた。しかし、そこで直接に触れられなかった争点もある。同法中には、個人および法人格を有しない団体が複数の候補者を後援する政治組織（multicandidate political committee）に献金するばあい、その上限を設定する条項がある。この条項の合憲問題が、未解答争点の一例であった。

カリフォルニア医師会は法人格をもたない非営利団体である。この医師会は、選挙活動をおこなうべくカリフォルニア医師政治活動委員会と呼称する組織を設立し、これに資金をつぎこんだ。こうして、いま摘示した連邦法の最大限寄付額の条項違反に問われたのであった。医師会は、*Buckley v. Valeo* に依拠しながら、問題の法条を違憲無効であると主張した。第九巡回区控訴裁判所は、この主張を斥け、法律は合憲だと判示したので(51)、医師会は合衆国最高裁判所へ上告した。

合衆国最高裁判所は、原審同様、上告人が主張する違憲論を斥け、問題の法規の有効性を確認したのであるが、裁判官の意見の分布に微妙なものがある(52)。過半数を占める法廷意見が成立せず、マーシャル裁判官の書いた意見に他の裁判官三名が同調することによって辛うじて相対多数（plurality）となった。違憲ではないとするブラックマン裁判官の別建ての補足意見がこれに加わって、五名の裁判官による合憲という結論が成立したのである。医師会および医師政治活動委員会側の主張は、要するに、ここで制約を課せられている寄付行為は、本質において *Buck-*

ley v. Valeo で制約を課していけないとされた支出行為と同じものである、というにある。医師会としてみれば、自分たち自らが政治意見を表明する代わりに、自分たちの分身たる政治活動委員会にこれをやらせているだけのことである。こうして、かれらは前者と後者とは同じ憲法保障を受けるべきはずだ、と主張したのである。マーシャル裁判官らは、これに対して上告人らと同様に、寄付と支出とを峻別する *Buckley v. Valeo* に依拠しながら、しかし、*Buckley v. Valeo* で憲法保障が与えられた支出行為のポイントは、候補者であれ個人であれ団体であれ、行為主体が「直接的に政治的言論にたずさわるため、独立しておこなう[53]」ところにある、と強調する。本件医師会は別組織を立てて、これに言論活動をおこなわせているというが、「こうした「代理による言論」("speech by proxy") は、じつは *Buckley* で当裁判所が修正第一条の完全な保護に値するものと判示した種類の言論ではないのである。[54]」しかも、本件政治行動委員会は医師会のたんなる代弁者にすぎないと上告人はいうが、同委員会がいろんな人間からの献金で成立し独自に政治活動する独立組織であることはおおうべくもない、とみる。そうだとすれば、医師会の本件寄付行為は「献金した者以外のだれかによっておこなわれる言論[55]」へと化体されるものなのだから、*Buckley* で合憲と判示されたと同然の制限が課せられるのはいたしかたない、と判示した。そして、こうした制限は、現実の不正行為あるいはその類似行為を取締り、その抜け口を封ずるという規制利益に仕えるものであるのは、*Buckley* と同様である、というのであった。なおこのばあい、マーシャルらの念頭には、上告人らは欲するならば代理を立てずに諸個人で支出（言論）することが存分にできるのだから、「代理による言論」がこの程度制限されるという不利益は、受忍してしかるべきであるとする前提があるようである。

このようにして、マーシャル意見は、*Buckley* で採った「寄付・支出」峻別論をそのまま押し立てて、これによって候補者と個人のあいだに介在する政治活動組織への献金にからむ憲法問題を裁断した。しかし、もともと「寄付・支出」峻別論は、それ自体においてたいへん論議の余地のある論理構成である[56]。これとは別に、本件のような政治組織への献金を、政治家個人への直接献金と同範疇のものとみることができるかどうかという点にも、問題がありそうである。そうしてみると、この解答が――*Buckley* のばあいもそうなのだが――憲法問題の真の解決になりうるか、速断しがたいものがある、と感ぜられる。(57)

Citizens Against Rent Control v. Berkeley

次に紹介するケースも、問題を解決したというにしては、すっきりしない部分をのこした事例に属する。

合衆国最高裁判所は、一方で *Buckley* において、公職の立候補者に対する献金の最高額制限は合憲だとしている。また他方 *Bellotti* では、立法に対する直接請求たる住民投票のための運動資金を法人が――他への献金という方法によろうと自らが支出する形をとるものであろうと――払うのを、国家（州）は禁止できないと判定している。さて、立法に対する直接請求過程という点では *Bellotti* であつかったのと似た事案になるが、カリフォルニアのバークレー市は、こうした住民投票のための運動組織に対して各人がなしうる献金は、二五〇ドルに限るものとする条例をもっていた。献金の上限を抑える仕組みの部分は、公職立候補者の政治資金を扱った *Buckley* で合憲とされたものに近い。では一体、この、直接請求にむけた住民運動のための政治資金を規制するバークレー市条例は、修正第一条に違反するのか、しないのか。カリフォルニア州の第一審・第二審の裁判所は、これは違憲だと判断したが、州最高裁は、さにあらず、合憲なりとして、原審判断を破棄した。(58) そこで住民団体は、合衆国最高裁へと上告に及んだのである。

合衆国最高裁は、バーガー長官の代表意見により、問題の市条例は結社の自由と表現の自由を侵犯し、違憲である、と決定した。(59)「バークレー市条例が結社の権利、したがってまたさらに個人および集団による意見表明の権利に対して課している制限は、修正第一条が保障する結社の権利・言論の自由に違反する。(60)」とバーガー長官はいう。長官によれば「住民投票にあたって、個人がひとりで見解を表明する分においては制限しないのに、この点の見解をみんなと一緒に組んで発表しようとする個人にかぎって、スパルタ的制限——いや、いかなる種類の制限であろうと事情は同じだが——を課するのは、明らかに結社の権利を制約するものである。[61]」ということになる。そして、こうした「修正第一条の規制は、つねに厳格な司法審査に服さねばならない[62]」のに、本件市条例のばあいには、*Buckley* と違って規制する利益がうかがえない、とみるのである。すなわち「*Buckley* は、住民投票にふされる条例案に賛成もしくは反対するため組織された集団への寄付行為の制限を、承認するものではない[63]」と説示する。住民投票による直接請求という点では、バーガー長官は *Bellotti* を引き合いに出しながら、次のようにいう。「当裁判所は、*Balliotti* において、住民投票に対する考えを宣明するために資金を寄付し、または支出するのを、個人に対して禁止しえないと同様、法人に対しても禁止しえない、と判示しているとおりである[64]」と。

この理屈は、住民投票の決定過程では、候補者の選定過程と違って、運動資金が政治的に「見返り」と結合するといった不正行為の可能性は少ない、という認識に裏づけられているようである。

規制利益という点でいえば、バークレー市側は、本件条例のねらいは直接請求をめぐる賛否両勢力の身元（アイデンティティ）をはっきりさせることにある、とも主張していた。これに対するバーガー長官の答えは、そのねらいならば、別の手段で十分に達成されよう、という形になる。じつは本条例には、投票に先立って献金した者の名簿を公表する仕組みが備わっている。これで足りるではないか、というのである。

バーガー長官の説示でたいへん興味があるのは、*Buckley* や *California Medical Association* で重要な意味をもった「寄付・支出」峻別論が、本件ではまったく採用されていないばかりでなく、次のような具合に、両者は相対化されてさえいることである。「結社の自由への許されざる制約とは別に、これと実際上不可離なことだが、第六〇二条（争点の対象たる市条例の条項——引用者）は、集団および政治組織をつうじて自らの意見を表明しようと思う諸個人の表現の自由に、重大な制限を課するものでもある。……第六〇二条のもとでも、個人は住民投票にかんして無制限に金銭を支出することができる。ところが、その個人が他の人たちと一緒になって共通の見解を述べるべく献金しようとするばあいには、二五〇ドル以上の献金は許されないというのである。これでわかるように、献金の制限は自動的に支出に影響するのである。そして、支出に対する制限は、住民投票について政治討論をおこないたいと望む集団や組織の表現の自由に対する直接的な制限として、作用するのである。[65]」と。これは「寄付・支出」峻別論を相対化する議論であるというよりも、むしろほとんど「寄付・支出」を同視する議論とさえみることができるくらいである。この点にかんするバーガー長官の説示は、本件にかぎって有効なのか、それとも峻別論を打ち出し、そしてそのゆえに評判の香しくなかった *Buckley* そのものの見直しを内包しているのか、将来のうごきを注目したい[66]。

バーガー長官は、本件では不正行為の防止という脈絡で規制利益の有無を審査した。しかし、これで十分だろうか。けれども、他の利益——例えば *Bellotti* で承認された「統治における公衆の信頼感の確保[67]」や、大企業の支配力に左右され勝ちな代議制の補完制度として活用されるようになっている住民投票に固有な、なんらかの利益[68]——が考慮の外におかれていいのかどうかは、大いに議論の余地がありそうである[69]。

Common Cause v. Schmitt

さいごに紹介するケースは、先に *Buckley* で簡単に言及した、大統領選挙の公営化とからんで出てくる厄介な問題にかかわる。大統領選挙に要する費用の一部を公費で負担することを可能にした法律によれば、公費援助を受けることによって当該候補者は、自分自身、およびかれ（またはかの女）により承認された（authorized）政治活動組織は、こんご給付されたと同額（一九八〇年当時、二、九四〇万ドル）を超過して、支出または債務をおうことはできないものとされる。この、公費受領にともなう支出制限を実効あらしめるために、別の法規は「その他いかなる政治組織も、この候補者の当選のために……集算して千ドルを超える金銭を、事情を知りながら、そして自発的に支出すること」を禁止している。ところが、一九八〇年の大統領選挙にさいし、公費受領のうえ共和党から立候補したロナルド・レーガンを支援する〃独立の〃政治組織が名乗りをあげ、自分たちはレーガンのために二千万ドルから三千万ドルの資金を使い切る、と公言した。また別のグループも、レーガンの後援のため一、八〇〇万ドルを支出する、と宣言した。その他のあれこれの〃独立〃組織が支出する予定の金銭を全部寄せれば、レーガンが受領ずみの公費を、かなり上回わるのは明らかであった。そこで千ドルをはるかに超える、こうした〃独立〃組織の支出は違法だとして、市民組織で有名なコモン・コーズが訴訟を提起した。選挙行政をつかさどる連邦機関である合衆国選挙委員会も、これと別個に出訴した。コロンビア特別区の連邦地方裁判所は、問題の支出額限定規定を憲法修正第一条に違反し無効と判断した[70]。そこで原告らは、この違憲判決の破棄をもとめて、ただちに合衆国最高裁判所に上告したのであった。

ところが、この上告事件では肝心の合衆国最高裁判所は——一人の裁判官が事件に関与せず、したがってそれは八名によって構成することを余儀なくされたのだが——四対四の真二つに分かれた[71]。そしてこういうばあいの慣行にしたがい、裁判官らの意見内容の表示がないまま、原審判決は維持された[72]。主題の重要性にかんがみれば、たいへん後味の悪い幕切れであったというほかない。ともあれ、事態の微妙さを露呈する結末ではあった。

そういう次第だから、ここでは勢い意見表明のない最高裁の立場をあれこれ臆測するよりは、三名合議の地方裁判所の違憲判断を考察することのほうが望まれることになる。

地方裁判所は、*Buckley* に全面的に依拠しつつ、選挙運動は——そのための費用支出もふくめて——「憲法上最高位の水準にある言論である[73]」と措定したうえで、本法の費用支出制限は厳格な司法審査に服さねばならないとする。では、やむをえない規制利益は一体なにかということが問題になるのだが、*Buckley* にしたがえば、この領域で考えられるのは唯一つ、つまり不正行為の防止という目的しかない、と解される。ところが本件でその合憲性が問われている支出制限は、候補者(およびその者に認可された後援会)に対するものではなく、候補者とは独立の存在たる政治組織にむけられている。これら独立組織は、諸個人の自由な意思によって成立し、結社の自由の保障を受けつつ、自由に発言する権利をもつ存在である。しかも、これには、候補者から「見返り」をあてにするといった不正行為の契機がまったくないのは、*Buckley* が判示しているとおりである。そうだとすれば、ここにはそもそも、規制利益の存立する余地はほとんどないということになり、当該法規は合憲性の基礎を欠くと解するほかない。以上が、地方裁判所の違憲判決の骨子である。

本件では、選挙のための支出の制限一般が問われているのでなくて、特別な制度——大統領選挙の公営化という制度——との関係で導入された、支出制限の是非が問われていた。ここに本件争点の特色がある。しかるに、地方裁判所は、この問題に答えるにあたって、支出制限一般が違憲だと判定する *Buckley* をほぼそのまま支配貫徹させる手法をとっている。つまり、選挙公営という特別な契機のほうはほとんど無視してしまっているのである。この点に、地方裁判所判決の特徴を見出すことができる。このように、地方裁判所は、選挙公営制度——それは、不正行為防止というよりは、選挙運動の〝平等化〟という目的を踏まえたものなのであるが[74]——との結びつきを重視せずに支出制限を違憲無効と判示したから、この判示が支配妥当し、第三者——という形式をとる者——の巨万の運動資金投入が野放しにされれば、ひるがえってこんどは、選挙公営制度の目的自体がナンセンスと化し、制度は目的を欠いたまま公費の垂れ流しのルールに堕してしまうかもしれないのである[75]。

もしこうした観察が成り立つものだとすれば、ことは、地方裁判所が本件において——選挙公営制度との関係において——*Buckley* を無修正で踏襲したのは、正当ではなかったのではないかという話になる。だが、それだけの話なのか。そうではなくて、さらにおよんで、じつはそもそも *Buckley* 自体が欠陥判決だったのではないか、と問う余地もなおありうるのである。

おわりに

選挙過程、なかんずく選挙資金の統制にかんする憲法（表現の自由）問題の司法審査を概観してきた。ひるがえってかえりみるに、判例の動向を叙述するだけの、平板な作業に終始してしまった感がある。恥入らざるをえない。けれども、本章で提示した法の発展は、その素材そのものにおいては、きわめて重点な諸側面をもつものであることは疑いないのであって、筆者としては本章を一つの礎石に据えて、ここから展開する諸論点の中心部に、少しずつ踏み込んでゆこうと思っている。

本章で取扱った素材が包蔵している問題点は、それぞれ以上の叙述のなかに潜った形で多少とも表明されてはいるが、終りにあたって例示すれば、次のようである。

まず選挙過程を統制する立法の司法審査のありようという問題がある。日本の裁判所は、あれやこれやの理屈を設けて、選挙過程における言論・文書活動そのものの統制（禁止）さえをも、立法府の裁量にしてしまい、そのことによって、ありうるいっさいの憲法上の精査を放棄してあやしまない。これに反し合衆国の裁判所は、選挙過程における言論・文書活動の統制はもちろんのこと、同過程にかかわる選挙資金の統制との脈絡においてさえも、簡単には立法裁量を語りはしない。表現の自由がかかわる憲法問題として裁判所自身が厳格な審査を貫徹させている。そしてそうした積極的な司法審査をつうじて、多くの選挙運動規制立法は違憲と判定されてきているのである。

合衆国最高裁の問題処理のすべてをよしとみるべきだというのでは毛頭ない。逆に、後述するように、そこにはいささか辟易させられる部分がある。しかし筆者は、日本の選挙運動規制立法に対する司法審査のあり方を考えるうえで、合衆国最高裁の取組みには評価に値する多くのものがあると思う。

司法審査のありようという点を別にして、実体面をみれば、合衆国最高裁のアプローチにはきわめて深刻な疑念を払拭することができない。表面的にうかがうかぎりは、選挙過程における表現の自由の重要性を高らかに語り、表現の自由に固有な「厳格な審査」を貫徹させているのであって、表現の自由に最大限の保障が与えられるべきだと信ずる者たちにとっては、たいへん結構な判示というほかないようである。けれども、金銭は言論なのだろうか。金銭をめぐる支出入行為は表現行為なのだろうか。かかるものとしてそれは表現の自由の保障にあずからねばならないのだろうか。

合衆国最高裁は、選挙との関係でこの問いに全面肯定をもってした。しかし、そうすることによって裁判所は、表現の自由と民主主義との構造連関[76]、表現の自由の〝人権〟的性格（人間としての権利、自己実現のための権利）など[77]、伝統的な言論の自由の体系を内部崩壊させつつあるのではないか、という批判が出てくるのはもっともなことだと思う。

最高裁は金銭に言論性を認めたことにより、勢い企業に対しても個人とほぼ同程度に表現の自由を与えようとすることになる。バーガー裁判所はすでにして、商業用の広告へ憲法保障を大きく分ち与えてきているが、選挙や政治の世界でも企業利益擁護のための言論・文書活動が大手を振ってまかりとおり、人びとの思惟と行動を支配し操縦することができるようになるとすると、表現の自由なるものは、まことに空しいもの・無意味なものになってしまうのではあるまいか。

（1）　このかぎりで、バーガー・コートは司法消極主義をとるという、一部にもたれている印象は、正しくない。司法積極主義が大胆かつ率直にとらわれているとさえいえる。問題は、「根っこのない積極主義」と評価されるところの、その内容にある（See, Blasi, The Rootless Activism of the Burger Court, in Blasi, V. ed., *The Burger Court*――*The Counter-Revolution That Wasn't*, New Haven: Yale Univ. Press, 1983, 198, esp., 200, 202, 205）。

（2）筆者の下敷きにある問題関心は、下記の人びとの仕事にふくまれているそれと、通底するものがある。Cox, A., *Freedom of Expression*, Ch. V. Cambridge MA : Harvard Univ. Press, 1981 ; Dorsen and Gora, The Burger Court and Freedom of Speech（in Blasi, ed., *supra* n. 1, at 28）; Shapiro, Fathers and Sons : The Court, The Commentators, and the Search for Values, in *id.*, at 218 ; Tribe, L. H., *Constitutional Choices*, Ch. 13 (Speech as Power : of Swastika, Spending, and the Mask of "Neutral Principles", Cambridge, MA : Harvard Univ. Press, 1985）; Van Alstyne, The Recrudescence of Property Rights As the Foremost Principle of Civil Liberties : The First Decade of the Burger Court, 43 Law & Cont. Prob. 66（1980）; O'Kelley, The Constitutional Rights of Corporations Revisited : Social and Political Expression and the Corporation after *First National Bank v. Bellotti*, 67 Geo. L. J. 1347（1979）.

（3）公職選挙法一二九条から一七八条の三にいたるまでの「第一三章　選挙運動」の諸規定は、まことに独特な規制システムを構築している。

（4）訴訟においては、当然のことながら、そしてよかれあしかれ、公選法の選挙運動規制システムの全体が問われることはない。システムを構成する個々の仕組みのみが問題になる。そのうちいちばん対象になり易いのは、戸別訪問の禁止（法一三八条）である。この規定については、わが最高裁判所は一九五〇年大法廷判決（一九五〇年九月二七日・刑集四巻九号一七九九頁）以来、首尾一貫して合憲だとする立場をとりつづけてきている（最（大）判一九六九年四月二三日・刑集二三巻四号二三五頁参照）。したがって、本文で「破産宣告」というやや乱暴な評価をくだしたのは、乱暴なだけではなくて正当でもない、と批判される余地はある。たしかに、最高裁の合憲判決は――ファサードにおいて――確固たるものがある。しかし、内実をさぐれば、その合憲たる理由づけ（rationalization）が説得力を失い、したがって権威をもたなくなりはじめているのは、ぬぐうべくもない。最高裁の一部および下級審は、このことを認識したうえで、別な理由づけをもってくることによって、合憲判決を維持しようとしている。こうした新しいうごきは、合憲と判定する基準あるいは方法において、伝統的な大法廷合憲判決と大いに違うものがある。この点をとらえて本文では「……方法が……内部から破産宣告を受けるようになってきた、といえる」と表現してみた。なお、本書第四章「選挙運動の自由と憲法——日本のばあい」参照。

（5） 戸別訪問禁止規定につき、最（三小）判一九八一年七月二一日・刑集三五巻五号五六八頁および最（三小）判一九八四年二月二一日・刑集三八巻三号三八七頁、さらに文書頒布禁止規定につき、最（三小）判一九八二年三月二三日・刑集三六巻三号三三九頁などで示された伊藤正己裁判官の補足意見参照（ここでは、「ルール」設定＝立法裁量論が、憲法四七条からする立法裁量論によって、いわば補強されている点に、特徴がある）。

（6） 戸別訪問禁止規定につき、最（二小）判一九八一年六月一五日・判例時報一〇〇三号二五頁、文書頒布禁止規定につき名高判一九八三年七月一二日・判例時報一〇九四号一五三頁、東高判一九八四年九月一七日・判例時報一一三九号一五二頁など参照。そしてなお、香城利麿発言（例、芦部信喜ほか研究会「憲法裁判の客観性と創造性」『ジュリスト』八三五号一〇頁以下）も注目されるべきである。

（7） See, e. g., Tribe, L. H., *American Constitutional Law*, 798-799, Mineola, N. Y.: The Foundation Press, 1978; Developments in the Law-Elections, 88 Harv. L. Rev. 1111, 1272 (1975).

（8） See, Comment, Protecting the Rationality of Electoral Outcomes: A Challenge to First Amendment Doctrine, 51 U. Chi. L. Rev. 892, 903-909 (1984).

（9） State of Alabama v. Mills, 176 So. 2d 884 (Ala. 1965).

（10） Mills v. Alabama, 384 U. S. 214 (1966).

（11） 384 U. S. at 219.

(12) Tribe, *supra* n. 2, at 799 n. 7.

(13) なお，選挙過程における反論権をあつかった判例としてわが日本でも有名な，Miami Herald Publishing Co. v. Tornillo, 418 U. S. 241 (1974) を，日本流の「ゆるやかな審査」=「立法裁量」論で切ったら，どういうことになるか，読者諸賢試みていただきたい。

(14) Developments in the Law, *supra* n. 7, at 1286-1291 ; Comment, *supra* n. 8, at 911-913.

(15) Talley v. California, 362 U. S. 60 (1960).

(16) Tribe, *supra* n. 1, at 807 ; Comment, *supra* n. 8, at 912.

(17) Buckley v. Valeo, 424 U. S. 1 (1976).

(18) *Id*., at 66-68.

(19) 本章の直接の主題から外れるが，氏名開示が少数政党に不利にはたらくのではないかという疑問はのこる。この点につき，See, e. g., Nicholson, Buckley v. Valeo : The Constitutionality of the Federal Election Campaign Act Amindment of 1974, 1977 Wisc. L. Rev. 323, 357-359.

(20) Brown v. Hartlage, 618 S. W. 2d 603 (Ky. App. 1980).

(21) Brown v. Hartlage, 456 U. S. 45 (1982).

(22) *Id*., at 54-55.

(23) *Id*., at 56-57.

(24) *Id*., at 58.

(25) Holdsworth, W., *History of English Law*, VII 264 n. 4 (1924) (quoted in Leventhal, Courts and Political Tickels, 77 Col. L. Rev. 345, 362 (1977)).

(26) See, generally Justice Frankfurter's historical analysis in U. S. v. UAW, 352 U. S. 567, 570-576 (1957);

Leventhal, *supra* n. 25, at 362-365.

(27) Cf. Richards, In Search of a Consensus on the Future of Campaign Finance Laws : California Medical Ass'n v. FFC, 20 Am. Bus. L. J. 242, 243, 244 n. 5-6 (1982).

(28) Pub. L. No. 93-443, 88 Stat. 1263, Federal Election Campaign Act of 1971, 86 Stat. 3, as amended by the Federal Election Campaign Act Amendments of 1974.

(29) こうした連邦レベルのうごきに対応する州レベルのありようについては、See, Developments in the Law, *supra* n. 7, at 1254.

(30) 本章の目的からみて重要な六点をあげたが、この憲法訴訟事件には、行政委員会定立の規則に対する、いわゆる議院拒否権 (legislative vetoes) の有効性にかんする争点のごとく、別な観点から重要で興味ある問題(この問題については、さし当たり奥平康弘「行政活動に対する議会統制」(田中二郎先生追悼論文集『公法の課題』有斐閣、一九八五年所収)参照)もふくまれている。上告人があげた争点は全部で二八個になるという (Buckley v. Valeo, 519 F. 2d 821, 831 (D. C. Cir. 1975)).

(31) Buckley v. Valeo, 519 F. 2d 821 (D. C. Cir. 1975). 選挙費用の報告および開示を義務づける規定 (2 U. S. C. § 437 a) は、あいまいかつ広義であって、そのために、たまたま選挙の機会に公共的な重要事項にかんして、既存の政党その他の政治団体と独立無関係に、議論しようとするグループにも、この種の報告と公開を強制しているように解される余地がある。しかし、こうした市民グループにはそもそも報告義務も公開受忍義務もないはずだから、そのかぎりでこの規定は違憲無効であると判示したのである。

(32) U. S. v. O'Brien, 391 U. S. 367, 376-377 (1968).

(33) 519 F. 2d, at 842. この控訴審判決をひょっとして、日本で流行中の「間接的、付随的」規制＝立法裁量論と同じものと観察する者がいるかもしれないので、一言しておく。本件 *Buckley v. Valeo* では、文書・言論活動そのものではなく、その一手段・方法とさえも呼ぶことの困難な政治資金の出し入れ行為が当面の素材である。こうした行為を言論プラスと捉えることは——本章では深く究明する余裕がないが——大いにありうることである。しかしながら、これを肯定することと、戸別訪問・文書頒布などを言論プラスと捉えるのを肯定することとは、けっして等しくはない。戸別訪問・文書頒布は、文書・言論活動そのものと解すべき余地がありすぎるほどあるからである。これらは、手段とか方法とか呼ぶことによって、代替や分割の可能性が示唆されるが、しかしそれらは、演説その他口頭による発言や機械その他の化学的処理によるメッセージの表出そのものと同じような、表現様式（modes of communication）にほかならない。その点で、彼此の混交は避けるべきだと思う。第二に、*Buckley v. Valeo* 控訴審判決は、立法裁量領域だから「合理性の審査」でいいとはいっていない。むしろ、言論プラスだといいながらも、「どうしても必要不可欠な規制利益」があるかどうか判断し、そうした利益があるとみたうえでの合憲判決であった。これに反し日本流「間接的、付随的規制」＝立法裁量論は、「どうしても必要不可欠な規制利益」の審査に近づけないようにさせるための理論であるとさえいえる。この点でも、*Buckley v. Valeo* 控訴審判決とは似ても似つかないものがある。

(34) Buckley v. Valeo, 423 U. S. 1 (1976).
(35) *Id.*, at 16.
(36) *Id.*, at 17.
(37) *Id.*, at 19.
(38) *Id.*, at 29.
(39) *Id.*, at 39.
(40) *Id.*, at 48.
(41) 余計なことだが、「金が物をいう」という表現方法に関連して一言。本文でこの表現を借りたのは、「金」が秘める力、よって生ずる投票行動への影響力の不均等発展を照射したく思ったからである。ところが、本文で先に紹介した合

衆国最高裁の *Buckley v. Valeo* は，文字どおり「金」が「物をいう」こと，すなわち選挙過程で典型的にみられる現象でいえば，TVのスポットを買い漁り投票行動に影響を与えるメッセージを流すという形で「金」が「表現行為」に化けることを語っている。こういった把握に対しては，しかしながら，逆に「金は物をいうのか?」と問う余地が出てくるのである（Wright, Politics and the Constitution : Is Money Speech ? , 85 Yale L. J. 1001 (1976)).

(42)　Rosenthal, Campaign Financing and the Constitution, 9 Harv. J. of Legis, 359 (1972) ; Wright, Money and the Pollution of Politics : Is the First Amendment an Obstacle to Political Equality ? , 82 Col. L. Rev. 609, 626 ff. (1982).

(43)　423 U. S. at 48-49.

(44)　See, e. g., Note, The Corporation and the Constitution : Economic Due Process and Corporate Speech, 90 Yale L. J. 1833 (1981).

(45)　423 U. S. at 86-109. 公営選挙の違憲論は，合衆国憲法一条八節一八項での，いわゆる「必要にして適当な（necessary, and proper)」条項の範囲問題のほか，修正第一条でいう政教分離の原則の，いわば準用問題をめぐって構成される。前者は，日本法とはほとんど関連性のない議論である。後者は，突拍子もない議論として一蹴されてしまい勝ちだが，政治過程における公権力の中立性を考えさせるものとしては，あながち無視できない部分をふくむと思われる。See, Kamenshine, The First Amendment's Implied Political Establishment Clause, 67 Calif. L. Rev. 1104 (1979).

(46)　435 U. S. 765 (1978).

(47)　Birnbaum, The Constitutionality of the Federal Corrupt Practices Act After First National Bank of Boston v. Bellotti, 28 Am. U. L. Rev. 149, 164 (1979).

(48)　First National Bank v. Attorney General, 359 N. E. 2d 1262 (Mass. 1977).

(49)　435 U. S. at 775-776.

(50)　*Id*., at 777.

(51)　California Medical Ass'n v. FEC, 641 F. 2d 619 (9th Cir. 1981).

(52)　California Medical Ass'n v. FEC, 453 U. S. 182 (1981).

(53)　*Id*., at 195（傍点——原文)。

(54)　*Id*., at 196.

(55)　Buckley v. Valeo, 424 U. S. 1, 21 (1976).

(56)　この峻別論を批判するものとして，See, Nicholson, Buckley v. Valeo: The Constitutionality of the Federal Election Campaign Act Amendments of 1974, 1977 Wis. L. Rev. 323, 340-344; Rosenthal, the Constitution and Campaign Finance Regulation after Buckley v. Valeo, 425 Annals 124, 130-131 (1976); Comment, Buckley v. Valeo: The Supreme Court and Federal Campaign Reform, 76 Col. L. Rev. 852, 873-874 (1976). *Buckley v. Valeo* に関与した裁判官のあいだでも，峻別論への異論が強かった。バーガー長官（424 U. S. at 241-246），ホワイト（at 259）およびブラックマン（at 290）の補足意見あるいは反対意見をみよ。

(57)　Richards, *supra* n. 27, at 261-262.

(58)　Citizens Against Rent Control v. Berkeley, 614 P. 2d 724 (Cal. 1980).

(59)　Citizens Against Rent Control v. Berkeley, 454 U. S. 290 (1981).

(60)　*Id*., at 300.

(61)　*Id*., at 296.

(62)　*Id*., at 294.

(63)　*Id*., at 297.

(64)　*Id*., at 297-298.

(65)　*Id*., at 299.

(66)　本件で最高裁が *Buckley* を手つかずのままにしておいたうえで、しかし「寄付・支出」峻別論を放棄したのだとすれば、と仮定して、そのことを次のような理由で説明する論がある。つまり、ウォーターゲート事件直後には政治汚職による信頼欠如が国民のあいだに余りにも大きかったので、最高裁はなんらかの形で選挙資金の統制をはかることを至上命令と感じた。そのさい、寄付と支出とを区別することが、表現の自由と政治への信頼感の回復という二つの利益を両立させるのに――もし論理的に不完全でも――役に立つ方法であった。ところが、その後の事情が変わって、バーガー裁判所は、この二つを表現の自由保障のうえで区別することについて関心を失い、むしろ、そもそも規制利益は選挙資金の支出入制限を正当化するかどうかという争点に焦点を合わせるべきだという考えをとるようになったのだ、と。(The Supreme Court, 1981 Term, 96 Harv. L. Rev. 62, 167 (1982)).

(67)　Belloti v. Valeo, 435 U. S. at 789.

(68)　原審裁判所（州最高裁）は、バークレー市をふくみカリフォルニア州においては、直接の住民投票制度が特別に重要な意味をもつことを歴史的に考察している（614 P. 2d at 745-746）。こうした州の特別な利益主張に合衆国の最高裁としてはどれほどの尊重を払ってしかるべきかという問題があるだろう。

(69)　See, e. g., Comment, Citizens Against Rent Control v. Berkeley, 69 Calif. L. Rev. 1001, 1011 ff. (1981).

(70)　Common Cause v. Schmitt, 512 F. Supp. 489 (1980).

(71)　本件判決にはオカナー裁判官が関与していない。新任のゆえの不参加と推定される。ともあれ、こうしてオカナー裁判官を除く八名の者が本件において真二つに分かれ、だれがどんな意見をもったかにつきいっさい表示されることなしに、上告棄却（したがって結果的に原審判決維持）となったわけだが、この事実をもって、最高裁裁判官のなかに基本的な考え方の変化が生じた徴候かもしれず、もしそうだとすると、オカナー裁判官の立場のいかんによっては、*Buckley* 以来の判例の流れが大きく修正されるかもしれない、と観測するむきもある（Forrester, The New Constitutional Right to Buy Eletions, 69 A. B. A. J., 1078, 1082 (1983)。

(72) Common Cause v. Schmitt, 455 U. S. 129 (1982).

(73) 512 F. Supp. at 493.

(74) 選挙の公営化（選挙費用の公費負担）に応じて候補者本人が一定の制約を受けること自体は，すでに *Buckley* によって，合憲と解されている（Republic National Comm. v. FEC- 487 F. Supp. 280 (S. D. N. Y. 1980)）。選挙過程での〝平等化〟は，こういう形では承認ずみなのである。

(75) Comment, Federal Election Law, 49 Geo. Wash. L. Rev. 801, 813 (1981).

(76) See, e. g., Polsby, Buckley v. Valeo : The Special Nature of Political Speech, 1976 Sup. Ct. Rev. 1 ; Note, *supra* n. 44.

(77) See, e. g., Baker, Realizing Self-Realization : Corporate Political Expenditures and Redish's The Value of Free Speech, 130 Univ. Pa. L. Rev. 646 (1982).

第四章　選挙運動の自由と憲法
——日本のばあい——

問題の背景

個人的なことがらから叙述を始める無礼をお許しいただきたい。拙稿「言論の自由と司法審査—戸別訪問禁止規定をめぐって」(1)が発表されたのが一九六八年、今から二〇年ほどまえのことである。これは、すでに一九五〇年、最高裁判所が当時各種選挙法におかれていた戸別訪問禁止規定（現行公職選挙法一三八条一項）を憲法に違反するものではないと判決していたところ、(2)一九六七年および翌六八年に二つの下級裁判所が、この最高裁合憲判決に、いわばチャレンジを試みる判断を示したのに(3)刺激されて、書かれた。当時一般には（法曹界、学界、政界その他において）、戦前からずっと（正確には一九二五年のいわゆる普通選挙法〈衆議院選挙法〉以降）存在してきた戸別訪問禁止制度につき、その憲法上の基礎を疑う者はほとんどいなかった。選挙運動としての戸別訪問の禁止は——他のもろもろの言論・文書活動による選挙運動の規制とともに——違憲でもなんでもない、きわめて合理的な当然の制度と信じて疑わなかった。そういう実体的な状況とは別に、司法審査の未成熟性を反映して、司法審査の方法を自覚的に展開しえないままに、憲法訴訟が処理されているという事情が、当然なおあったことを指摘しておきたい。そこで私は、前掲旧稿において、一方では戸別訪問禁止規定の歴史的・実体的な分析を試みるとともに、他方、こうした争点を取扱うばあいの司法審査のあり方を批判的に検討することに重点を置いたのであった。

当時も現今も、公職選挙のあるたびに戸別訪問禁止規定違反事件が数多く随伴し、罪に問われ刑罰を受ける人たちが少なからず見られる。これはいわば慣行となっている。けれども、略式命令によって簡便に訴訟を済ませ、罪をひっかぶってしまうのをいさぎよしとしない被告人たちが六〇年代後半には漸く出てくるようになった。つまり、違憲無効論で闘ってみたいと思う人たちがふえたのである。この法領域においては、ほかに憲法違反論を展開する論者が比較的に少なかったということもあって、ともかくも違憲を主張するエッセイを物した私は、当時よくこうした公選法違反事件の被告人側の証人として法廷に出頭し証言をもとめられたものであった。

私が証人として出た当初は、主尋問が終ったのち、検察側の反対尋問を受けることがままあった。そういうとき検察側が衝いてくる論点の一つは、憲法学界の通説はどうか、宮沢俊義教授のような憲法学の権威はこの点をどう解釈しているか、といった種類のものであった。要するに、私のような弱輩の説く違憲論はなんの権威もない特異な謬見にすぎないことを裁判所に印象づける目的の質問に、私はわが身を曝らすことになるのであった。これは、少しばかり手痛い経験であった。私が弱輩であることは、これはもう当時も今も、否定できない事実である。そして、一、二の短い判例評釈[(4)]が合憲論に異議を唱えた下級審判決を支持したのを除けば、私には他に拠るべきものを見出すことができなかったからである。

当時の憲法学界では、戸別訪問禁止が憲法違反には当たらないことは、わざわざ論ずるまでもなく当然の理である（"take it for granted"）と考えられていた、といってよかろう。例えば、宮沢俊義『憲法II』（法律学全集）の旧版（一九五九年初版）においては「選挙運動取締のための文書・図画の禁止（公選法一四二条以下）、ことに新聞紙による選挙に関する報道・評論の制限（同一四八条三項・二三五条の二）は、選挙運動を公平に、かつ実質的にすべての候補者に保障するために必要とされる制限であるから、憲法に反すると見るべきではない（最高判昭和三〇年三月三〇日・刑集九巻三号六三五頁等）[(5)]。」とあり、かつこれにとどまる。すなわち、戸別訪問禁止については全く言及がない。この不言及を、宮沢教授がこの点につき、公選法の他の取締・制度規定と違った考えをもっていたことの現われ、とみることは困難である。というのは、宮沢俊義『憲法Ⅱ〔新版〕』（一九七一年新版初版）になると戸別訪問禁止が、公選法上の他の取締・制限と同列に並べられ、一括して合憲とされているからである。[6] 旧版においては、言及にさえ値しないものであったのが、新版では、なにかの事情で――たぶん、一九六〇年後半に一時的に見られた、先述の下級審による大法廷判決のゆさぶりが一因になってであろう、と思われるのだが――拾われることになったのだろう、と推定される。[7]

ところが最近は、少なくも学界にかんするかぎり、状況が少しばかり変わってきた。戸別訪問禁止規定を――文書規制（公選法一四二条）ともども――違憲だとする見解をとる者が徐々にふえてきている。文献のうえでは、むしろ合憲論を見かけることが減ってきたといって、公平を失しまいと思う。[8]

こうしたなかで、例えば、小林直樹教授はかつて一九六七年の時点で「選挙運動の自由をどこまで認めるかは、立法政策の問題である[9]」といい切る立場をとっていたが、最近では、若干これを修正しているのに気づかされる。すなわち、旧版たる『憲法講義』を改め、その新版を刊行した一九八〇年には、特殊的に「戸別訪問の禁止と表現の自由」という小見出しが立てられ、次のように叙述されている。「こうした所論（一九五〇年最高裁合憲判決の理由づけ――引用者）に対して、学界および下級裁判所では批判的な意見がかなりつよく、違憲の下級審判決も相当に出ている。表現の自由の観点からしても、確かに上記の旧判例は根本的に再検討されるべき時期にたち至っているというべきであろう。[10]」この意見は、かつて自らがとった「立法政策」論（立法裁量）とどう調整しうるものなのか、また「検討されるべき時期」が到来したという認識とは別に、どう「検討されるべき」ものとして提言するのか、いささか私には不明の点があるものの、状況変化を反映する事例であるのは間違いない。

もう一つだけ例をあげよう。芦部信喜教授は、かつて一九五二年のこと、一九五〇年の大法廷戸別訪問合憲判決を評釈したさいには、判決のとる「公共の福祉」論に対して批判的な検討を加え、言論の自由にふさわしい取扱いがなされるべきであったむね論ずるものの、肝心の争点にかんしては「判旨の結論にはもとより賛成である」と述べ、次のように結んだ。「従来の経験上戸別訪問が選挙の自由・公正を害する契機を含むことが明白である以上、言論の自由をすべての候補者に平等に確保するため、いわば自由の公平化をはかる戸別訪問の禁止は、常識上からいっても、憲法違反ということはできないであろう。その意味で判旨に賛成する。[11]」（傍点引用者）戸別訪問禁止は──言論の自由の制約ではあるが──わざわざ詳しく論ずるまでもなく当然合憲である、という意見の表明に近いものがあったといえるように思う。けれども、その芦部教授も最近では、あとで検討するような、新しい流儀による合憲判決の趨勢に反対の立場から、「より制限的でない他の選びうる手段の基準」による憲法判断があるべきだ、と主張する。[12] 戸別訪問禁止規定（およびその他の選挙運動規制装置）に対して「より制限的でない他の選びうる手段の基準」を適用して審査したばあい、現行法規は違憲と判定される運命と見るのか、それとも、なお依然合憲という評価自体は変わらないのかについては、芦部教授は慎重にも結論を留保している。そうではあるが、芦部教授が、今では先に引用した種類の当然合憲論を撤回し、重要な部分において立論を修正したことは、全く明らかである。したがって、ここにも状況の変化の一例をうかがうことができると思う。

以前と違って、私がこの件で証人として喚問を受ける機会は最近では少なくなった。すなわち、私はもはや「お呼び」ではないわけである。けれどもなお、まだたまにはある。最近の私の証人出頭経験からいって、このごろは検察側は、学界の通説いかん、といった種類の反対尋問は、もはやしなくなっている。もしそういう質問に当面しても、二〇年ほどまえと違って今では、孤立無援からくる焦燥感を味わうことになしに対応できそうな気がする。

学界の状況はそのように変わったが、判例の趨勢のほうはどうだろうか。はっきりしているのは、一九五〇年の大法廷合憲判決そのものは形式上はどんな手直しも受けていないということである。最高裁自身、これを権威ある先例として依拠しつづけているのは周知のとおりである。三七年まえの大法廷判決は磐石のごとく、びくともしていない、というべきかもしれない。けれども、憲法判例にとって重要なのは、ある法規が合憲であるという結論よりはむしろ合憲であるという結論を導き出すところの方法と論理であるとするならば——私はそう思うのだが——変わっていないようにみえる最高裁判所判決も、じつはその内容において、ある種の修正を受けつつあるとみるべきである。一九五〇年大法廷合憲判決は、簡潔ということを画にかいたような、含蓄に富む立派な文章からなるので、全文引用しておこう。

「選挙運動としての戸別訪問には種々の弊害を伴うので衆議院議員選挙法九八条、地方自治法七二条及び教育委員会法二八条等はこれを禁止している。その結果として言論の自由が幾分制限せられることもあり得よう。しかし憲法二一条は絶対無制限の言論の自由を保障しているのではなく、公共の福祉のためにその時、所、方法等につき合理的制限のおのずから存することは、これを容認するものと考うべきであるから、選挙の公正を期するために戸別訪問を禁止した結果として、言論自由の制限をもたらすことがあるとしても、これ等の禁止規定を憲法に違反するものということはできない。」(13)

多くの含蓄に富む文章がそうであるように、この判決文にもじつにさまざまなことが述べられており、かつきわめて多くの解釈が可能である。けれども、当時一般に支配的であった「公共の福祉」論、つまり立法目的が「公共の福祉」に適合しているならば、当該立法そのものを合憲とするという論法を背景においてみれば、判決のエッセンスは、戸別訪問が随伴する「種々の弊害」を規制して「選挙の公正」を期するという「公共の福祉」のゆえに、この立法は合憲である、という点にあるとみてほぼ差支えなかろう。そうすると、その後の憲法理論からみて、こんな程度の（あるいは、こんな内容の）「公共の福祉」で合憲と帰結するのは、あまりにもナイーヴではないかと批判を生むことになる。ふたたび私事にわたって恐縮だが、拙稿「言論の自由と司法審査——戸別訪問禁止規定をめぐって」は、そういった種類の考察であった。批判的分析の主要な対象は、最高裁のいわゆる「種々の弊害」、すなわち立法を支える事実にあった。判決の、いわば実体論の部分の分析である。しかし、判決のこの部分は現在の憲法論レベルではそのまま維持することがむずかしくなっている。事実、一九七〇年代には控訴審もふくむ下級審の段階で、大法廷判決から離反する潮流がほの見えはじめてきたのであった。その結果、最高裁内部および重要な控訴審の内側から若干の調整が必要だとする考えが出てくるようになった模様である。こうして一種の軌道修正が試みられて、今日にいたっている。新しい傾向において特徴的なのは、「公共の福祉」という実体の押しつけによる合憲性の導出ではなく、司法審査の手法あるいは深度という、多かれ少なかれ手続的・形式的で、そのゆえに一見中立的に見える論法によって、合憲判決を支えるようになってきていることである。これらによって一九五〇年大法廷判決の結論は不変なのだが、この結論を引き出す方法あるいは論理は明らかに違ってきているのである。

新しい装いをもって合憲判決を盛り立てる動きは、実務の世界では大成功を収めた。動揺気味であった下級裁判所は一気に沈静し、驚くほど素直にこの種の合憲判断の手法、論理に従うようになり、違憲判断の余地はほとんど消えてなくなった。

この新傾向が承服できるものであるのならば、私としては沈黙を守らねばならないのであるが、新しい手法、新しい論理は、表現の自由——民主主義にとってもっとも重要な過程である選挙過程において、もっとも強く保障されるべき市民的自由——にとってきわめて不適切な性格のものだと思う。このゆえに、かつて一九五〇年大法廷判決に反対の考えを表明した人間として、私は、新しい事態に対応してあらためて批判的見解を述べる責務がある、と思うにいたっている。

別稿[14]で紹介したように、アメリカ合衆国においては選挙運動としての表現行為には、日本とは全く異なった形で憲法保障が与えられている。表現の自由についての考え方が、日本とアメリカでは決定的に違うということになりそうである。もしそうならば、すなわち、日本には日本独自の「表現の自由」があるのだとすれば、なぜそういうことがありうるのか、その独自的でありうる範域いかん、といったことがらが、私にはとても気になる。その辺のところは将来の課題とするが、今はとりあえず、現状の批判的な検討を試みることとする。

合憲判決の再編成

一九七〇年代後半、戸別訪問禁止規定の違憲性を衝く下級審判決が出始め[15]、その傾向はそのまま八〇年にずれ込み、八〇年四月には、あろうことか控訴審レベルにおいてさえそれが現われた[16]。最高裁判所はこの段階においてもまだ当初は強気に、三〇年まえの「公共の福祉」判決を権威ある先例として引用することで、事態を処理したが[17]、さすがの最高裁も、そろそろなにか新しい手を打つ必要を感じはじめていたと想像できる。また実際のところ、一九七〇年代半ばともなれば、最高裁判所も他の憲法分野、例えば猿払事件判決[18]、薬事法違憲判決[19]、議員定数配分判決[20]などにおいて、「公共の福祉」論的な手法・論理をようやく脱皮し、ともかくもう少し司法審査として態をなす手法・論理をもって争点を裁断する構えを見せはじめていた。したがって、選挙運動の自由の制限という、見方によれば右にあげた諸事件での争点以上に憲法上深刻な問題性をはらんでいる分野において、木で鼻をくくる式の「公共の福祉」判決をただ踏襲するというのは、たんに体裁が悪いだけではなくて、市民への説得力に欠けることになららざるをえない。と、こう最高裁判所も考えたに違いないと想像する。こうして、まずは一九八一年六月、広島高裁（松江支部）違憲判決を破棄することとした最高裁第二小法廷は、戸別訪問禁止が合憲たるゆえんを、次のような論理で説明することを、いわば買って出たのであった[21]。煩をいとわず、該当部分を引用する。

戸別訪問の禁止は、意見表明そのものの制約を目的とするものではなく、意見表明の手段方法のもたらす弊害……を防止し、もって選挙の自由と公正を確保することを目的としているところ（先例引用省略—引用者）、右の目的は正当であり、それらの弊害を総体としてみるときには、戸別訪問を一律に禁止することと禁止目的との間に合理的な関連性があるということができる。そして、戸別訪問の禁止によって失われる利益は、それにより戸別訪問という手段方法による意見表明の自由が制約されることではあるが、それは、もとより戸別訪問以外の手段方法による意見表明の自由を制約するものではなく、単に手段方法の禁止に伴う限度での間接的、付随的な制約にすぎない反面、禁止により得られる利益は、戸別訪問という手段方法のもたらす弊害を防止することによる選挙の自由と公正の確保であるから、得られる利益は失われる利益に比してはるかに大きいということができる。以上によれば、戸別訪問を一律に禁止している公職選挙法一三八条一項の規定は、合理的で必要やむをえない限度を超えるものとは認められず、憲法二一条に違反するものではない。したがって、戸別訪問を一律に禁止するかどうかは、専ら選挙の自由と公正を確保する見地からする立法政策の問題であって、国会がその裁量の範囲内で決定した政策は尊重されなければならないのである。

この憲法判断は、判決文自体が明示しているように、猿払事件判決[22]の論法をほぼそっくり準用した所産といえる。すなわち、(1)禁止の目的、(2)禁止の目的と禁止行為との合理的関連性および、(3)禁止することにより得られる利益と禁止することにより失われる利益との均衡、この三点を検討して合憲性をきめるという手法を、戸別訪問禁止規定に当てはめたものである。かりにこの手法が猿払事件のばあいのように国家公務員の政治活動禁止の合憲性を判断する脈絡において正当であるとしても――私は、けっしてそう思わないのだが――民主主義の根幹をなす選挙過程での市民の言論活動にかかわるわれわれの主題との関係で、こうしたメカニカルな判定基準を適用することが正当たりうるかどうか、疑問とする余地があるように思う。

この判決の批判的な検討は後に回わそう。ここでは、最高裁がこうして戸別訪問禁止合憲論を猿払事件判決の線に揃えることによって、辻褄を合わせようとしたこと自体を確認すれば足りる。これは、伝統的な「公共の福祉」判決の結論を補強するものではあったが、手法・論理において一味も二味も違う新しい要素がブレンドされているのは否定できない。

この判決から遅れること約一ヵ月、最高裁の別の小法廷(第三小法廷)が戸別訪問禁止規定を合憲とする判断を示した。このほうは、法廷意見自体にはいささかの新味もないが、伊藤正己裁判官が独自の補足意見を付することによって、いわば時代の要請に応えようとしている(23)。伊藤裁判官は、「当裁判所の合憲とする判断の理由のもつ説得力が多少とも不十分であるところ」があり、「必ずしも広く納得させるに足る根拠を示しているとはいえない憾みがあることは否めない。」と見る。こうして合憲とする根拠を別建てで展開することになる。

伊藤補足意見はまず、従来から語られてきている「種々の弊害」は、「憲法上の重要な価値をもつ表現の自由」を制限する理由としては「直ちに十分」とはいえないとする。そしてむしろ伊藤裁判官は、まず第一に、選挙運動なるものは「あらゆる言論が必要最少限度の制約のもとに自由に競いあう場ではなく、各候補者は選挙の公正を確保するために定められたルールに従って運動するものと考えるべきである。」とする、「選挙運動ルール」論なるものに、本当の論拠をもとめるのである。すなわち「公正な選挙」が行われるためには、「合理的なルール」が不可欠であり、この点において選挙運動は通常の言論活動とは違う、というのである。ふつうの言論のばあいは、ルールがなく、ただひたすら自由であるのが原則であるが、ここはそうではない、というのである。そして第二に、どのような内容のルールを定めるか、別言すればどんなルールが「合理的」かは、立法政策に任されており、立法の裁量余地は広い、と論ずる。そして第三に、この点に広い立法裁量があることを基礎づけるものとして憲法四七条(「選挙区、投票の方法その他両議院の議員の選挙に関する事項は、法律でこれを定める。」傍点引用者)を引き合いに出して来る。すなわち、選挙運動の自由は、憲法上とくに「法律」で制限してよろしいと定めている、というのである。

伊藤補足意見に特徴的なのは、「公正な選挙」ということを旗印に国会の広い裁量に属する「選挙運動ルール」を導入することによって、選挙運動としての表現活動一般を、ふつうの市民的な表現活動よりももう一つ劣位に置く議論を、あえて展開している点にある。伊藤裁判官は、一方で禁止の理由とされてきた「種々の弊害」は説得力に欠けると正当にも指摘しておきながら、そういうふうに説得力に欠ける理由づけであっても、立法裁量権の範囲を逸脱したものとはいえない以上、市民は我慢しなければならないのだ、というのである。伊藤裁判官は、「戸別訪問は選挙という政治的な表現の自由が最も強く求められるところで、その伝達の手段としてすぐれた価値をもつものであり、これを禁止することによって失われる利益は、議会民主主義のもとでみのがすことができない。」という具合に、戸別訪問の意義を高く持ち上げておきながら、そこから通常与えられるべき程度の憲法保障をさっと取りあげてしまう。戸別訪問という言論形態を一度高みに上げておいて、そこからつき下ろしてしまう感があるのである。

従来の最高裁が「公共の福祉」という実体論で合憲性を基礎づけるという伝統を培ってきたとすれば、最近の最高裁は「立法裁量」という権力の配分・限界に重点をおく形式論で合憲性を基礎づける傾向を追っている。そして伊藤裁判官は、「選挙運動ルール」論を憲法四七条と結合させることによって、かつてない明瞭な仕方で、選挙運動の不自由を「立法裁量」のもとにおいたのである。こういう形で時代の要請に応えている。

今は伊藤補足意見に論評を加えるのを差し控えておく。ただ、内在的にみて、次のような弱点があるのは否めないところだろうと思う。すなわち伊藤裁判官は一方で禁止理由としてあげられる諸弊害は説得力に欠けると評価しながら、しかも他方で「戸別訪問には前記のような諸弊害を伴うことをもって表現の自由の制限を合憲とするために必要とされる厳格な基準に合致するとはいえないとしても、それらは、戸別訪問が合理的な理由に基づいて禁止されていることを示すものといえる。」(傍点引用者)と述べている。文中の「それらは」がなにを指すのかかならずしもはっきりしないが、「諸弊害」にもとづく禁止はそれなりに「合理的」だと語っているものと解するほかない。しかしながら、もし補足意見中においてそれなりの合理性が説明されているのでなければ、いくら国会の立法裁量の範囲が広いといってみたところで、それだけでは合理性は証明されたことにならない。ところが、私の見るところ伊藤補足意見においては、この、それなりの合理性を説明する箇所がないのである。立法裁量の範囲が広いということだけで、立法判断が合理的であるゆえんが説明できたとはいえない。裁量の範囲が広いということは、裁量権の行使がつねに合理的であるとか、範囲を逸脱していないとかいう結論とかならず結びつくわけではないからである。伊藤裁判官は、「弊害」論の処理の仕方においてあいまいな部分をのこした、とみていいように思う。

そのことが意識されてかどうかわからないが、一九八四年二月、戸別訪問禁止の合憲性をふたたび審査する機会をつかまえて、伊藤正己裁判官は今一度補足意見を提示し[24]、「弊害」論とのかかわり合いに一定の始末をつけているのが注目される。こんどは、法の趣旨を「選挙運動という一種の競争を公平に行わせるためのルールをすべての選挙運動者に一律に及ぼす」点にもとめ、それを前面に押し出したのであった。そして「弊害」論との関係を次のように処理した。「戸別訪問それ自体を無価値として一律に処罰する根拠としては、右弊害が戸別訪問に必然的に随伴するとまではいえないだけに、国会に認められる立法裁量権を考慮しても、なお十分とはいい難いようにも考えられるが、競争の公平を確保するために、戸別訪問を一律に禁止するという選挙運動のルールを定立する根拠としては、右弊害が過去における戸別訪問に随伴した例が多いという程度であっても、国会に認められる立法裁量権のもとでは、十分合理性があるものと考える。」（傍点引用者）というのである。要するに従来の判例およびそれへの批判論が力点をおいてきた「弊害」論の内容をできるだけ水ましにし、そのように水ましにした程度の「弊害」であっても、選挙運動の自由を禁止する理由としては合理的である、と論ずる。同じ禁止でも、弊害を除去するためという理由では説明できないが、「競争の公平の確保」という理由によれば説明できるというわけである。

新しい徴候――司法判断の〝基準化〟――

最高裁判所の内部でこのように合憲判決の補強作業が進行中であるのと踵を接して、いくつかの高等裁判所もまた新手の合憲論を打ち出しているのが最近の特徴である。このうちなかんずく注目に値するのは、一九七四年当時最高裁判所調査官として最高裁の猿払事件解決に顕著な貢献をし[25]、その後も独特に形式主義的な司法審査論を主張して耳目を集めた香城敏麿裁判官が関与する法廷のばあいである。[26]

先に、この法領域での新しい兆を示すものとして、一九八一年六月の最高裁第二小法廷の合憲判決を紹介したが、それは猿払事件の大法廷判決を、この法分野に応用したものであることが明らかにされた。ところが、じつは最高裁第二小法廷がこのように猿払判決を引き合いに出す一年一寸まえ、一九八〇年三月、香城裁判官が関与する大阪高等裁判所（第七刑事部）が、その先鞭をつけているのに気がつく。あえていえば、最高裁第二小法廷は、このことによって、じつは大阪高裁の後塵を拝する恰好になっているのである。大阪高裁判決[27]のさわりの部分を引用すればこうである。

そこで検討するのに、公職選挙法による戸別訪問及び法定外文書頒布の禁止は、それらに内包される意見表明そのものの制約をねらいとしたものではなく、それらの行動に伴う弊害の防止をねらいとしたものであって、全候補者に関して平等に課されているのであるから、禁止の目的と禁止の対象行為との間に合理的な関連性があり、かつ、禁止により得られる利益とこれにより失われる利益との間に均衡を失することがない限り、憲法二一条に違反するものということはできない（最高裁判所昭和四九年一一月六日大法廷判決・刑集二八巻九号三九三頁参照）。

判決はついで、この判定基準を問題の対象、すなわち公選法禁止規定にあてはめ、ほとんど自動的に合憲の結論を導いているのである。

次に、一九八二年四月、香城裁判官が加わる東京高等裁判所（第一二刑事部）判決[28]が注意をひく。このほうは、最高裁の伊藤補足意見等が出たのちのことに属することもあって、猿払判定基準の機械的な準用というのと少しばかり違って、「選挙のルール」論を取込むなどしながら、合憲性を基礎づけるための、ほとんどありとあらゆる論点が並べ立てられている。判決文はかならずしも秩序立っておらず、重複が少なからずあって、要約して示すことがいささかむずかしい。けれども、私なりに整理してみると、こうなる。まず、問題への接近の前提になることがらとして、次の三点があげられている。(1)憲法四七条でもって、国会は、公職選挙にかんする「実施の方法その他の事項を定める権限を有して」いることがわざわざ指摘されている（明言はしないが、このことによって——伊藤正己裁判官の見解に賛同しながら——立法裁量が広いことを示唆しているもののようである）。(2)選挙運動規制には、「選挙に対してもたらす直接の弊害を除去するという消極的、警察的見地から行っている規制」と「選挙運動の期間、方法の規制のように、選挙運動として尊重すべき価値を内包しているが……その行為を規制する方が全体としての選挙の公正を確保するうえで望ましいとの判断に基づき、積極的、政策的見地に立って規制を行っているものがある。」とする。このように規制類型を二つに分けたうえで、後者は「すべての候補者等に平等に適用される選挙のルールとしての性格を帯び」る、という。後者のばあいには「国会が正当な権限に基づき保護しようとしている選挙の公正維持という利益が実現されるのであるから、その反面において、規制される行為に内包されている憲法二一条その他の価値の何ほどかが失われることになっても、直ちに違憲となるものではなく、失われた憲法上の価値が国会の規制権限を否定すべきほどに重大なものであるとき……初めてこれが違憲となるものと解するのが相当である。」(3)憲法二一条の保障する表現の自由に対する規制が問題になるばあいには、「規制の目標がその行為により表明しようとする意見の内容を制約することに置かれるのか、単にその行為に付随する弊害を防止することに置かれているのか」を区別して考察する必要がある（前者の、直接的内容的な規制に比べて、後者の、間接的付随的な規制のばあいには、緩やかな司法審査が示唆されている）。

東京高等裁判所は、これらの観点を前提としたうえで、戸別訪問禁止規定の合憲性判断を展開することになる。このほうは、(1)禁止の目的、(2)規制の態様——間接的付随的な規制、(3)他の手段方法による表現の自由の行為可能性、(4)目的と戸別訪問の禁止のあいだの合理的関連性、(5)得られる利益と失われる利益との衡量の均衡、以上五点に要約できるのであって、これらは結局、禁止の目的、目的と禁止措置および対立する利益衡量における均衡という、猿払事件判定基準のばあいと本質は異ならない。このうち(2)および(3)は、一面において、表現の自由の規制とはいっても、ここでは厳格な司法審査（いわゆる“compelling government interests”の有無の検討）は不要で、より緩やかな司法審査（逆にいえば、その分だけ広い立法裁量）が認められるという立論の伏線になっており、他面において、(5)で展開する利益衡量の先取り（失われる利益への低い評価の予約的な配分）を構成する、と読んで差支えないだろう。

この議論立ては、先述もしたが、合憲のための結論を導くために考えられるほとんどすべての論点を網羅的に取り上げていて、きわめて精巧精妙にみえる。表現の自由の原理・原則には一指だに触れず、価値中立的と見まごうような形式的、メカニカルな判定基準の適用でたたみかけてくる。ある種の人たちには、たいへん魅力的で説得力を有するに違いない。

現今は、こうした性格の議論立てが司法界・学界で流行する時代なのだろうと思う。七〇年代には合憲論に疑問を呈する下級裁判所もあったが、八〇年代に入ると、創意工夫の全くみられない、ハンコで押したような合憲判決のみが支配するにいたっているのは、その証左である。

「憲法四七条＝立法裁量」論

以上により、状況を確認した。次にいよいよその批判的な検討に移ろうと思う。

最初に、全体の立論に関連するので、憲法四七条「……選挙に関する事項は、法律でこれを定める。」を基礎として、この法領域（選挙運動規制立法）においては、特殊的に広く立法裁量が認められる（逆に、選挙運動としての表現の自由は、表現の自由であるにもかかわらず、特別に弱い憲法保障しか与えられない）とする解釈論を取り上げる。こうした憲法四七条論は、たんに戸別訪問禁止のみでなく、文書頒布や演説など、あらゆる選挙運動規制にかかわる。しかも、もし、この一点が突破されれば、あとは七面倒臭い、そして多かれ少なかれ欠陥をかかえている判定基準の定立に、あまりこだわることなしに事態を処理することができる。すなわち、憲法はこの法領域を一括して立法(政策)事項としているという点を承認してしまったら、あとは、政策判断(裁量判断)に権力の逸脱・濫用があるかどうかが問題になるにすぎないからである。

憲法四七条＝立法裁量論を明瞭に打ち出しているのは、伊藤裁判官である。同裁判官は一九八一年の最初の補足意見[29]において、のちに検討する「選挙ルール」＝立法裁量論を展開しながら、それにつづいてすぐ「憲法四七条は、国会議員の選挙に関する事項は法律で定めることにしているが、これは、選挙運動のルールについて国会の裁量の余地の広いという趣旨を含んでいる。」と述べているのである。けれども、その理由が不可解なのだが、伊藤裁判官は選挙運動規制との関係でその後二度の補足意見を提出しているのに、その後の補足意見では当然出てきてしかるべき「憲法四七条＝立法裁量」論が登場して来ないのである。すなわち、伊藤裁判官は、一九八二年三月、選挙運動としての文書活動を規制する立法(公選法一四二条)を合憲とする第三小法廷判決に付随して補足意見[30]を提出した。そしてここでも立法裁量の広い範囲が語られている。しかし、この裁量論をバック・アップするものとして憲法四七条は全く言及されていない。他方、一九八四年の伊藤補足意見[31]は、戸別訪問禁止規定を対象とするものであり、かつ広い立法裁量余地を指摘するものなのに、第一回目の補足意見で現われた憲法四七条論は影を潜めているのである。もし、第一回目の補足意見で打出された「憲法四七条＝立法裁量」論が真剣なものであり、あくまでも貫徹すべきものと考えられているのであるならば、第二回、第三回の補足意見でも、この解釈論が言及され確認されねばならなかったのではなかろうか、と私には思える。なぜそうしなかったのかは――繰返しになるが――私にはわからない。

その点はさておき、第一回の伊藤補足意見で打ち出された「憲法四七条＝立法裁量」論は、この法領域のかず多くの大法廷判決ではかつて一度も出てこなかった解釈論であるように思う。これは従来からの戸別訪問禁止合憲論者にとっては、歓迎すべき援軍の到来という具合に受けとめられたのではなかろうか。例えば、一九八三年七月の名古屋高等裁判所は、公職選挙法一四二条の文書頒布制限規定との関係ではあるが、文書頒布制限の仕組は「立法政策の問題」であると断定[32]したうえで「特に選挙制度を定めるについては憲法四七条が国会に広い裁量権を与えていると解すべきところ」という文書をわざわざ挿入しているのに気がつく。これは、この点にかんする伊藤補足意見の直接的反映といえるように思う。また、先に紹介した香城裁判官の関与する一九八二年の東京高裁判決にも、憲法四七条への言及がある。「国会は、憲法の制約の範囲内において、公職の選挙に関し、実施の方法その他の事項を定める権限を有しており（憲法四七条参照）、これに基づき、現に公職選挙法において、……選挙運動についても種々の規制を行っている。[33]」とあるのがこれである。ここではかならずしも直截に、広い立法裁量が語られているわけではないので、言及の意味が今一つはっきりしないが、先にも指摘したように、合憲のためになる議論はなんでも取込むという、この判決の特徴的なスタイルの一端がうかがえて、興味ぶかい。

「憲法四七条＝立法裁量」論は、学界へも影響を及ぼしているのが看取できる。例えば、佐藤功『憲法ポケット注訳全書』旧版では、憲法四七条でいう「法律で定める」という文言に、ただ素っ気なく「いうまでもなく公職選挙法がこれである[34]」という注釈を付するにとどめていたが、同書〔新版〕では、すっかり様替りしている。すなわち、新版での憲法二一条注解部分において、旧版にはなかった選挙運動規制の問題が詳しく論ぜられていて、そのなかに次の叙述が展開する。

「公職選挙法はその運動期間・主体となる者・方法について各種の制限を定めている。この公職選挙法による制限の憲法上の根拠規定としては（一般的な根拠規定としての四一条の『唯一の立法機関』の規定のほか）、『議員の選挙に関する事項』は法律で定めるとする四七条が挙げられる（『選挙に関する事項』には選挙運動における言論・文書活動も含まれる）。他の表現の自由一般についてとは異なり、言論・文書などによる選挙運動について特に四七条が設けられていることは、選挙制度の内容をなすものである限り、選挙運動について立法部に広い裁量を認めているもの（裁判所はその立法の合憲性判断にあたっては立法部の判断を尊重すべきである）であることを示すものと解される（もとより、このことは立法によりどのような制限をも定めうるということではなく、そこに立法裁量の限界が問題となる）(35)。」（傍点のみ引用者）

「憲法四七条＝立法裁量」論との関係でだれしもがすぐ想起するのは、議員定数配分をめぐる憲法問題である。最高裁判所が一九六四年、一番最初にこの問題に当面したのは、おそらく参議院地方区選出議員の定数配分に関連してであったと思う。そのさい最高裁は、「憲法（四三条二項および四七条――引用者）が両議院の議員の定数、選挙区その他選挙に関する事項については特に自ら規定せず、法律で定める旨規定した所以のものは、選挙に関する事項の決定は原則として立法府である国会の裁量的権限に委せているものと解せられる(36)。」と説示し、この解釈論をベースの一つにすえたうえで、当時点の定数配分は裁量の範囲内にあり合憲である、と判定したのであった。その後の定数配分訴訟判決でも、憲法四三条二項と四七条とに依拠して、「両議院の議員の各選挙制度の仕組みの具体的決定を原則として国会の裁量にゆだねているのである(37)。」といった種類の文句が出てくるのを例とする。

しかしながら、立法府が議員定数配分問題を立法上処理するばあいにありうべき裁量性というものは、憲法の関係条文が「法律でこれを定める。」という文言から引き出されるというよりも、より多く、ことの性質、当面の問題の性質から帰結されると解すべきである。そして実際のところ、特定の議員定数配分が違憲的に不均衡かどうか検討する段においては、そういった、ことの性質からくる裁量の範囲内にとどまるかどうかを、個別的・具体的な要素へと肉薄するほかない。（こうして、例えば、ひとしく議員定数配分のばあいでも、衆議院議員のそれと、参議院（選挙区選出）議員のそれとでは、立法裁量の中身が違ってくるのである）。憲法四三条二項あるいは四七条の「法律でこれを定める」という文言がなく、もっぱら憲法四一条による立法の一般原則がはたらくと仮定しても、事態は寸分違わない。そのばあいでも、おなじように、ことの性質からくる立法裁量を認めざるをえないのである。憲法一四条の平等原則は、「法律でこれを定める」という文言を伴う憲法四三条三項および四七条があるために、議員定数配分の不平等問題に対しては、その有効射程範囲が特殊的に狭められるとか、その効力が特別に弱くなるとかいうものではない、と考えられるのである。

憲法四三条二項および四七条は、憲法一四条一項の平等原則に特別な後退をせまる力をもつものではないのであって、その意味するところを素直にとるべきだと思う。すなわち両者は、伝統的に憲法付属事項と称してきたことがらに属するものであるがゆえに、憲法テクスト自体がこれに言及し、少なくもかならず「法律」形式で定めよと命ずることによって、ある種の体裁を整えたものと解すべきである。

さてそれでは一体、憲法二一条、表現の自由との関係で説かれる「憲法四七条＝立法裁量」論はどうか。佐藤功教授が理解しているように、憲法四七条は憲法二一条の自由に特別な後退をせまる効果を有するのであろうか。まず第一にたかだか「法律でこれを定める。」としか定めていない規定に、そんな絶大なる威力を帰せしめる根拠が奈辺にあるのか、大いに疑問である。第二に、もう少し実体に近づいていえば、この議論は、民主主義の根幹にかかわり、したがってもっとも広く、活発に国民の意見が飛び交うべきほかならぬ選挙過程において、表現の自由はより少なくしか保障されないことをもってよしとするのだが、こういう議論は表現の自由の原理論からしても、また民主主義の憲法原則からしても、うまく説明できるものではないと思う。「法律でこれを定める」とする文言は、当然に、「憲法の他の制約の範囲内において」という前提を置いたうえでのみ理解すべきである。(38)

憲法四七条の趣旨は、「選挙区、投票の方法その他両議院の議員の選挙に関する事項は」かならず「法律」形式で定めなければならない、という点にあるであろう。そして、こう解するものとして、本条はそれなりに意味があるのである。というのは、旧憲法下においては、法律がではなくて、省令などの下位法が言論・出版による選挙運動を規制している例がまれではなかった。日本国憲法はこうした事態の再現を封じ込めるべく「……法律でこれを定める。」と釘をさしたものと解釈される。

憲法には、四七条のほかに、「……法律でこれを定める。」というふうな文言をとっている箇所がいくつもある。「憲法四七条＝立法裁量」論のごとく、こうした文言を拠り所にして、それぞれの領域で立法裁量論を打ち出す試みがないではないが、非常に説得力に富むとはいえない。例えば、適正手続を保障する憲法三一条の「何人も、法律の定める手続によらなければ、その生命若しくは自由を奪はれ……ない。」（傍点引用者）とする規定を解釈するにさいし、「法律の定める」という文言を手掛りにして、これは広い立法裁量権を特別に付与したものだと読もうものなら、憲法三一条そのものが死刑の宣告を受けたのと同然である。本条はその存在意義を失うからである。また例えば、教育を受ける権利を定める憲法二六条一項が「すべて国民は、法律の定めるところにより……ひとしく教育を受ける権利を有する。」（傍点引用者）とあるのをうけて、これは教育一般に（教育にかんするハード・ウェアのみならず、ソフト・ウェアもふくめて）広い立法裁量権を特別に承認している趣旨だと解さねばならないとしたら、大問題である。国会＝国家は、憲法の他の拘束を受けずに、教育を自由に統制し、そのことによって国民のイデオロギーを裁量的に（好きなように）支配することができるからである。

要するに、憲法四七条もそのばあいの一つであるが、むかし流の概念を使っていえば、「法律の留保」規定があるばあい、憲法の他の諸拘束――とりわけ市民的な諸自由およびそれらが織りなす体系――を排除し排斥するような種類の、特別な立法裁量権を、その規定から引き出すことは、現行憲法の解釈としては許されてはならないと思う。「両議院の議員の選挙に関する事項」は、憲法四七条の「法律の留保」により、あげて立法裁量に属するというのではなく、選挙にかんするある事項に対するある規律が、例えば憲法二一条と抵触関係を生ぜしめるばあいには、立法裁量の幅は狭くなり、ひとしく選挙にかんする事項であっても、別のことがらに対する別の規制措置は、他のいかなる憲法規範ともかかわりのない制度的・技術的な性質のものならば、広い立法裁量に属することになる。「選挙に関する事項」のうち選挙運動関係を除けば、概していって他の憲法拘束を受ける度合いが少なく、したがって立法裁量が語られる余地が広い。選挙運動にかんする事項のうちでも、言論・文書の制限とかかわらない領分（例えば選挙事務所の関係、選挙運動の公営制度の関係など）は、ほとんど憲法上の配慮なしに立法者の裁量に任されているといえるであろう。

以上の議論にもかかわらず、「憲法四七条＝立法裁量」論が頑強に生き残る可能性をもつことをも、予見しなければならない。というのは、表現の自由の原理論および民主主義の原則的な理解に立って事態を考察すれば、私が前章「選挙運動の自由と憲法――アメリカ合衆国のばあい」で考察したアメリカ合衆国憲法の展開が示すように、言論・文書による選挙運動は原則として表現の自由の憲法保障に属し、逆に、この領域では立法裁量の余地は極度に狭められるという立場に、むしろならざるをえない。すなわち、戸別訪問禁止をはじめとするさまざまな表現活動を規制する日本の体系は、戦前以来の歴史に由来する特殊日本的なものにほかならない。そうだとすると、この特殊日本的なものを憲法上うまく説明する必要が出てくるのだが、そのばあいの有力な武器になるのが、幸いにして合衆国憲法にはないところの、日本国憲法に固有な、四七条「法律の留保」規定だという線になる。[39] これを手掛りに立法裁量論を打ち出し、「アメリカはアメリカ、日本は日本」と語ることができるかもしれない。そうだとすれば、「憲法四七条＝立法裁量」論をそう簡単に引っ込めてはならない、ということになるのである。

こうした遠謀のもと、「憲法四七条＝立法裁量」論は生き永らえる努力を重ね、これを支持する勢力も衰えないかもしれない。それとともに、日本における表現の自由および民主主義は日本独特な特性（あえていえば、ゆがみ）を残しつづけ、ばあいによれば、それがさらに増殖することになるかもしれない。

「選挙のルール＝立法裁量」論

「憲法四七条＝立法裁量」論批判をおこなってきたが、私はこれに少しふけり過ぎたようである。というのは、戸別訪問禁止をはじめとする選挙運動規制との関係で語られる立法裁量論は、憲法四七条の文言にだけ拠っているのではなく、むしろこれをベースにして立法裁量の場を前置き的に設定し、実際にはもっと具体的に、戸別訪問その他の規制がことの性質上立法裁量に属するゆえんを論証しようとする方向で議論を展開してきているからである。肝心なのは憲法四七条解釈ではなくて、選挙運動規制が――表現の自由の憲法保障にもかかわらず――なぜ立法裁量に属するかという実体的な根拠である。この点でまず取上げねばならないのは、伊藤裁判官補足意見中の「選挙のルール」論である。

伊藤正己裁判官は、先にも紹介したように最初の補足意見(40)で「選挙（運動）のルール」＝立法裁量論を打ち出し、第二回・第三回の補足意見(41)において、その裁量的な性格をもう一つ強調するという経過をたどっている。そこでこんどは、「選挙ルール＝立法裁量」論に考察の目を移してみようと思う。

伊藤裁判官によればまず、選挙運動というものは「あらゆる言論が必要最小限度の制約のもとに自由に競いあう場ではなく、各候補者は選挙の公正を確保するために定められたルールに従って運動するものと考えるべきである。」と把握される。そして「法の定めたルールを各候補者が守ることによって公正な選挙が行われるのであり、そこでは合理的なルールの設けられることが予定されている(42)」と説かれる。そこには、選挙運動というものは、ふつう市民がおこなう一般的な政治運動・社会運動とは画然と区別され、特別に制度化された行動形態であるという認識があるようである。

選挙運動もふくめた選挙一般が人為的な制度であるのは否定できない。選挙にかんするさまざまな仕組が与えられてはじめて、選挙は選挙として機能することになる。このことをとらえて、ルールがなければ選挙は成立しない、と大まかにいうことには異論がなかろう。けれども、そのことと、選挙運動というものは、そもそも「あらゆる言論が必要最小限度の制約のもとに自由に競いあう場ではない」とか、「各候補者は選挙の公正を確保するために定められたルールに従って運動するもの」であるとかいう結論を承認することとは、全く別のことがらである。選挙制度一般のうちにあって選挙運動だけは、ルールがなければそもそも成り立たないとか、一定の制度を前提としてのみ存立するとかいう事情には、じつはないのである。ふつうの政治運動がすなわち選挙運動でありうるのである。自由な運動で競い合った結果を、こんどは投票、当選決定手続などの制度を濾過することによって、勝負＝当落が決せられる。それでよろしいのである。そうではなくて、選挙運動というものは「あらゆる言論が……自由に競いあう場ではない」とか、「各候補者は……定められたルールに従って運動するものと考えるべきである。」とかいう断定は、憲法論上の根拠をもう少し詳しく述べて正当化しないことには全く説得力がないのである。しかるに、多くの日本人はどうも、この断定に屈してしまい勝ちである。それは、選挙運動のあり方もふくめておよそ選挙というものは丸ごと、国家の定めた土俵のうえで、国家のきめたルールに従い、国家の指名した者のみが演ずべき国家的な行事であるという、明治憲法下においてのみ許された選挙制度論に、いまでも首までどっぷりとつかってしまっているからである。

選挙運動は——欧米のばあいがそうであるように——「あらゆる言論が必要最小限度の制約のもとに自由に競いあう場」でありうるのである。(43) このことは、いうまでもないことだが、完全な自由があるべきだということを含意するのではない。凝縮した政治運動としての選挙運動には、自由を制限しなければならない特別な事情があることを軽視してはなるまい。こうして「選挙の自由」に対して「選挙の公正」を確保するための諸配慮が拮抗して現われることになる。注意を要するのは、「選挙の公正」という観点（目的）がそれ自体絶対的に独自の価値をもつものとして、例えば当然に「選挙の自由」を蹴散らす力をもつものとして、憲法上承認されているわけではないということである。「選挙の自由」がまずあって、これをわきから制約するものとして、「選挙の公正」を確保する諸方策が承認されるにすぎない。

ともあれ、こうして「選挙の公正」を確保するために「選挙の自由」を制限する諸方策が登場するのであって、これは、選挙運動に従事するすべての者（一番最初の伊藤補足意見が示唆しているように、たんに「各候補者」にかぎられるべきではない）の従うべき「選挙運動のルール」といえばいえるものである。

さてそこで、このルールであるが、伊藤補足意見は、その内容につき次のような考察を加えている。「このルールの内容をどのようなものとするかについては立法政策に委ねられている範囲が広く、それに対しては必要最小限度の制約のみが許容されるという合憲のための厳格な基準は適用されないと考える。」と。すなわち「選挙運動のルール」なるものをどう定めるかは――たとえそれが市民の表現の自由を制約する内容のものであるばあいにせよ――あげてこれ立法政策に委ねられている、というのである。なぜそういう評価が出てくるのかというと、それは立論の前提がそうなっているからであるということになる。すなわち、この結論は、選挙運動というものは「あらゆる言論が……自由に競いあう場ではなく、……定められたルールに従って運動するものと考えるべき」だ、という前提からほとんど自動的に引き出される態のものなのである。一種の同義反復とさえいえる。

問題は、しかしながら、この最初の前提命題が成立しうるものかどうかである。伊藤裁判官はこの命題が成立するための詳細な説明をいっさいおこなうことなしに、そう断定しているのであるが、私が先ほど議論したように、素直な憲法論としてはむしろ、この前提命題とは逆に、選挙運動においてこそまさに「あらゆる言論が……自由に競いあう場」がまず前提的にあるべきであり、ただ「選挙の公正」を確保する観点から自由に対して「必要最小限の制約」があってしかるべきである、ということになる。そして、もしそうだとすると、いわゆる「選挙運動のルール」をどう定めるかは、そう簡単に、あげて立法政策に任されているとは、とうていいえないことになる。もちろん、「選挙運動のルール」のある種のものは、たんに技術的・制度的なものであって、いかなる意味でも他の憲法上の制約と抵触せず、したがって広く立法政策に委ねられているというほかないものがあろう。他方しかし、「選挙運動のルール」のなかには、表現活動にかかわり、したがって表現の自由の憲法保障の縮減をもたらすおそれのあるものもふくまれうるのである。このばあいには、立法政策を語ることによって、憲法保障を縮減する権限を立法者に委ねてしまうのではなくて、厳格な司法審査により必要最小限度の制限しか許されないという方途を選択することによって、裁判所は憲法保障に努めるべきなのである。

以上要するに、「選挙のルール＝立法裁量」論は、選挙運動というものは、予め設定されている「選挙のルール」に従ってのみおこなう制度内在的な行動形態であるという誤った前提に立つ、憲法論上根拠のない主張だといわねばならない。

ルールとゲームと価値実現

伊藤正己裁判官は、おなじように「選挙のルール＝立法裁量」論を展開して、戸別訪問禁止に関連する二つ目の補足意見を書いている。このときには「選挙運動のルール」なるものの性格に焦点が当てられており、そのかぎりで第一回目の補足意見とニュアンスの差があるといえばいえる。すなわち、こんどは「選挙運動としての戸別訪問を一律に禁止して違反者を処罰することにしているのは……選挙運動という一種の競争を公平に行わせるためのルールをすべての選挙運動者に一律に及ぼすためであると解される。」と述べている。「競争を公正に行わせることに独自の価値があり、そのためにある行為を禁止するというルールを定立する」ものであることに注意が喚起されているのも特徴的である。

選挙あるいは選挙運動を競争＝ゲームと見立てる。そして競争＝ゲームを公平におこなうためにはルールがなければならない、と立論する。かく定立されたルールに違反すれば、その行為が無価値だからという意味で処罰されるのではなく、だれでもが一律に守らねばならないルールに違反したがゆえに処罰されるのだ、と説明する。すなわち、ルールは、ゲームを公正におこなう価値にのみ従い、それ以外の価値（例えば選挙にかんする情報を自由に流通させるという価値）は本質的に劣位に立たされるべきものである、と理解される。そして、そうだから、ある行為は弊害をもたらし無価値であるがゆえにこれを禁止するというのと違って、こうしたルールの設定（による禁止）は「国会の裁量権の幅は広く、その立法政策にゆだねられているところが大きいといわねばならない。」と述べられることになる。

まず、「一種の競争を公平に行わせるためのルールをすべての選挙運動者に一律に及ぼす」という性格づけに特徴がある。また、「競争を公平に行わせることに独自の価値があり、そのためにある行為を禁止するというルール」であることが強調されているところにも、特色が見られる。伊藤裁判官は、香城裁判官が好んで用いるところの、積極的・政策的見地からの規制と消極的・警察的見地からの規制という、規制目的による二区分手法を[44]、明示的には採用していないが、この戸別訪問にかんする第二回目の補足意見においては、ほとんど疑う余地がないほど明らかに香城式二区分手法に非常に近づいている。ちなみに、香城裁判官が関与した東京高等裁判所の判決[45]には次のくだりがある。「選挙運動についての……規制の中には、買収、利害誘導の処罰のように……選挙に対してもたらす直接の弊害を除去するという消極的・警察的見地から行っている規制のほか、選挙運動の期間、方法の規制のように、選挙運動として尊重すべき価値を内包しているが、他方において選挙の公正を損う弊害を伴うことが予想される行為を対象とし、その行為を規制する方が全体としての選挙の公正を確保するうえで望ましいとの判断に基づき、積極的、政策的見地に立って規制を行っているものがある。」戸別訪問その他文書活動の規制はまさに「積極的、政策的見地に立つ」それだ、という。さらにつづけていう、「そして、後者の規制の場合には、すべての候補者等に平等に適用される選挙のルールとしての性格を帯び」(傍点引用者)るのである、と。

彼此のあいだに類似性を見出すことは、きわめて容易であると思う。もっとも、だからといって両者は全く同じだといおうとするのではない。のちにもう一度考察するが、香城裁判官の手法には、もう一つの道具立て、すなわち、直接的(内容的)規制か間接的(付随的)規制かの二分法があり、これが少なからざる重要性をもつ。しかし、伊藤裁判官は表現の自由領域においてこうした、直接か間接かの二分法をとることに——正当にも——反対の意思を表明しているのであって[46]、ここのところでは彼此袂を分かつ形になっている。伊藤裁判官は、戸別訪問その他文書活動の禁止の立法裁量性を——その措置は間接的(付随的)な規制にすぎないという理由づけを加味することなく——ひたすら「選挙運動のルール」という論点だけで帰結しようとするのである。この点に伊藤裁判官の独自性がある。

伊藤理論と香城理論とが共有する部分こそ、こんごの有権的な憲法解釈にとって、たぶん重要になってくるだろうと思われる。そうであるだけに、私の注目を惹かずにはおかないもののうち、二点だけを予め指摘しておきたい。第一は、両理論ともに「選挙の公正」確保という目的(積極的、政策的目的)をあたかも黄門様の葵の紋よろしく、持ち出してきている点である。選挙にとって、「選挙の公正」を確保することが、すべてであるがごとく見做されている点である。そうなのであろうか。もう一つ気になるのは、「ゲーム参加者のすべてが平等に、一律に、適用されるルール」ということの強調である。「みんな、おなじように手をしばられるのだから、いいじゃないか」という理論、別言すれば、「みんながおなじように不自由ならば、不自由とはいえない」という考え方の表明を、私はここに見るおもいがするのである[47]。第一の、「自由」よりは「公正」(あるいは秩序立った運行至上主義)という発想にしろ、第二の、「自由」よりは「平等」（あるいは「みんな」主義）という要請にしろ、明らかに日本人の精神構造や日本社会の仕来りのなかに貫流しているものなのであって、私のような者がこれに異を立てても、なんの効果も生じない可能性が大ありである。そう予感しつつも、あえて憲法学的な検討を加えてみたい。

国民（または住民）が国政（または地方政治）に直接参与する代表者を選定する一連の手続である民主主義的な選挙にとっては、選定に関連する、あるいは選定を左右しうる一切の情報が可能的に広い範囲にゆきわたっていることを不可欠の前提としている。このことは、たぶん縷言を要しまいと思う。候補者個人にかんする情報はもちろんのこと、その所属する団体、取りまいている国内・国際的な政治・経済・思想状況などにかんする情報も不可避的に選挙に関わる。自由であるべきなのは、内容の面だけではない。情報の伝達の仕方、交流の方法も自由でなければならないことにも注意したい。こういった情報の質あるいは流通のありようにある種の致命的な制限を加えたうえで、なおかつ代表者を決定しなければならないとなると、その選挙は欠陥選挙である。適切な選定がおこなわれる前提に欠けるところがあるからである。このように選挙にとっては、選定に関連する情報の質量にできるだけ制限を加えないでおく、すなわち、情報流布の自由、表現の自由を確保することこそが最重要なのである。

伊藤・香城両裁判官の「選挙ルール」論は、この「自由」の要素をほとんど眼中においていない。あるのはただ「選挙の公正」の観点だけなのである。「選挙の公正」確保の見地から定立したルールが、たまたま「自由」を制限したとしても、それは「選挙の公正」確保という大目的のためには我慢しなければならない、といわんばかりである。けれども「選挙の公正」のほうが「選挙の自由」よりも優先するとか、前者は後者を後退させる力をもつとか立論することは、既述のように憲法論上至難の業であるはずである。両氏はそこで、この困難を乗り切るために、「みんな、一律に、平等に、不自由になる」という論理で正当化を試み、香城氏はさらに特殊的に、この不自由は「意見の内容」にかかわるものではないから甘受すべきだという理屈をもってくるのである。

このうち、「一律平等な『不自由』」論は、それだけとったら、憲法論上ほとんど取りあげるに値する価値をもたない、といってもいいのではなかろうか。積極的、政策的な見地から定立されるルールであろうと、警察的、消極的な見地からの規制であろうと、その他のどんな規範であろうと、それが「法規」である以上はすべての人に一律に平等に適用されねばならない。もし本来平等に適用されるべき「法規」が特定のばあい不平等に適用されたり、文言上不平等にしか適用されない「法規」が定立されたりしたばあいには、そのこと自体の憲法上の根拠が問われることになるのである。再言すれば、どんな「法規」も、原則として、みんなに対して一律に平等に「自由」を回復させたり、「不自由」を強制するものなのである。「選挙ルール」が「平等に『不自由』を強制するもの」であるからといって、その合憲性が強くなるわけではない。（「選挙運動のルール」を「意見内容」への規制ではないという理由で正当化する香城理論については、後述するところにゆずる。）

選挙というものが有する憲法上の意義をしばらくおき、これを競争あるいはゲームと見立て、そういったものとして選挙の結果を分析したり、その予測をおこなったりする「ゲームの理論」がある種の有用性をもっていることは承認されねばならない。さて、選挙がゲームならば、野球その他のスポーツも、裁判も、戦争も、外交上の駆け引きも、すべてこれゲームである。これらのゲームには、それなりにルールがある。しかし、裁判というゲームのばあいには、厳密なルールが隅々にまたがって支配しているのに反し、戦争や外交上の駆け引きのようなゲームのばあいには、予め定立されているルールが作用する範域は狭く、その有効性もときにはかなりあやしいものがあるのである。そういうわけだから、選挙をゲームに見立て、ゲームにはルールが不可欠であり、そのルールの定立は定立者の裁量に属するのであるという命題に接したばあい、われわれは、「ゲーム」一般論に足をすくわれないように警戒する要がある。

さて、あるゲームのために、どんなルールを定立するかは、一見すれば、そのゲーム参加者みんなに一律に平等に適用されるものである以上、等しく不利、等しく有利にはたらくのだから、たんに技術的、便宜的（政策的）な仕事のように見える。伊藤・香城両理論にはそんなニュアンスがうかがえる。けれども、かならずしもそうではないのである。例えば、国際関係というゲームのなかの、戦争というサブ・ゲームにかんし、「戦争の人道化」（?）という見地から、ある種の毒ガスを全面的に禁止するルール（国際条約）を定立したとしよう。このルールは、条約締結国すべてに一律に適用されることになる。けれども、もともとこの種の毒ガスについてはその開発にも保有にもなんら関心をもたずにきた、ある国家に対しては、このルールは、有利にはたらく可能性はあるが、不利にははたらくことはまずない。もしこの国がじつはこのルールの禁止から洩れている細菌学的戦争手段を開発しようと熱心に努めつつあり、かつそういう手段をすでに十分に保有していると仮定すれば、この条約は端的に有利にはたらく。これに反し、条約が禁止する毒ガスの開発にエネルギーをついやし、かつ相当量この種の物質を保有している国家には、この条約は徹頭徹尾不利にはたらく。すなわち、「戦争の人道化」のために定立するルールは、かならずしも万国におなじ効果をもたらすものでなく、したがってまた万国にとって価値中立的ではないのである。別の例を、われわれの主題にもっとも近いところからとろう。「何人も、選挙に関し、投票を得若しくは得しめ又は得しめない目的をもって戸別訪問をすることができない。」という戸別訪問禁止規定（公選法一三八条一項）は、まことに何人にも一律平等に禁止をせまるルールではあるが、人びとに与える影響・効果はけっしてひとしなみではない。手弁当ではたらいてくれるボランティアをたくさん抱えている政治団体、あるいはそれに所属する候補者と、いわゆる足腰の弱い政治団体、あるいはそうした団体に所属し自分のためにはたらく運動員を有料で雇うしかない候補者とでは、戸別訪問禁止規定がもつ意味は全然違う。およそ政治に無関心な人間と、政治に大きな関心をもち自分が支持する候補者を「勝手に」宣伝して歩きたいと思う人間とでも、この一律禁止規定は決定的に異なっている。もう一つ別の例を出そう。公選法一四八条三項は、毎月三回以上、号を逐って発行する新聞紙でなければ、選挙関係の報道や評論はできないというルールを定立している。これまた、当然のことながら、万人に対し一律平等に適用されるルールではある。けれども、このルールたるや、毎月三回以上発行することになっている、あるいはそれぐらいの経済力のある新聞発行人には有利にはたらくのに反し、毎月二回しか発行しない、あるいはそれしか経済力のない新聞発行人には不利にはたらくのは、明らかである。

そこで私がいいたいのは、ある積極的、政策的な価値実現のために定立したルールは、その他の点では価値中立的なものであるから、ルール定立者は広い立法裁量権をもつといった一般論は承認しがたいということである。

ゲームは、単純なものから複雑なものまで、それこそ千差万別である。単純なものほど、ルールのほうも簡単であり、逆に複雑なゲームほど、ルールのほうもいろんな異なった価値観が反映し交叉して複合的なものになっている。裁判というゲームを例にとろう。このゲームのルールは訴訟法（手続法）に結晶化されているとみてよかろうが、これには大まかにいっても民事、刑事および行政事件という具合に、三つのかなり性質を異にしたルールがある。もしすべての裁判ゲームを「裁判の公正」確保という観点から定立するルールで割切ることができるならば、訴訟法は単一のものでいいのである。しかしそうはゆかない。そうはゆかないのは、ルールの定立は「裁判の公正」確保というだけで割切り、あとは二の次、三の次といったのでは、裁判をつうじての具体的な正義という、そもそもの裁判の目的が達成できないからである。こうして、実体的な価値と無関係なたんなる手続にすぎないようにみえるルールのなかに、実体法に体現される価値論がいやおうなく浸透し一定の影響を与えざるをえない。「実体法と手続法」は連繋せざるをえないから、(48) 民事、刑事および行政事件の実体法に応じて異なった訴訟法＝ルールが不可欠なのである。

ほぼ似たようなことが、選挙というゲーム、あるいは選挙運動というサブ・ゲームについても、当てはまる。選挙あるいは選挙運動というゲームにおいては、けっして「選挙の公正」確保という見地から定立するルールが、これだけが、他の価値を圧倒して貫徹すべきいわれは全くない。選挙に関連する情報の質や量に影響を与え制限を課しても、〃ともかくも「選挙の公正」を！〃という「選挙の公正」至上主義は、そもそも選挙の目的を逸脱した、したがって選挙のための議論とはいえないのである。また、その観点から定立したルールは、ゲームのためのルールといえるかもしれないが、けっして選挙のためのルールではないのである。

あるゲームがそもそも本来の目的とする価値実現の、その価値の部分を捨象し、ただ「競争の公正」という一見形式的価値のみを摘出して、この価値に合わせてルールを説明してしまうのが、伊藤理論であり香城理論である。しかし、これは選挙のためのルールの説明にはなっていない。そしてまた、「競争の公正」という観点からだけのルールであって、他の価値に対してはすべて中立的であるがゆえに、どんなルールを定立するかは立法政策の問題だというのが伊藤理論・香城理論である。しかしながら、ある価値を考慮せずこれを捨象するということは、けっしてその価値に中立的であるということを意味しない。しかも、ここで「競争の公正」確保の観点からバッサリ切り捨てられたのは、「選挙の自由」という憲法上の価値であるのだから、そうした内容のルールが立法政策の問題にすぎないというわけにはゆかないのである。

「積極的・政策的規制＝立法裁量」論

憲法審査基準の一つとして、積極的、政策的な見地に立つ規制と消極的、警察的な規制とを二分し、そのことによって立法裁量の広狭を決定する手法がある。前者は広い範囲の立法裁量にゆだねられ、いわゆる「明白性の原則」をもって足りるとし、後者は立法裁量の余地が狭められ「厳格な合理性の基準」がなければならない、と理解されている。(49) 私は、こうした規制目的による二分法自体に疑問をもち、なによりもそのメカニカルな応用による割切りに、深刻な疑問をもつが、今はそのことを問わずにおく。(50)

香城敏麿裁判官がこの二分法の開発と普及にあずかって大いに力があったのは、たぶん衆目の一致するところだと思う。香城裁判官においてとくに顕著なのは、この二分法をあらゆる憲法分野、すなわち経済活動の規制領域のみならず、政治活動・精神活動の規制領域にわたって広く、一般に適用する立場をとっていることである。つまり、二分法を汎用型のものにしているのが、香城裁判官の特徴である。この立場からすれば、われわれの問題対象である戸別訪問その他文書活動を規制する立法においても、当然二分法が適用され、そういうものとして結論が裁断されねばならないことになる。こうして、香城裁判官の関与する裁判所は、まさにこのことをおこなって、この規制の合憲性を帰結しているのである。先にも引用しているので、詳細な再引用は避けねばならないが、要するに、これらの規制は「選挙の公正」を確保するという積極的、政策的な見地に立ってなされるものであるから「その反面において、規制される行為に内包されている憲法二一条その他の価値の何ほどかが失われることになっても、直ちに違憲となるものではなく、失われる憲法上の価値が国会の規制権限を否定すべきほどに重要なものであるときに……初めてこれが違憲となるものと解するのが相当である。[51]」（傍点引用者）というのである。では一体、積極的、政策的な見地からする規制のばあいには、なぜ「憲法二一条その他の価値の何ほどかが失われることになっても」いたしかたないのか。示される理由は、きわめて単純である。二つある。一つは、この規制のばあいには「すべての候補者等に平等に適用される選挙のルールとしての性格を帯び」るからだという。もう一つ、この規則によって「国会が正当な権限に基づき保護しようとしている選挙の公正維持という利益が実現されるのであるから」というにある。第一の、「平等に適用される」という、すでにお馴染みの「〃みんな〃主義」にしろ、「選挙のルール」にしろ、それだけでは「憲法二一条その他の価値」の後退をうまく説明しうる論理にはならないのは、既述のとおりである。第二の、「選挙の公正維持という利益」が実現されるのだから、人権的な価値のほうは縮小されてしかるべしという議論は、これは、ある立法に、ある、それ自体として正当な目的（根拠）があれば、もしほかに人権制約効果が随伴しても、違憲とはいえないという、これまた戦後三〇年間われわれに馴染みの深い「公共の福祉」の復活以外のなにものでもない。私は、ここで亡霊の再来を見るおもいがする。

戸別訪問その他の選挙運動規制法への、「積極的、政策的見地＝立法裁量」論の適用は、今みたような判決のかぎりでは、あまりにも承服しがたい。本章として、この点の考察はこれで終了していいのであるが、この議論にもう少しつき合ってみたい。

積極的、政策的目的と消極的、警察的目的との二分法は、最高裁判所判決に拠るかぎりでは、小売商業調整特別措置法および薬事法の二種類の許可制の憲法審査において登場したのが典型である。(52) すなわち、この手法は、経済活動にむけられた規制措置の合憲性判断において用いられてきた。いわゆる猿払事件において最高裁判所は、公務員の政治活動の自由の禁止との関係で、「行政の中立的運営とこれに対する国民の信頼を確保する」という、たぶん積極的、政策的と呼んでいい種類の禁止目的を掲げて憲法審査にのぞんだが、(53) このこと自体、すなわち禁止目的が積極的、政策的な性質のものであるということ自体と立法政策・立法裁量の広狭とを結びつけはしなかった。積極的、政策的な見地からの規制には、広い立法裁量が配分されるという考えを、経済活動領域についてのみならず、政治活動、精神活動に無差別に広く押し拡げたのは、たぶん香城裁判官の独創にかかるであろう。そしてまさにそのゆえに問題である。

先に私は二分法、とりわけその機械的な適用に疑念を表明しておいたが、経済活動あるいは人間生活の物質的側面への国家的関与の領域では、あるいは二分法もある種の意味をもつかもしれないと思う。現代福祉国家においては、とくにこの領域において積極的、政策的な見地からする施策が要請されており、そこではきわめて複合的な要素を長期的な展望をもって専門的に分析し判断しつつ、多少の試行錯誤も覚悟して漸次的に実行してゆくという手順がとられてしかるべきである。政策の作成者（立法）および政策の実行者（行政）の両面に裁量が与えられねばなるまいと思う。そして、そのかぎりで司法審査の範囲あるいは深度には限定をふする必要がある。他方これに反し、消極的、警察的規制として理解されている領域では、除去あるいは制限すべき弊害（harm）が事実として現にあり、これに対処する——と称されている——ものなのだから、立法事実の認定および害悪の程度に比例した規制手段の選別という点で、立法者に広い裁量をみとめなければならない事情はほとんどない。すなわちここでは裁判所は、立法者の判断に尊重を払うべきだとは、あまりいえないのである。

ところが、現代国家の「福祉国家」性をいくら強調しても、ひとの精神活動・政治活動に対して国家が積極的、政策的な見地から介入してくることは、そう簡単に容認できない。そうだとすると、こと精神活動・政治活動の領域にかぎっては、「積極的・政策的目的＝立法裁量」論が入り込んできてはならないということになるのである。

香城裁判官の関与する裁判所は、戸別訪問等の規制法を「積極的・政策的目的＝立法裁量」論で処理したが、このおなじ規制法は、かつては、伝統的には、「消極的、警察的見地」からする規制として説明されてきたものであった。戸別訪問についていえば、本来の立法者は、(1)情実・感情に訴える選挙の支配、(2)選挙の品位の低下、(3)選挙の私事化、(4)買収等不正行為の助成などの弊害をあげていた。[54] そういう弊害を鎮圧するための禁止と考えられていたのである。その後の有権解釈は、さらにいろいろ別な弊害をあげてきているが、それにいちいちつき合うのは、ここではやめておく。「弊害」をあげ、それを鎮圧するという目的（消極的、警察的目的）を設定したばあいには、勢い、まずは「弊害」の存在やら、それを鎮圧しなければならない状況やらを、事実に即して論証してみせなければならないことになる。私の理解によれば、とくに七〇年代に入ってから、この作業、つまり「弊害」を論証し、その鎮圧を正当化する仕事が、裁判所にとってだんだん困難と感ぜられるようになった。この困難を回避するための一つの手が、伊藤裁判官の案出した「選挙のルール＝立法裁量」論であるが、今一つが、香城裁判官流の「積極的、政策的目的＝立法裁量」論である。後者は、おなじ規制立法につき、目的をスィッチさせ、消極的、警察的目的から積極的、政策的目的へと読み替えたのである。そして、これだけの作業によって、裁判所が「弊害」論議の泥沼から脱出できるばかりではなく、もっと大らかに「立法裁量」論を語ることのできる途が開けたのであった。

これでわかるように、一般に法解釈のレベルで、ある立法目的を消極的、警察的なものから積極的、政策的なものに切り替えることはそんなにむずかしいことではなく、そうすることによって、おなじ規制（自由の制限）をもっと容易に合憲化できてしまうことになるのである。国家権力にとっては、たいへん都合がいいが、しかし逆に、国家権力の利益とだけ付き合うのであってはならない憲法学としては、これでは困るのである。とりわけ、精神活動・政治活動の自由を可能なかぎり確保するという目的との関係では、こういうことがたやすく生じたのでは、困るのである。

困るということを説明するために、もう一つだけ例を出そう。刑法一七五条はわいせつ文書の頒布販売を禁止しているが、今のところは——刑法典における規制一般がそうであるように——これは特定の「弊害」を除去するための消極的、警察的な措置と考えられている。ところが、最近では刑法典における他の「被害者なき犯罪」(victimless crimes) とならんで、わいせつ文書がもたらす「弊害」の存在および意義について少しばかり厄介な論議が展開するようになってきている。この種の文書が顕著な「弊害」をもたらすことをむかしから疑わずに済ませてきたのであるが、個人の自由と（近代）国家の役割、両者の関係を厳正ににらみながら経験科学的に分析してみると、いわゆる「弊害」なるものが怪しくなってきているのである。[55] ゆきつく先、刑法一七五条のようなわいせつ文書規制法は、違憲無効と宣告される可能性がある。そこで、一方では説得力を失いつつある「弊害」論を廃棄しながら、しかも他方では刑法一七五条をそのまま温存させるべく、「精神的社会環境の保護」目的論をもってくるのである。[56] つまり、わいせつ文書の頒布販売を禁止する国家の措置は、わいせつ文書がもたらす「弊害」を除去することが目的なのではなく、わいせつ文書その他さまざまな文書が現代人の「精神的環境」を汚染させているので、もっと立派な、清潔で高級な「精神的環境」に改善するために、これらの文書を広く規制することを目的としているのだ、と言い換えるのである。そうすると、七面倒臭い「弊害」論やら個人と国家とにかんする法哲学・社会哲学・政治哲学の最近の論議をすべて回避できることになるというわけである。[57]

けれども私は、最近の法哲学等が個人の自由（逆に国家の役割）をしっかり見すえるべく、「弊害」論やパターナリズム論を吟味しているのは、それなりに重要な意味がある、と思っている。[58] こうした観点からの、きちんとした再点検をせずに、現代「福祉国家」の展開を許してしまうことは、自由主義・個人主義・民主主義の近代国家の所産をすべてご破算にすることにつながる、と惧れる。「弊害」論を有耶無耶にしてしまうための「積極的、政策的目的」への模様替えは、自由主義・個人主義・民主主義の根幹を支える精神活動・政治活動の領域においてはとりわけ、許されるべきではないと考えるゆえんである。

「精神衛生の向上」、「思想善導」、「愛国心の高揚」、はては「戦争の勝利」、「日本国の発展」などなど、積極的、政策的な見地からの規制を繰り出し、そしてそれは、広く立法裁量にゆだねられているという理屈で憲法上承認されたら、国家権力にとって不可能なことはほとんどないことになるのではあるまいか。

一九八七年四月、最高裁判所大法廷は、森林法一八六条の森林共有林分割制限規定を、憲法二九条二項（財産権保障）に違反し無効と判定した。[59] 問題の分割規制は、性質上、積極的、政策的な見地から定立したものなのであって、大法廷の二つの先例からすれば、広い立法政策にまかされているばあいにあたる。しかし大法廷は、当該規制が積極・消極の二分法のどちらに属するかということをほとんど詮議せずに、ただ「立法目的を達成する規制手段として合理性に欠け、必要な限度を超えるものというべきである」という理由で、違憲無効としたのであった。この大法廷判決を全体としてどう評価すべきかは今後の課題に属するが、最高裁は、少なくともこの事件にかんするかぎりは積極・消極の二分法には全く拘泥しておらず、また、「積極的、政策的目的＝立法裁量」論のほうは、言外においてその採用を拒否した、と見ていいようである。こんご二分法について最高裁はどう始末をつけるのかは、未知数である。しかし、森林法判決は、香城理論のような二分法の汎用化にけっして有利にはたらくものでないとは、いえそうである。

「間接的・付随的規制＝立法裁量」論

香城敏麿裁判官が提唱する合憲性の判定基準はもう一つある。このほうもまた、戸別訪問その他文書活動規制を審査する道具としてたいへん大事な役割を果たすことになる。香城裁判官が用いる基準とは、直接的、内容的な規制か、それとも間接的、付随的な規制かの二分法である。前置き的な叙述はいっさい抜きにして、早速同氏が関与する裁判所判決に即して、この手法がどのように語られ用いられるかをみてみよう。

「戸別訪問の禁止は、これらの弊害（買収、利害誘導、多額出費などなど世俗でいわれる一切の弊害が無造作に列挙されている――引用者）を防止し、選挙の公正を確保しようとするものであるから、その規制目標は、明らかに、戸別訪問により表明しようとする意見の内容に向けられておらず、単にその行為に伴う付随的な弊害の防止に向けられており、したがって、この規制が表現の自由に対して及ぼす制約は、戸別訪問という手段方法によって意見表明する自由を奪い、それだけ表現の機会を狭めることになるというにとどまるのである。また、例えば、街頭演説、立会演説、個々面接、電話による依頼、一定範囲の文書頒布、ラジオ、テレビの政見放送など他の手段方法による選挙運動は広く許されているのであり、かつ、程度の差はあるにせよ、これら他の手段方法により戸別訪問を通じると同様の意見表明を行うことは可能であると認められる。他面、戸別訪問の禁止により維持、実現しようとする目的は、前記のとおりの各種の弊害を防止して選挙の公正をより確実なものとすることにあり、かつ、この目的と戸別訪問の禁止との間には十分な合理的関連性があるということができる。」

このように、目的と禁止とのあいだに「十分な合理的関連性」があるということをもって、十分に合憲的な規制である、とみるのである。

香城氏の直接・間接二分法が、アメリカ憲法判例上ある程度析出されてきているメッセージの「内容にむけられた」規制と「内容中立的な」規制の二分法に非常に近いものがあるのは、氏自身が語っているところである。[60] 本章では、アメリカ憲法との比較を最小限に止めようと努めているが、このような経緯上、この部分にかぎっては、多少比較法的考察が混入するのを許していただきたい。香城裁判官は、猿払事件判決こそ正に間接的・付随的な規制を問題にしたケースであったといい、「ついでながら最近のレディッシュ教授の『コンテント・ディスティンクション』という論文の中では、政治的行為を内容とは無関係な、内容につき中立的な規制というふうに区分《ママ》し、公務員の政治的行為の規制を後者《ママ》の類型つまり日本法で言う行動の規制の類型としてあげておられますが、」と述べる箇所がある。ここで、言及されているレディッシュ教授の論文[61]は、じつは二分法に反対する趣旨で書かれたものなのである。レディッシュは、第一に、表現の自由にとっては、「内容にむけられた」規制のほうが「内容中立的」規制よりもより深刻に脅威だと見做してしまうのは誤解であること、第二に、この両者は概念的に区別可能だという前提は謬見にすぎないということを論じ、要するに二分法を批判しているのである。表現の自由に対する公権力規制は――どちらの方式によろうとも――単一の基準、すなわち厳格な審査基準によって判定されるべきだと説く。私は、レディッシュ教授の見解に賛同するものであるが、ここは、この点を詳述する場所ではない。戸別訪問その他文書活動規制という主題にかぎって議論をすすめる。

はじめに、この問題に対処するばあいの基本的な姿勢を明らかにしておきたい。とりわけて香城式二分法を借りて論ずればはっきりすることなのだが、国家権力＝規制する者の側からみて、「直接的」であるとか「間接的」にすぎないとか、「内容にむけられている」とか「たんに付随的」とかいういい方が出てくるにすぎないことに注意したい。こういうレッテルもある意味をもつかもしれないが、市民＝規制される側からみれば、表現したいこと、表現すべきだと思うことが、ただ端的に、すなわち「直接的」に不可能になるのである。「間接的」に不可能になるのでも、「たんに付随的」に不可能になるのでもない。しかも、不可能になるのは、ほかならぬ一定の「内容」をもったメッセージを外部に発表することなのである。

さて今、規制する側と規制される側との両当事者からの状況をみたが、言論の世界においてはもう一つ、メッセージを受けとる側あるいはその総体としての〃情報のフロー〃があることを忘れてはいけない[62]。この側からみて、問題の二分法はどんな意味をもつだろうか。「間接的」「たんに付随的」な禁止でも、禁止された「内容」のメッセージは「直接的」に入ってこないのは、「直接的、内容的規制」のばあいとそんなに違わないのではなかろうか。

こうしてみてくると、「直接的、内容的規制」および「間接的、付随的規制」の命名および二区分法は、国家権力の側に固有な立場あるいは発想に根ざすものと感ぜざるをえないのである。私としてはこのことからただちに、この二分法は、権力の側をジャスティファイする傾向、合憲の結論が出し易い性向をもつ、と示唆するのはたぶん差控えるべきであろう。けれども、エマソン教授がいうように、ここでの「基本的な争点は、表現に対して政府の規制が現実にどんな効果を及ぼすか――それは表現の自由を〃侵す〃ものでないかどうか――を見すえることである[63]。」という基本的態度をくずしてはなるまいと思う。

この観点から若干の批判的考察をすすめてみる。判決は、規制立法は「戸別訪問という手段方法によって意見表明をする自由を奪い、それだけ表現の機会を狭めることになるというにとどまるのである。」（傍点引用者）と、たいへん冷ややかである。しかしながら、戸別訪問により選挙運動をしようと意欲する人たち――かれらは、香城裁判官自身が認めるように「現に真面目に戸別訪問する人が大部分でしょう[64]」といわざるをえないのだが――にとっては、やろうと思うことができなくなるのだから、決定的に大事である。なるほど判決は、戸別訪問ができなくたって「他の手段方法による選挙運動は広く許されている」ではないか、と述べている。しかし、こうした断定は、後述するように、表現の自由に最大限の保障を与えている憲法との関係では、裁判所の自制すべきところである、と私には思われる。

「時、所、方法」についての制限ではないこと

戸別訪問の禁止は――その他の文書活動の禁止も事情はほぼおなじなのであるが――かの一九五〇年最高裁大法廷判決により、「その時、所、方法」についての制限であると誤解されて以来、ずっと今にいたるまで誤解されっ放しの状態がつづいている。しかしながら、公選法による戸別訪問禁止その他の選挙運動規制は、単なる「時、所、方法」の制限ではないのである。ある表現行為が「時、所、あるいは方法」についての制限を受けるばあいには、そのおなじ活動は、制限されていない「時、所、方法」によりさえすれば、すなわち別の「時、所、方法」によるならば、可能でありうる。別な「時、所、方法」によってもそっくりの活動ができるとは限らないから、よってもって満足できないかもしれない。けれども、おなじ活動をする余地がまだあるのである。これに反し、「内容中立的」「価値中立的」を旗印にして加えられる戸別訪問禁止のようなばあいには、その活動、その行為は全面的に不可能にさせられる。もっとも、ここで、だれかがしたり顔で、「いや、『選挙に関し、投票を得若しくは得しめ又は得しめない目的』をもつのでなければ、戸別訪問はいくらでも許されるのだ」と反論するむきもあろう[65]。けれども、これが有効な反論になりえないのは、ほとんど縷言を要しないのではあるまいか。この論法でいけば、特定の言論のどんな制約も、他の言論が制約されていないかぎりは、許されることになってしまい、憲法保障は地に堕ちることにならざるをえない。そればかりではない。この反論は、他の目的の戸別訪問が自由に容認されていて、なぜ一体、選挙運動としての戸別訪問だけは禁止されているのかという逆反論を誘発せずにおかない。この点はのちに別

言するであろう。

　要するに選挙運動としての戸別訪問は「時、所、方法」のいかんを問わず、全面的に禁止されるのだから、ただたんなる「時、所、方法」についての規制をもってしては、とても「弊害」は防ぎ切れるものでないというゆえん、その理由を、規制する者＝国家権力は説得力をもって示すべきが筋合いであろう。

　ところが東京高裁は、禁止の目的と禁止とのあいだに合理的かどうかの検討で足りるとし、市民の側の自由を奪う理由、すなわち「弊害」論のほうの分析は、自らは全くといっていいほどやらずにすませてしまっているのである。たしかに判決は、「弊害」論に付き合っていないことはない。買収、利害誘導の温床だということからはじまって、選挙人のプライバシー侵害にいたるまで、合憲諸判決がハンコで押したように列べ立てるのが例になっている、あのリストを、判決もおなじように踏襲している。けれども、これらの「種々な弊害」には、「直ちに十分な合憲の理由とするに足りない(66)」、あるいは「戸別訪問に必然的に随伴するとまではいえないだけに、国会に認められる立法裁量を考慮しても、なお十分とはいい難い(67)」という評価が、ほかならぬ最高裁判所の内部から出てきている事実を軽視してはなるまい。

　伝統的な「弊害」リストのいちいちに真面目な批判を加える気にはなれない。規制権力は、規制法を合憲たらしめ、現状維持をはかるためには、使える理屈はなんでも使えという論理で並べ立てたものが、これだと思うからである。今は、最小限度に総論的な批判を提示しておくにとどめる。第一、性質を異にする、あれやこれの弊害を、ごった煮的に提示すべきではない。各個別の弊害の識別こそが不可欠である。そうでなければ、規制する側はいつでも、ああいえばこういう、という逃げを打つ余地があるからである。また、弊害が識別されてはじめて、それに見合う規制手段はいかなるものでありうるかということも見えてくるからでもある。弊害の識別にも関係するが、第二に、当該弊害は放置しておくわけにゆかない性質のものか (substantial) どうか、これを検討しなければならない。伝統的なリストのなかには、たんにとるに足らざるものであるばかりか、「国家」論（ここでは憲法から割出された「近代の民主主義的『国家』論が念頭にあるのだが）からみて、とるべきでない「弊害」さえ混入しているように思う。その点の検査があるべきである。第三、当該弊害は、戸別訪問にどの程度随伴する（incidental）ものなのかどうかの考察もぜひ必要である。随伴するにきまっているという神話が、伝統的なリストを支えている気味がある。神話でしかないかどうかが、厳密に分析されるべきである。

伊藤裁判官のばあいは、「選挙のルール＝立法裁量」論に拠って、「弊害」論に纏いつく厄介から逃れた。そして香城裁判官のばあいは「選挙ルール」論に肩寄せながら、どちらかというと「間接的、付随的規制＝目的と禁止の合理的関連性」論により多く比重をかけることによって、「弊害」論の吟味をなしにすませたのであった。けれども、既述のように、「間接的、付随的規制」だからといっても、主体ならびに受け手にとっては、この規制はけっして緩やかではないのである。

「他の手段方法があるではないか」の議論

直接規制か間接規制かは、よしそういう区別に一定の意味があるにしても、意味をもちうる範囲というものは、存外に限られたものでしかないことがわかった。そこのところで、香城裁判官のような二分論者は、議論の補強を次のようにおこなうことになる。「間接規制のばあいには、規制された手段方法によっては意見表明をする自由が奪われるだけだ。別の手段方法による選挙運動が広く許されているではないか」という論理がそれである。これは、本当に意味のある議論であろうか。

既述のように、われわれの主題は、「時、所、方法」についての制限ではない。選挙運動としての戸別訪問は絶対的に禁止されているのである。別の「時」、「所」または「方法」によれば、やれるというのでは、全くない。この点で、例えば、フランスデモやジグザグ行進によるデモ行進は禁止されるが、そうでないデモ行進は許されるというケースと、大いに性質を異にしている。すなわち、「他の手段方法」というのは、われわれのケースでは、全く性質を異にした「他の手段」しか残されていないのである。そこのところをご注意いただきたい。

憲法二一条一項は「……言論、出版その他、一切の表現の自由は、これを保障する。」(傍点引用者)とある。これは、どんな手段によろうと表現する自由があると定めているのではなかろうか。もちろん、徴兵令状を公衆の面前で破棄する行為(68)その他のいわゆる象徴的行為(表現プラス)が当然に、ここでいう表現手段かどうかは争う余地があろう。しかし、戸別訪問は、デモ行為、文書配布、ピケッティングなどと同様に、憲法で保障された表現手段であるのは、ほとんど論証を要しまいと思う(69)。表現手段を用いることは、各個人に与えられた憲法上の権利に属する。その権利の、ある特定の行使の仕方が制限されるのではなく、あることがら(subject matter)について――しかも、われわれの問題のばあいは、憲法上特殊な意義を有するというほかない「選挙」ということがらについて、なのであるが――権利が全く奪われることになる。そうだとすれば、こうせざるをえないことについて、規制権力の側が説明する憲法上の義務がある。裁判所は、こうした義務を促す責務があるであろう、と私は思うのである。

ことは憲法上の権利の問題であるから、裁判所としては、別の権利があるではないかとは、簡単にいえないはずなのである。

権利の問題を、少しばかり社会学的に説明し直してみようか。人間は、自分の五感と相手の五感とを活用させ、あるいはそれぞれの時点で入手しうる技術を駆使して、いろいろな表現媒体を作り、かつ発展させてきている。それぞれの媒体は個性をもち特性をはたらかせる、かけがえのないものでありうる。電話というたいへん便利なものがある以上は手紙を書くのは愚かなことだ、とひとが思うのは勝手である。そのひとでさえも存外、ときとばあいによっては、電話にはよらずに手紙のほうに頼ってしまうかもしれないのである。けれども、国家権力が万人にむかい——あることがらについては——手紙は書くな、電話を使え、と命令するのと同然のことをしたら（じつは、日本の公職選挙法はこれとほぼおなじような形になっているのだが）、第一にそれはいらぬ節介だということになろうし、第二にどうしてもそうしろというのなら、納得できるその理由を明らかにすべきだ、と感ずるのが当然ではなかろうか。新聞・雑誌があり、ラジオ・テレビがある時代なのに、なぜひとはデモ行進とか街頭のビラまきのような労力のいる、けっして今様といえない表現手段に頼るのだろうか。人びとは、これが一番いいのだ、これしかわれわれには使える手段がないのだなどなど、各人なりの考え・評価でこれを選択しているのである。もし第三者が現われて、「その目的のためにはもっと有効な入手しうる手段があるよ」、と説得を試み、それに納得して、デモやビラまきをやめそれ以外の手段に移り替えるのは、まさにひとの勝手である。けれども、国家権力が、このことがらについてデモ行進は一切するな、ビラはりをしてはいけないと命令し、しかもそう命令することの理由を十分に示さずに、ただ、デモ行進やビラはり以外に、代用品があるではないか、とだけいって済ますのは、少しばかり乱暴なのではあるまいか(70)。

東京高裁は(71)、戸別訪問の代用品として、街頭演説を指示する。けれども、フェイス・ツー・フェイスの双方向コミュニケーションの媒体たる戸別訪問は、公然公衆の前に身をさらし、一方的にスピーチする街頭演説とは、常識的にいって全く違う。前者ならやってもいいが、後者は絶対いやだというひとが——とくに、自らあえて立候補した者以外の、ふつうの市民のあいだには——たくさんいるに違いない。これが常識というものだと思う。裁判所は、国家の名においてならば、常識をこえた仕方で代用品を指示し、かつそれを用いないのは用いない者の責任であるがごとく判定しうるものであろうか。裁判所は、「街頭演説」がいやなら「立会演説」があるではないかという。しかし、「立会演説」が戸別訪問に代わりうるものでないのは、「街頭演説」のばあいと全くおなじである。「個々面接、電話による依頼」はまだ戸別訪問に近いが、前者はいわば偶然の出会いを待つものであって、積極的、意識的な選挙運動たる戸別訪問とは大いに違う。後者への誘いはNTTにとっては嬉しい話であるだろうが、電話通信はある脈絡における、ある目的のためには、フェイス・ツー・フェイスの代替物として有用であるにしても、つねにそうであるとは限らない。あるひとにとっては戸別訪問の代用品たりえず、他のひとにとっては、せいぜいのところ、きわめて粗悪な代用品であるにとどまるだろう。裁判所は「一定範囲の文書頒布」や、こともあろうに「ラジオ、テレビの政見放送など」を持ち出してきている。そもそも「文書頒布」が戸別訪問の代用品たるか、すこぶる怪しいところへもってきて、この文書たるや公選法一四二条にいわゆる「法定文書」すなわち、各種選挙ごと候補者に一定数割当てられた通常葉書およびビラにほかならない。候補者以外の市民は当然には持つことのできない[72]、そしてそれは、きわめてしばしば候補者（他人）の作成した文書でしかないのである。私には、これらがどうして戸別訪問の代用品になりうるのか、全く理解できない。「政見放送」となると、もっとひどい。なるほど衆・参両院議員および都道府県知事の選挙にかぎっては、その候補者は、法一五〇条所定の政見放送をおこなうことができる。私には政見放送特権を有する候補者にとってさえ、「放送」（ワン・ウェイの〝拡散的放出〟broadcasting）は、双方向のフェイス・ツー・フェイスのコミュニケーションたる戸別訪問と似たものとはいえないように思うが、候補者以外の市民にはおよそ使用することのできない表現手段なのである[73]。これがなぜ、どのように、戸別訪問の代用品たりうるのか、私には皆目見当がつかない。

裁判所はさだめし、この他に、ポスター、新聞紙、雑誌の選挙報道、新聞広告、経歴放送などを繰り出す用意があろう。鉄砲も数多く打てば、一つぐらいは的に当たるということがある。けれども、無駄な鉄砲をいくらたくさん打っても、けっして当たったことにはならないのである。裁判所のあげる代用品リストのなかには、そのどれ一つとっても、個別には戸別訪問の適切な代替作用をおこなえるものがない。個別にできないものは束になっても、やはりできないものはできないのである。せいぜいのところ、非常に質の悪い代用品があると認容してもよかろう。

けれども、なぜ、このような粗悪品で市民は我慢しなければならないのか、という疑問は一向に解消されないのである[74]。

若干の落穂拾い

予定をはるかに越えて紙幅を費やしてしまった。この辺で本章も終えるほかない。落穂拾い式に、若干の残された論点に触れて、結びにかえることにする。

判例の趨勢は、禁止の目的と禁止とのあいだに合理的関連性がある、ということをもって合憲とする。そうだから、裁判所は禁止すべき理由（「弊害」論）のほうについては深く真剣に付き合う必要のないものとして、いうならば、おざなりに処理してしまう傾向がある。私のように、戸別訪問その他文書活動の禁止にかんする合憲性判断にはすべからく厳格な審査があるべきだという立場をとる者からすると、この、いい加減にあしらわれてきている「弊害」論の真面目な検討がぜひ必要となる。また、先にも一言したことだが、「国家はなにをなしうるか」、「個人と国家の関係いかん」という憲法の根幹にかかわる問題を理解するためには、「弊害」論の分析に人はもっと意を用いるべきだとも思うのである。現代「福祉国家」は「社会と国家」とのあいだに従来あった垣根を越えて、社会や個人のなかへ入り込んできている。他方、日本国では伝統的に「社会と国家」の垣根が低く、国家が社会や個人の自律に任せるところに入り込むことが許されてきた。「弊害」論の分析を一つの手掛りにして、国家の姿をあぶり出すことが、現代日本国ではことさらに必要だと思う。

前置きをさておいて、戸別訪問にまつわる「弊害」論のいくつかを、今の文脈で取りあげてみる。先にも示唆したように、規制当局や支配政党があげ、裁判所が承認する「種々の弊害」は、社会にとって無視し放任しておくことのできない性質のものかどうか、逆にいえば、国家権力が全社会のために鎮圧に乗り出してしかるべき内容の害悪かどうかが、まず問題になるべきである。そして次に、その「弊害」が当該行為にどの程度随伴するものなのかを検討する要がある。この二つの作業を、「種々の弊害」のすべてについて子細におこなうことは、ここではもはや不可能である。第一の観点について、若干の指摘をするにとどめる。

戦後のある時点から、「私生活の平穏を害する」、すなわちプライバシーの侵害になるという「弊害」論が、新しく登場するようになった[75]。そして今日これは、「弊害」論の一つとして立派に通用するまでに高度成長をとげた。これ自体、たいへんに興味深い現象であるが、深入りは避ける。この論理は、典型的なパターナリズムの一例である。戸別訪問の受け手に加えられる「侵害」を、受け手本人が排除できないので、本人に代わり、本人のために、国家権力が「侵害」発生の可能性を予防的に鎮圧してやる、恩恵あふれる、ありがたい措置だ、というわけである。けれども、これが正当化できるパターナリズム (justified paternalism) であるかどうかという段になると、話は別である。第一、訪問を歓迎する受け手、少なくも特定の訪問者については自己を解放する受け手が少なからず存在するものでありうることを全く無視した議論である[76]。これらの人びとは、全面禁止という国家の側のお節介により、じつは情報を受け取る自由を奪われることになっているのである。また、これらの人びとに対して意見を述べ情報を提供しようとする者の側の自由も奪われているのである。第二、訪問されることが嫌いな人間、今応対をせまられている特定の訪問には応じたくないと思う人間、あるいは話合いの最中に会話を打切りたくなった人間などなどが、自分の力で応対拒否することができるものでありうることを、全く無視した議論でもある。さてところで、ふつうおこなわれる戸別訪問には、「投票を……得しめない目的」(法一三八条一項)のものはほとんどない。実際、「弊害」論はほとんどすべて「投票を得若しくは得しめ……(る)目的」(同項)のそれにむけられているのである。そうだとすると、私生活の平穏をいちじるしく侵害し、しかも、いくら退去要求をしても断固居坐りつづけるような種類の訪問は——じつは、これに対しては、刑法一三〇条の住居侵入罪が有効に対処しうるはずだと思うが、それはさておこう――選挙運動としては落第である。すなわち、このような「弊害」をもつ戸別訪問は、そのこと自体において「投票を得若しくは得しめ……(る)目的」に真向から対立することになる。合理的な人間は、自分の目的に真向から対立することをあえて熱心におこなうことによって、他人のひんしゅくを買うばかりでなく、自己の不利益を招くことを、こと選挙運動にかぎっては、やるものなのだろうか。プライバシー侵害を理由とする「弊害」論は、戸別訪問をおこなう者は、不合理な人間であることを前提にしているようである。

この「プライバシー侵害＝弊害」論は、ごく簡単にいえば、日本社会は、自分のことを自分で処理しえない人間から成り立っていることを前提とする。あるいはそうでないにしても、日本社会にはそういう非自主的な人間が圧倒的に多数いて、逆に、自分のことを自分で処理しうる少数者は、これら多数者のために自主決定権――いかなる情報を入手し選別するかという、決定的に重要な権利をふくむ――を放棄することを強制されるのは、やむをえないのだという議論を前提としている。この議論がとる「人間」像は、J・S・ミルやカントなどが措定したそれと大いに違う。たんに哲学論の違いならば、筆者のごときがなにもいう資格はない。けれどもこういう「人間」像は基本的人権の観念、これを中心にすえる国政、および自分のことは自分できめるという民主主義の原理とうまく接合しない要素をふくむ、と思う。

もう一つだけ「弊害」論とつき合う。「戸別訪問という手段は「情実、感情に訴える選挙の支配を招く」」という議論である。これは、プライバシー「弊害」論が新規なのと違って、すでにして一九二五年戸別訪問禁止が創始された時点で第一番に掲げられている、いわば古典的な「弊害」論である。戦後は、ある時期(77)を除いて、どちらかというと人気はなかったが、比較的最近また勢いを盛りかえしてきている点で、これまた興味深い。例えば、東京高等裁判所の一九八〇年七月の判決(78)は「その是非は別として、理性的であるよりも情趣的傾向が強く、一般公衆の目に触れない場所における未知の訪問者との対話に慣れておらず、とくにそのような状況のもとでは相手方の不条理な要求に対しても明確に拒絶することを躊躇する我国民の心性」という具合に表出する。この「弊害」論は、ある意味でプライバシー侵害を説く「弊害」論と重複するところがあり、したがって、許されざるパターナリズムという視点から批判を加えることもできる。けれどもそれは割愛しよう。別の角度から多少の問題提起をしてみる。この「弊害」論は、選挙運動としての戸別訪問にかぎらず、あらゆる種類の戸別訪問に当てはまるべく出来あがっている。いうところの「我国民の心性」なるものは、選挙運動としての戸別訪問についてのみ、忽然と生ずるものとは、措定されていないはずだからである。そうだとすると、他の種類の戸別訪問のほうは野放しにしておいて、なぜ、選挙運動としてのそれのみが、いわばねらい撃ちされるのか、という問題が生ずる。この点をうまく説明できないと、ねらい撃ちは、正当化できない差別（under-inclusive）だということになる。ほかのばあいならいざ知らず、ここでは選挙情報という、それ自体として憲法上とくに保護されるべき利益の交流を奪うか奪わないかという問題領域にあるのだから、「相手方の不条理な要求に対しても明確に拒絶することを躊躇する」ことから生ずる「弊害」が、特殊的に強いことを国家は論証しなければならない。

もっとも、他の種類の戸別訪問は野放しにされているというのは正しくない、という批判があろう。しかし、だれしもがすぐ思いつくように、「訪問販売等に関する法律」（一九七六年法五七号）が、部分的ながら、戸別訪問による「指定商品」販売にある種の規制（禁止ではない）を加えている。そして例えば、訪問販売における契約申込みの撤回などを——厳格な要件のもとに——定めること（法六条）によって、訪問販売から生ずる特殊な「弊害」に対して、消費者を特別に保護する制度が設けられてもいる。実際のところ、最近の組織的におこなわれる訪問販売から生ずる厄介事は、「我国民の心性」に由来するよりは、消費文化の発達し、特殊的に「富裕化した」現代社会のどこにでも生ずる病理現象のようである。日本も、その仲間入りをしたという要素のほうがずっと強い。

この厄介事は、本来は（近代法の原則にしたがえば）「買主注意せよ」の原則、すなわち買主の自主管理に任せるべきだという原則で片づけるべきなのであるが、そうはゆかなくなって、特別立法が出てきたのだろうと思う。本来、一人前の人間（a competent person）でありながら、国家権力の補助があるべきだということが、社会的に承認されたのであろう。要約していえば、正当化されたパターナリズムということになる。

けれども、この種の立法が正当化されたパターナリズムであり、かつそれにとどまるものであるためには、余計な介入、不必要な干渉をふくんではならない。訪問販売に特殊的に伴う「弊害」を識別し、それに、それにだけ、対処する規制手段のみがありうる。そうでなければ、パターナリズムは正当性を失うのである。(79)

さて、パターナリズムとしての正当性を失った訪問販売規制立法は、ただちに違憲無効となるかというと、これにはひと議論なければならないだろう。けれども、確かなことに、この取引き領域にあっては、日本法もふくめ諸外国の立法は、それ相応に慎重な利益衡量をへて、特殊な規制手段を案出することに腐心してきている。それはなぜかというと、パターナリズムの限界ということのほかに、訪問販売者の側の利益を配慮する（逆に、その反射として、消費者がいい商品にアクセスするという利益配慮にもつながるという論理になるのだが）要請が強くはたらいたからでもあろう。(80)

ともあれ、このようにして、商品の販売のための戸別訪問は最少限度の制約を受けながら、しかし、立派に法的に保障されている。(81)これに反し、選挙情報の交流のための戸別訪問にかぎっては、絶対に駄目だというのである。(82)「我国民の心性」とは、こういうしたものなのであろうか。ここは一つ、どうしても裁判所に説明してもらいたいところである。(83)

本章は、選挙運動としての戸別訪問ばかりを扱ってきたが、ここで展開した中身のほとんどは、適当な修正を加えて、選挙運動としての文書活動にあてはまる。公選法一四二条の文書頒布禁止規定のみならず、新聞紙・雑誌の選挙報道・評論を制限する法一四八条、さらには事前選挙運動を禁止する法一二九条、総じて、日本が戦前から引継いできた選挙運動規制システム全体の再検討をせまる態のものたらざるをえない。

たんに戸別訪問禁止を違憲無効と判定するだけであれば、存外、日本の裁判所もそう宣言するのに躊躇しなかったかもしれない。けれども、この一角が崩れれば、選挙運動規制のシステム全体にヒビが入るとなれば、裁判所としては、なるべくならば、その点のいい出しっぺになりたくないと感ずるに違いないのである。

とはいえ、戸別訪問の禁止と文書頒布関係の規制とは全くおなじではない。それは、選挙費用の平等化をどうはかるかという要請が、後者において絡むからである。そして、「平等」主義が特殊な形で心情に訴える力をもつ日本では、「自由」との対抗関係でしか「平等」を考えないアメリカ合衆国が、別稿で紹介した Buckley v. Valeo[84] にあるようなかなりの試錬を経なければならなかったのと基本的に異なって、選挙費用の平等化を持ち出せば、すべてが解決する。こうしたなかで、この要請は文書活動の「自由」を規制するということによってではなく、文字どおり端的に政治資金・選挙資金の厳格な統制ということによって充足されるべきであろう、そのほうが本来の筋だろうという当然予想される反論も、次のような判示で簡単に一蹴されてしまう。例えば、名古屋高等裁判所は「右（選挙費用支出——引用者）の規制の目的に沿うものとして法定選挙費用の制度もあるが、選挙運動に関する支出を正確に把握することが極めて困難であることなどから、それだけでは十分な効果を挙げることができないと認められる[85]」といい、政治資金統制立法が困難であることを当然視してしまっている。東京高等裁判所は「選挙費用の多額化を防止する手段として、本来法定費用の制限をもって抑止すべき事柄であるとの論もあるが、現行の法制の法定費用の制限が必ずしも実効をあげていない現状では選挙運動用文書の制限……が選挙費用の高額化防止の次善の手段であることは否定しえない[86]」と断定する。本来は選挙資金統制立法で目的を達すべきことを認容しながら（なぜならば、次に「次善の手段」を語っているのだから）、しかし、現状が実効性をもたないことを理由に、いとも簡単に選挙運動の自由を犠牲に供してよろしいと論ずるのである。片方が小野慶二裁判長の主宰する法廷で、他方が時国

康夫裁判長が統轄する裁判所である。説得力に富む見解として、長く影響力を保持するに違いない。(87)

けれども、このような論理が、民主主義を根幹とし、基本的人権を尊重すべき日本国憲法下のそれとして、支配し貫徹していいものなのだろうか。

確かに、国会に拠る代議士先生がたに有効適正な政治資金の統制法の制定を要求することは、百年河清を待つに等しいものがある、といわれそうである。しかしそれは、政治的にむずかしいだけである。国会のこの点の無為無策は、国会がとるべき政治責任の問題であり、けっして自然現象として承認しなければならないことではない。だが裁判所は、国会の無為無策（およびザル法さえきちんと執行しない行政の側の無為無策）を、あたかも自然現象のごとき当然の事実として受容する。そして、この事実を前提として、選挙運動の自由を制限する立法を、やむをえない次善の策として、早々と容認してしまうのである。これは、利益の衡量としては、いちじるしく規制権力の側に甘いやり方なのではあるまいか。

裁判所が、国会に対して、本来の目的（選挙費用の平等化）を達成するためには本道を歩むようにと指示することは、政治の藪のなかに首をつっ込むものだから裁判所のなすべきことではない、と考えられているふしがある。それよりは、市民の自由のほうへしわ寄せを回したほうがまだましである、というのであるが、こうした形でなされる既成権力への敬譲のほうが、むしろ一層政治的なのではあるまいか。

ともあれ、こうした裁判所の判決によれば、選挙資金の平等化・政治資金の統制のための本来的な立法および実効性のある執行は不可能なまま、その代わりの策として、選挙運動統制法はいつまでも生き残ることになる。しかしいうまでもなく選挙運動統制法は本来的には選挙資金・政治資金統制法ではないのだから、いつまでたっても、日本では選挙資金の平等化は達成できず、政治資金の有効な統制は望めないことになるであろう。それでも、選挙運動統制法があるかぎり、ともかくも選挙運動の平等化が目指され、政治資金の統制がおこなわれているような

「名目」になっている。実体ではなくて、名目が大事な日本では、選挙運動統制法が仕掛ける代理戦争のもつ意味を軽視してはならない、ということなのであろうか。

補記――ロールズ『正義論』に寄せて――

以上掲記の第四章の脱稿後しばらくして、主題に関連する興味深い論文に接した。論文というのは、その『正義論』で日本ならびにたぶん世界の哲学界・法学界に衝撃的な影響を与えつつあるジョン・ロールズの書いた「基本的な諸自由とそれらの優先順位」(“The Basic Liberties and Their Priority”)(88)である。この論文について私は、第四章より時間的に後に書いた本書第一章「なぜ『表現の自由』か」で、原理論の観点から若干の考察を試みている(89)。今ここでは、同じロールズ論文を、こんどは第四章の主題と関連し、既述部分を補充する目的にかぎって、少しばかり取り上げておきたいと思う。

ロールズ「基本的な諸目的とそれらの優先順位」論文は、かれの主著『正義論』で展開した「基本的な諸自由」を、その全体系に即していかに制度化あるいは具体化するかを構想した重要な業績である。これはもとより、(政治、道徳)哲学のレベルの仕事であって、憲法上の制度のうえにのみ成り立つ憲法学にただちには転用してならないのは、ロールズ自身が断っているとおりである(90)。そうではあるが、私にはこれは、憲法学的に意義深い内容をもつ論文だと思われる。以下の叙述のなかで、その趣旨が理解していただけるであろう。

ロールズにあっては、周知のように、表現の自由をふくむ「基本的な諸自由」は、かれのいわゆる第一原理〔平等な自由原理〕のうえに基礎づけられるのであるが、これらの自由は、かれの第二原理〔格差原理および機会の公正な平等原理〕とどのようにかかわるかという問題を、この論文が扱うテーマの一つにしている。この問題に焦点を当てるべくロールズは、私が本書第三章「選挙運動の自由と憲法――アメリカ合衆国のばあい」で考察対象とした、Buckley v. Valeo など[91]選挙資金統制法に対する合衆国最高裁判所判決を素材として、これに批判的な考察を展開している。ロールズは、ある種の選挙資金統制は、かれのいわゆる第二原理にもとづく「政治的な諸自由の公正価値」を確保するために、必要不可欠であるという立場をとる。そしてこれを前提として、最高裁判所判決につよい批判を加える。合衆国最高裁判所は議員定数配分問題において"one-man, one vote"の主義による投票結果の平等化を推進してきたが、これは、かれのいわゆる「政治的な諸自由の公正価値」による調整の現われにほかならず、かかるものとしてロールズは判例[92]の趨勢を高く評価する。しかるに最高裁は、選挙資金の統制立法の憲法審査においては、「政治的な諸自由の公正価値」を確認することを拒否し、「第三者の相対的発言力を高めるために、ある者の言論を抑えることができるといった考えは、憲法修正第一条とは全然相容れないのである。」[93]と断じ去っている。これは、正義にかなった問題解決ではない――と、こうロールズはきびしい評価をくだすのである。[94]

ここまでの部分は、どちらかというと本書第三章に適合的な叙述であるが、第四章に関連して私は次のような形で問題提起したい。すなわち、わが公職選挙法の戸別訪問その他の言論活動に対する禁止システムは、果たして、ロールズ流の第二原理に根ざす「政治的な諸自由の公正価値」を体現するものである、と明瞭に、そして、端的に、いえるものであろうか、ということである。なるほど、日本最高裁判所をはじめ社会体制は、この選挙運動禁止体系を「選挙の公正」という包括的な大義名分によって正当化する。そして、この方向での正当化をはかるために、これを政治資金統制法の代位物だ、と立論する。たしかに、ある種の政治資金統制法は――ロールズが問題とする合衆国の立法がそうであるように――正義の原理にかなった「公正価値」をもち、かかる価値は、憲法審査上考慮に値するであろう。しかしながらこれにあやかって、言論規制立法としての選挙運動禁止体系を政治資金統制法の代用品だと称することによって「公正価値」のうえで文句の余地ないものにしてしまうことができるだろうか。私は、これは強引な論法にすぎると思う。

さて、このように「選挙の公正」という抽象的で、こういうことばを用いた者が勝を占めるほどになんでも入り込んでしまう観念が問題であるのは、日本のばあい、この観念を用いることによって、もう一つの憲法的価値、すなわち、言論の自由、しかもほかならぬ選挙過程における言論の自由を――いうに値する「諸価値の衡量」をなすことなく――簡単に斥けてしまっていることである。じつをいえば、この点においても、ロールズの所説が教示するところは、少なくない。こうである。

日本流司法審査であったならば、選挙資金統制法のように、明らかに、そして混りっ気なく「政治的な諸自由の公正価値」を体現している立法は、もうそれだけで合憲ということになる。けれども、資金統制法には、表現の自由に対してある種の影響を与える要素がある、と合衆国では考えられているのは、第三章で既述したとおりであり、かつ、ロールズもこの点を軽視してはいない。そうすると、どういうことになるかというと「公正価値」という一方の価値と、他方において影響をうける表現の自由の価値との調整を試みねばならないことになる。この、性質を異にした二つの価値の調整という作業のために、ロールズは、次の三つの要件を提示する。第一は、「公正価値」を体現する資金統制立法が、表現内容に介入せず、これに中立的な形になっていることである。ある特定の表現内容にのみむけられた規制ということになると、これはもはや、「公正価値」をもって対抗できるかどうかが、それ自体として疑問になる。第一要件は、自明の理を反映している、といえよう。次に第二に、「(問題の規制が) 社会における多種多様な集団に不当な (undue) 制約を課すものであってはならず、公平な仕方で (in an equitable manner) あらゆる集団に影響を与えるようなものでなければならない[95]」ということである。貧富の差、社会的地位その他所属のいかんで、当該立法の規制効果が違ってはならない、というのである。第三の要件としてあげるのは、問題の統制が「政治的な諸自由の公正価値」を達成するように〝合理的に仕組まれている〟(rationally designed) ことである。これはつまり、目的達成のために、より弱い規制手段で、より有効な代替物がないかどうか、それは利用可能かどうか、という観点からの精査に合格すべきことを意味する。

既述のように、日本の選挙運動禁止体系の検討に当たっては、まずなによりも「選挙の公正」という広義の大義名分で判断を停止する（「立法裁量に属する」と宣言する）のでなく、識別可能なふうに「公正価値」を確定する必要がある。しかるのちに問題になるのが——ロールズの所説を援用すれば——第二、第三の要件である（第一の要件は、わが公職選挙法との関係では問う必要はない）。第二要件でいわゆる「不当な制約」とはなにか、また、第三要件でいわゆる利用可能な、より弱い規制手段とはなにかにつき、それぞれ議論の余地があろう。しかし、われわれの問題は、それ以前のところにある。すなわち日本の裁判所は、「選挙の公正」という少しく吟味を要する包括観念で司法判断を打ち止め、そもそも第二、第三の要件を、ほとんどいうに足る形ではおこなっていない。このことが問題である。私が第四章本文を執筆した段階では、ロールズの要件を知りもせず意識もしなかったが、かれが問題にしていることがらを、私は、私なりのことばで問題にしたはずだと思うので、もはや繰返えしは避ける。

（1）　奥平康弘「言論の自由と司法審査——戸別訪問禁止規定をめぐって」東京大学社会科学研究所編『基本的人権4』二五五頁以下、東京大学出版会、一九六八年、「戸別訪問禁止規定をめぐる司法審査」と改題のうえ、奥平康弘『表現の自由Ⅲ』二二一頁以下、有斐閣、一九八四年に再録。

（2）　最（大）判一九五〇年九月二七日・刑集四巻九号一七九九頁。

（3）　憲法論にもとづく限定解釈により被告人無罪の判断をした東京地判一九六七年三月二七日・判例時報四九三号七二頁および戸別訪問禁止規定を違憲無効とした妙寺簡判一九六八年三月一三日・判例時報五一二号七六頁。

（4）　滝川春雄・最新判例批評『判例評論』一〇九号一三二頁、一九六八年、星野安三郎「憲法と戸別訪問」『東京学芸大学紀要』第三部門　社会科学一九集、一頁、一九六七年。

（5）宮沢俊義『憲法II』法律学全集4、有斐閣、一九五九年、三六五頁。
（6）宮決俊義『憲法II〔新版〕』有斐閣、一九七一年、三七五頁。
（7）宮沢教授における旧版と新版の、この点にかんする違いは、宮沢俊義『コンメンタール日本国憲法』日本評論社、一九五五年、二四六―二四七頁の叙述と、宮沢俊義・芦部信喜補訂『全訂日本国憲法』日本評論社、一九七八年、二四八頁の叙述とのあいだに、ほぼそっくり見出すことができる。
（8）ここでは、この争点にかんする学説史を厳密にフォローするのが目的ではないので、違憲論の台頭発展については、斎藤鳩彦『選挙運動抑圧法制の思想と構造』日本評論社、一九七五年、および中山研一『選挙犯罪の諸問題』成文堂、一九八五年の二冊の書物を代表的なものとして挙示するにとどめ、他は割愛させていただく。なお、学界状況の雰囲気を示すためには、合憲論がなお有力に存続していることにも言及しなければなるまい。こうして例えば、佐藤功『憲法(上)〔新版〕』有斐閣、一九八三年、三六〇―三六一頁が立法裁量論によって合憲とする見解を堅持しており、また、川北洋太郎「政治的自由の限界」『ジュリスト』五〇〇号、一九七二年、四三頁、野村敬造「選挙に関する憲法上の原則」清宮・佐藤編『憲法講座　第三巻』有斐閣、一九六四年、一四二頁などは、合憲を結論としている。ただ、私にとっては、この点について結論がどっちか、ではなく、その結論を導き出す論理過程の密度こそが、重要な関心事であることを、申し添えておきたい。
（9）小林直樹『憲法講義　上』東京大学出版会、一九六七年、三四一頁。
（10）小林直樹『〔新版〕憲法講義　上』東京大学出版会、一九八〇年、四一八頁。
（11）芦部信喜「選挙運動としての戸別訪問禁止の規定と憲法二一条」『判例研究』四巻二号一七五頁、一九五四年。
（12）芦部信喜「憲法判例理論の変遷と問題点」『公法研究』四八号一六頁、三七頁、一九八六年。同『憲法判例を読む』岩波書店、一九八六年、一〇六、一一九、二一六―二一七頁など。
（13）前掲注（2）判決参照。

(14)　本書第三章「選挙運動の自由と憲法――アメリカ合衆国のばあい」。

(15)　管見に属するところ、一九六〇年代には四つの違憲あるいは限定解釈判決が下級審で見られたのち、しばらく鳴りをひそめ、一九七八年三月二〇日の松山地裁西条支部判決（判例時報九一五号一三五頁）を皮切りに、一九七九年一月二四日松江地裁出雲支部（判例時報九三三号一四一頁）、一九七九年九月七日福岡地裁柳川支部（判例時報九四四号一三三頁）、一九八〇年三月二五日盛岡地裁遠野支部（判例時報九六二号一三〇頁）などが出てくる。

(16)　広島高裁松江支部判決、一九八〇年四月二八日・判例時報九六四号一三四頁。

(17)　一九五〇年大法廷合憲判決（注（2））は、最高裁（二小）判決一九六七年三月一〇日・最高裁裁判集〔刑事〕一六二号八四五頁、最高裁（三小）判決一九六七年一一月二一日・判例時報五〇四号九六頁において、文句なく踏襲され、さらに一九六九年二月には最高裁大法廷で審理されたものの、戸別訪問禁止規定にかんするかぎりは、これが合憲であるのは一九五〇年「大法廷判決の明らかにするところであり、いま、これを変更する必要は認められない。」と、いともあっさりと片づけられている。こうしてみれば、一九五〇年合憲判決は、最高裁判所においては、全く無傷のまま、次に本文で紹介するような新たなる装いをおこなうにいたるまでのあいだ、三〇年間維持してきたのである。

(18)　最（大）判一九七四年一一月六日・刑集二八巻九号三九三頁、

(19)　最（大）判一九七五年四月三〇日・刑集二九巻四号五七二頁。

(20)　最（大）判一九七六年四月一四日・民集三〇巻三号二二三頁。

(21)　最（二小）判一九八一年六月一五日・刑集三五巻四号二〇五頁。これより先、最高裁第二小法廷は、一九八〇年六月、おなじ憲法問題を判断する機会があったが、そのさいは、例によって例のごとく、先例を引用するだけで、軽く違憲論を斥けているのも、指摘するに値しよう。最（二小）判一九八〇年六月六日・判例時報九六四号一二九頁。

(22)　前掲注（18）判決。

(23)　最（三小）判一九八一年七月二一日・刑集三五巻五号五六八頁。

(24) 最（三小）判一九八四年二月二一日・刑集三八巻三号三八七頁。
(25) 香城敏麿・最高裁判所判例解説『法曹時報』二七巻一一号八六頁、一九七五年。
(26) 芦部信喜ほか研究会・憲法判例の三〇年――学説と実務の関連において『ジュリスト』六三八号四五二頁、一九七七年、芦部信喜ほか研究会・憲法判例の基準と方法『ジュリスト』七八九号一四頁、一九八三年、芦部信喜ほか研究会・憲法裁判の客観性と創造性『ジュリスト』八三五号六頁、一九八五年。
(27) 大阪高判一九八〇年三月四日・判例タイムス四一六号一七七頁。
(28) 東京高判一九八二年四月一五日・判例タイムス四七一号二二六頁。
(29) 前掲注(23)判決。
(30) 最（三小）判一九八二年三月二三日・刑集三六巻三号三三九頁。
(31) 前掲注(24)判決。
(32) 名古屋高判一九八三年七月一二日・判例時報一〇九四号一五三頁。
(33) 前掲注(28)判決。
(34) 佐藤功『憲法』、ポケット注釈全書(4)、有斐閣、一九五五年、二八六頁。
(35) 佐藤功『憲法(上)〔新版〕』有斐閣、一九八三年、三五七頁。
(36) 最（大）判一九六四年二月五日・民集一八巻二号二七〇頁。
(37) 例えば、最（大）判一九七六年四月一四日・民集三〇巻三号二二三頁。なお、最（大）判一九八五年七月一七日・民集三九巻五号一一〇〇頁。
(38) 本文で言及した一九八二年東京高裁判決（注(28)判決）は、憲法四七条を――伊藤補足意見あるいは佐藤功見解とは違って――裸のままで前面に押し出すことをせず、「国会は、憲法の制約の範囲内において、公選の選挙に関し、実施の方法その他の事項を定める権限を有しており（憲法四七条参照）」（傍点引用者）という、留保づきのいい方をしている。そうすると、「憲法の制約の範囲」というものをどう解釈するかの問題に重点が移るのであって、わざわざ憲法四七条を引合いに出さねばならぬ理屈ははっきりしなくなるのである。

伊藤補足意見ならびに佐藤功見解を正当としたばあいは、さまざまな問題が生じてくる。その一つに、例えば、これがある。憲法四七条は、「両議院の議員の選挙に関する事項」、すなわち、国会構成員の選挙に関する事項についてのみ定めている。地方公共団体の長、その議員の選挙については、憲法四七条はなにもいっていないのである。地方公共団体関係については、憲法九三条二項が「地方公共団体の長、その議員……は、その地方公共団体の住民が直接これを選挙する。」と定めている。そしてそれにつきる。この文言からは、地方公共団体の長および議会議員の選挙にかんして、憲法四七条の文言から引き出すようなふうには、広い立法裁量を帰結するわけにはゆくまい。なぜなら「法律でこれを定める。」という、大事な文句がここにはないからである。そうすると勢い、こと地方公共団体関係の選挙にあっては、立法裁量の余地は狭く、したがって、戸別訪問禁止その他文書活動制限のありようは、国会議員の選挙のばあいと違うことにならざるをえない。公選法一三八条、一四二条一項その他、公選法が一括して扱っている規制法条は、中央と地方と二分して司法審査しなければならないことになるのではあるまいか。私には、こんな区分は不合理きわまりないもののように思える。

(39)　周知のようにアメリカ合衆国憲法一条四節一項には、「上院議員および下院議員の選挙を行う時期、場所および方法は、各州においてその州議会の定める所に従う。しかし、連邦議会は、何時でも法律によりその規則を制定もしくは変更することができるものとする。」(傍点引用者)とある。つまり、合衆国議会選挙にかんする定めは、第一次的には州議会にまかされ、しかし合衆国議会が全国画一的にこれを規律するばあいを留保している。規定の文言だけを見れば、わが憲法四七条の「法律でこれを定める」というのと、そんなに違いがない。けれども、合衆国のばあい、この規定にもとづき、伊藤補足意見・佐藤功見解のような形で、広い立法裁量範囲が語られ、表現の自由の憲法保障を特別に後退させて、選挙運動取締まりを合憲とする解釈・判例があるのを、私は知らない。

(40)　前掲注(23)判決。
(41)　前掲注(30)判決および注(24)判決。
(42)　前掲注(23)判決。
(43)　Van Alstyne, A Graphic Review of the Free Speech Clause, 70 Calif. L. Rev. 107 (1982) は、その名が示すとおり、表現の自由の憲法保障のありようを、さまざまの角度から図式化し、それによってその構造・体系を明らかにしようとした異色作品であるが、そこには、「主題による修正第一条保護」を円形で示した図がある (at 140)。円の中心部が一番厚い保護を受け、円心から遠くになればなるほど保護の程度が薄くなることを示すものである。この図の中核におかれている主題が、じつは、本章で取り扱われつつある「選挙候補者」「政策」上の争点なのである。これがアメリカ市民の常識に属するところであろうと思う。そして、民主主義の原理および表現の自由の原則からすれば、選挙過程にのせられる言論こそ、「最大限の保護」が与えられるべきだということになるはずなのである。日本国憲法二一条は、こうした近代憲法の原理・原則を全く相容れない世界を構築しているとは、なかなか考えにくいのである。
(44)　香城発言『ジュリスト』七八九号二八—二九頁、同八三五号一四—一五頁（前掲注(26)研究会）参照。
(45)　前掲注(27)判決。
(46)　伊藤裁判官は、表現の自由の行使の「時、場所、方法」を規制する方式（これが、ラフにいって、香城裁判官の間接的規制に当たるのであるが）は、表現の自由そのものを抑止する方式と違って、緩やかな基準でその合憲性を審査してよろしいという考えを、「正当な解釈とはいえない」として斥けているのである（前掲注(23)判決）。ただし、のち本文で検討するように戸別訪問禁止規定（およびその他の文書活動規制法）は、けっして単に、戸別訪問（およびその他の文書活動）の「時、場所、方法」に対する規制であるにとどまるのではない。このことを予め注意しておきたい。
(47)　よく知られているように、Karst, Equality as a Central Principle in the First Amendment, 43 U. Chicago L. Rev. 20 (1975) は、表現の「自由」の中核には、自由を「平等」に享有するという契機がふくまれていることを剔抉したセ

ミナルな論文である。「自由」と「平等」が対立するものではなくて、裏腹の関係にあるという指摘はたいへん重要だと思う（奥平康弘「『基本的人権』における『差別』と『基本的人権』の『制限』」『名大法政論集』一〇九号、一九八六年、二四五頁参照）。けれども、そのことは、「自由の制限」すなわち「不自由の強制」が「平等」に課せられるならば、制限あるいは強制の契機が消えるとか薄くなるとかいうことを意味しないであろう。また、自由の「制限」あるいは不自由の「強制」が「平等」だという判定は、論者が考える程には簡単ではないということも、合わせて考慮さるべきである。

(48) 兼子一『実体法と訴訟法』有斐閣、一九五七年参照。
(49) 芦部信喜『演習　憲法』有斐閣、一九八二年、一六〇頁。
(50) この二分論については、例えば、棟居快行「営業の自由における違憲審査基準論の再検討」『神戸法学雑誌』三五巻三号、一九八五年、九〇七頁参照。
(51) 前掲注（28）の判決。引用文中傍点部分は、私をして、警備警察が私人居宅に仕掛けた盗聴器使用を法的に黙認したところの、例の新潟県十日町署事件における東京高裁決定を想い出させる。そこには「かくして右聴取は、右捜査目的を達成するに必要な範囲と限度において行われた限においては、たといその為に前記X等の所論基本権等の行使に軽度の悪影響を与えられたとしても、それは右聴取行為に必然的に伴う結果であって……」といういい方をしている部分がある（東京高決一九五三年七月一四日・判例時報九号三頁、傍点引用者）。
(52) 最（大）判一九七二年一一月二二日・刑集二六巻九号五八六頁、最（大）判一九七五年四月三〇日・民集二九巻四号五七二頁。
(53) 前掲注（18）の判決。
(54) 内務省『衆議院議員選挙法　改正理由書』一九二五年、二〇六頁。
(55) See, e. g., Dworkin, Do We Have a Right to Pornography?（in Dworkin, R., *A Matter of Principle*, Harvard

Univ. Press, 1985, 335 ff.).

(56) その一例が、一九八三年一〇月の最高裁第一小法廷判決にふされた団藤重光裁判官の補足意見である（最（一小）判一九八三年一〇月二七日・刑集三七巻八号一二九四頁）。

(57) こうした「精神的社会環境の保護」論に対して、さし当たり、奥平康弘「性表現の自由になぜこだわるか」奥平・環・吉行著『性表現の自由』有斐閣、一九八六年、一三五頁以下を参照されたい。

(58) 法的パターナリズムについては、いうまでもなく、Dworkin, Paternalism (in Wasserstrom, R. A. ed., *Morality and the Law*, Calif.: Wadsworth Co., Inc. 1971, 107 ff.) が今や古典的論文として参照されるべきである。なお、例えば、Richard, D. A. J., *Sex, Drugs, Death, and the Law*, N. J.: Rowman and Littlefield, 1982 に触発されるところが多い。より一般に問題意識を啓発するものに、Van De Veer, D., *Paternalistic Intervention*, N. J.: Princeton Univ. Press, 1986; John Kleinig, *Paternalism*, N. J.: Rowman & Allanheld, 1984 などがある。

(59) 最（大）判一九八七年四月二二日・判例時報一二二七号二一頁。

(60) 香城発言『ジュリスト』七八九号二五―二六頁（前掲注（26）参照）。

(61) Redish, The Content Distinction in First Amendment Analysis, 34 Stanford L. Rev. 113 (1981).

(62) 表現の自由の憲法保障を、個人主義的な観点から意義づけるばあいであれ、民主主義あるいは「思想交換市場」の観点（コンセクウェンシャリスト的な物の見方）から意義づけるばあいであれ、最近では従来にもました、読者・聴衆・観衆といった表現に接する者の利益、とりわけ社会全体の構造のなかでとらえられる、これらの利益を考慮することが重要になりつつある（本書第一章「なぜ『表現の自由』か」参考）。直接規制か間接規制かの二分論からは、この利益を考慮する契機が、すっぽり抜けおちているのが、特徴的である。本章の主題たる選挙運動についていえば、選挙運動の主体とこの自由を規制する公権力とのあいだの二者関係だけではなく、選挙情報に接する個々人の利益、なかんずく総体としての選挙人（講学上いわゆる選挙人団）の利益を無視することは、ほかならぬ争点の核心を無視することとおなじことなのである。

(63) Emerson, First Amendment Doctrine and the Burger Court, 68 Calif. L. Rev. 422, 472 n. 116 (1980).

(64) 香城発言『ジュリスト』八三五号一五頁（前掲注（26）参照）。

(65) 一九八三年七月、名古屋高裁は、文書規制にかんしてであるが、公選法一四二条一項は「意見の表明ないし表現活動の自由を一般的に規制するものではなく、公職の選挙について行われる選挙運動のために使用する文書図画についてのみ……制限を定めるものである」（傍点引用者）と説示し、そのことによって、選挙用文書以外の文書が制限を逃れていること、逆にいえば、選挙用文書だけが禁止されているということが、なにか評価に値するものであるがごとく示唆しているのは、私には大いなる驚きである（前掲注（32）判決）。

(66) 前掲注（23）判決における伊藤補足意見。

(67) 前掲注（24）における伊藤補足意見。

(68) See, U. S. v. O'Brien, 391 U. S. 367 (1968).

(69) 戸別訪問による表現行為は、「戸別に訪問する」という行動を媒介するものであるために、スピーチ・プラス、すなわちピアー・スピーチではなくて、物理的な行動にスピーチが付加されているかのごとく、見做される傾向があるようである。けれども、「戸別に訪問する」行為は、表現行為を成り立たしめるための本質的な前提であり、これだけ切り離してはなんの意味ももたず、ただ、表現行為と一体不可分の要素としてのみ成立する人間行為である。どんな表現行為も、それが対社会的におこなわれるためには、物理的な行為（執筆―印刷―製本―頒布―入手―開披など）を伴なうものなのである。

(70) 「他に手段があるではないか」という議論との関係で、See, Baker, Unreasoned Reasonableness: Mandatory Parade Permits and Time, Place, and Manner Regulations, 78 Nw. U. L. Rev. 937, 941-44 (1983).

(71) ここでは、香城裁判官の関与する東京高裁判決を代表として取りあげるが、「他に手段方法があるではないか」論は、この法領域では、明らかに今、流行の兆しがある。例えば、小野慶二裁判官の指揮する名古屋高裁のばあい（前掲注(32)）、および文書規制にかんしてだが時国康夫裁判官の指揮する東京高裁のばあい（一九八四年九月一七日・判例時報一一三九号一五二頁）、いずれも、同巧異曲の「代用品」論が語られている。

(72)　公選法の選挙運動取締り体系はきわめて複雑で、例えば、法一四二条一項の「法定文書」は選挙の範疇ごとに法定要件を異にしており、さらに同二項が示すように参議院（比例代表選出）議員の選挙には、そもそも「法定文書」なるものが存在しない。こういう法構造のなかで、真面目に、そして過不足なく「代用品」論を語ろうとするならば、候補者にとってのそれに主題を限るとしても、存外に複雑なる議論が必要になる。けれども、もしあるべき「代用品」論というものがあるとするならば、候補者にとって「代用品」たりうるかどうかだけではなくて、候補者とは相対的に独立した、市民たる選挙運動者——街頭演説や立会演説会などで、当然には演説し見解を表明する者とはならないし、さらにまた、政見放送が法的に許されてもいない人びと——からみて、および、受け手たる市民（選挙人団）からみて、「代用品」と指示されるものが、「十分に代わりになるチャンネルあるいは効果をもつものとして、本当に存在するかどうか」(Baker, op. cit. at n. 70, 953) が問われるべきだと思う。

(73)　法一五〇条は、候補者以外の者の放送、代理者による放送を予想していない。そこで裁判所が、候補者以外の者との関係で説得力ある「政見放送＝戸別訪問の代用品」論を語るためには、法一五〇条の解釈を——明文に反して——新しく作り直さねばなるまいと思う。

(74)　Baker, *supra* n. 72, at 969 においても、一見して代用品にみえる手段方法がきわめてしばしば、「権利を特定の望ましい形で行使するためには、現実に適切に近似のもの」とはいいがたいばあいがあることが指摘されている。See, Stone, Restriction of speech because of its Content, 46 Univ. Chicago L. Review 81 (1978).

(75)　例えば、最(二小)判一九六八年一一月一日・刑集二二巻一二号一三一九頁は、「弊害」論をともかくも具体的に提示した事例であるが、そこには「選挙にとっても、居宅や勤務先に頻繁に訪問を受けることは、家事その他業務の妨害となり、私生活の平穏も害せられることになるのであり」というふうに、伝統的な「弊害」論のリストにないものを登場させてきている。

(76) Martin v. Struthers, 319 U. S. 141 (1943) は、戸別訪問による文書販売行為を禁止する条例を違憲とした判例であるのは周知のことに属する。合衆国最高裁判所は、ここでは、戸別訪問による販売を一律に禁止することは、文書を販売する者の権利を侵害するだけではなく、それを受けとる者の権利をも奪うものだ、と論じた。つまりいってみれば、戸別訪問が私生活を乱すとか迷惑だという理屈で、これを全面禁止することは、これを受けとる者の自主的・自律的な処分権を先取りする、不要なお節介だ、と判示したのである。こういう形で、パターナリズムに歯止めをかける社会にあっては、日本の裁判所が語るような「プライバシー保護」論はなかなか成立しがたいだろうと思う。

(77) 例えば札幌地岩見沢支判一九六七年一〇月二四日・判例時報五〇五号七七頁。この判決は、同年七月の東京地方裁判所の「限定解釈」判決に対抗する意図をもって登場した、と推定される。すなわち、違憲論は、主として戸別訪問が買収等不正行為を助成するという「弊害」(私はかつて、これを「不正行為温床」論と呼んだが、この呼称はその後一般化したようである)にむけ、それは立法事実論としてうまく説明つかないことを衝くのが例であった。岩見沢支部判決は、この、「不正行為温床」論が不人気になることを予期して、それに代わって、戦前内務省が第一の「弊害」としてあげた「戸別訪問＝情実・感情に訴える選挙の支配化」論を登板させたのである。これについての批判的検討のために、奥平「戸別訪問禁止規定をめぐる司法審査」(『表現の自由III』所収、前掲注(1))二四四—二四九、二五五—二五六頁参照。

(78) 東京高判一九八〇年七月二九日・高裁刑集三三巻三号二七〇頁。

(79) ここでふたたび、Martin v. Struthers(前掲注(76)判決)を想起し、そこでとられている観点が、日本国憲法解釈のためには全く無用の長物かどうか考えてみる必要がある。

(80) See, e. g., Kronman, Paternalism and the Law of Contracts, 92 Yale L. J. 763 (1983); Sher, The "Cooling-Off"

Period in Door-to-Door Sales, 15 UCLA L. Rev. 717 (1968) ; Kleinig, *supra* n. 58, at 195.

(81)　このことは、日本の現行訪問販売法が消費者保護に欠けるところがないとか、改正すべき問題点をもたないとか示唆するものでないことを、念のため、明らかにしておく。

(82)　訪問販売における消費者保護は、一方における販売者および消費者の利益をにらみながら、例えば、クーリング・オフの制度を設定するということにより、はかられる建前になっている。たぶんこれは、諸外国の立法例を参照にしながら、世界共通のモデルをもとめてなされた立法作業の所産であろう。ところが、選挙運動としての戸別訪問を全面禁止する制度は――韓国のばあいをしばらくおかせていただけば――日本固有のものであり、したがって、世界共通モデルとの関係などは、はじめから論外である。その結果、戸別訪問による選挙運動は、われわれをして自主的判断を失わしめ、「情実・感情に訴える選挙」が支配するという議論が、商品の戸別販売立法作業においてはありうるような、さまざまな異説との出会いに当面することなく、貫徹し、あまつさえ、きわめて容易に司法的な認知を得ているのである。けれども、戸別訪問による選挙運動であれ、文書による選挙運動であれ、その情報に接した時点で形成された意思決定――それが情実・感情の所産以外のなにものでもない、と仮りにしたところで――は、その日、即時に、投票という形で直截に投影されるものではない。投票日、投票場へ出むいて、秘密裡に意思決定をおこなうのを原則とする選挙過程にあっては、クーリング・オフが、いうならば制度上ビルト・インされているのである。

(83)　裁判所は、深い検証も経ずに「我国民の心性」を語っているように思う。確かに現今、「日本人」論、「日本人社会」論などアイデンティティ論が大流行ではある。しかし、裁判所というものは、こういう種類の概念に依存するときは、よほど慎重でなければならない、と私は思う。ここは、この点を詳述する場所ではないので、差控えるが、「我国民の心性」を語ることにより、裁判官は、じつはたいへん危険な賭けをしているという自覚をもって欲しいと考える。ともあれ、裁判官は、この概念を用い、国民の政治的な活動の制限をよしとすることにより、商品の戸別販売における経済活動と区別しつつあるわけである。まこと「経済大国・商人国家・日本」にふさわしい区別づけ、というべきか。

（84） 424 U. S. 1 (1976).

（85） 前掲注（32）の判決。

（86） 東京高判一九八四年九月一七日・判例時報一一三九号一五二頁（前掲注（72）において言及）。

（87） 伊藤裁判官は、正当にも、この種の議論に対して反対の意見を表明している。選挙運動規制立法が「選挙費用の多額化を防止するための補完的な手段」として機能するという議論に「一応の合理性を認めることができなくはない」と認容するが、他方「それは、本来法定費用の制限をもって抑止すべき事柄であり、その範囲内で……（金銭をどう利用しようとするか――引用者挿入）候補者の選択は尊重されてよいであろう」。（前掲注（30）の判決にふされた伊藤裁判官補足意見）。

（88） Rawls, The Basic Liberties and their Priority, in Sterling M. McMurrin, ed., *Liberty, Equality, and Law*, University of Utah Press, 1987.

（89） 本書第一章注（127）以下に対応する本文をみよ。

（90） Rawls, *supra* n. 88, at 84.

（91） Buckley v. Valeo, 424 U. S. I (1976); First National Bank v. Bellotti, 435 U. S. 765 (1978).

（92） Wesberry v. Sanders, 376 U. S. I. (1964); Reynolds v. Sims, 377 U. S. 533 (1964).

（93） Buckley v. Valeo, *supra* n. 91, at 48-49.

（94） Rawls, *supra* n. 88, at 77.

（95） *Id.*, at 73. どんな負担が「不当な」ものと判定されるべきであるかは、そう容易に答えられることではない。しかしロールズは、その一例として、等しく万人に対して公共の場所での演説を禁止する措置が講ぜられたばあいをあげる。そして、この禁止措置は、相対的に貧困な集団に属する人びとにとって「不当な制約」と判定される可能性を示唆している（*ibid.*）。ロールズが「パブリック・フォラム」理論を肯定的に理解している趣旨であることはいうまでもない。

第五章　国家が読む自由を奪うとき

——未決在監者の新聞閲読の自由——

「よど号」事件新聞記事抹消処分をめぐる事実概要

いわゆる「よど号」事件新聞記事抹消処分についての大法廷判決（最（大）判一九八三年六月二二日・民集三七巻五号七九三頁）には、多少の批判がないことはないが、大方は、至極当然の理を反映したものと受けとめている。けれども私は、この判決に承服できないものを感じているので、私の疑問とするところを開陳して、大方の叱正を得たいと思う。

まず手はじめに、本件事実の概要であるが、それはこうである。

Xほか五名は、一九六九年一〇月二一日の「国際反戦デー」闘争により公務執行妨害罪などの罪名で、またYのほか三名は、同年一一月一六日の「佐藤訪米阻止」闘争により公務執行妨害罪などの罪名で、それぞれ東京地方裁判所に起訴され、東京拘置所に勾留、収容されていた女性たちである。かの女らは、同拘置所において読売新聞を定期購読していたが、一九七〇年三月三一日づけ夕刊から同年四月二日づけ朝刊までの四回分にかんし、紙面の多くを墨で真黒に塗りつぶされていて判読不可能なものを配付された。この塗りつぶされた部分というのは、同年三月三一日朝東京羽田発福岡行き日本航空三五一便の「よど号」が富士山頂付近を飛行中に赤軍派と称する学生一五人に乗っ取られた事件にかんする記事であった。事件にかんする記事だけではなく、これに関連するラジオ、テレビの番組案内欄にいたるまですべて、塗りつぶされて判読不能になっていた。

X、Yらは、この記事抹消処分は違法無効であり、東京拘置所長の故意または過失にもとづくこの処分により、自分たちの憲法上保障された知る権利は重大な侵害をうけたとして、国（被告）に対し慰藉料一〇万円の支払いを請求して訴訟を提起した。

これに対し、被告・国は、拘置所の性質上および具体的状況のいかんによっては、新聞等の閲覧をある程度制限するのはやむをえないことであり、これを定める監獄法令はすべて合憲である。そしてさらに、本件措置は、法令に照らし適法であり、かつ裁量権の範囲にあって正当である、と主張した。

第一審・東京地方裁判所は、ほぼ全面的に国側の主張を容れて、X、Yらの請求を棄却した（東京地判一九七五年一一月二一日・判例時報八〇六号二六頁）。

第二審・東京高等裁判所は、自ら新しい理由づけを付加することなく、全面的に第一審判決を支持して、X、Yらの控訴を一蹴した（東京高判一九七七年五月三〇日・訟務月報二三巻六号一〇五一頁）。

大法廷判決の要旨

控訴審判決を不服としてX、Yらは上告したが、最高裁は以下のように述べてこれを棄却した。すなわち、

「未決勾留は、刑事訴訟法の規定に基づき、逃亡又は罪証隠滅の防止を目的として、被疑者又は被告人の居住を監獄内に限定するものであって、……拘禁された者は、その限度で身体的行動の自由を制限されるのみならず、前記逃亡又は罪証隠滅の防止の目的のために必要かつ合理的な範囲において、それ以外の行為の自由をも制限されることを免れない……。また、監獄は、多数の被拘禁者を外部から隔離して収容する施設であり、右施設内でこれらの者を集団として管理するにあたっては、内部における規律及び秩序を維持し、その正常な状態を保持する必要があるから、この目的のために必要がある場合には、未決勾留によって拘禁された者についても、この面からその者の

身体的自由及びその他の行為の自由に一定の制限が加えられることは、やむをえないところというべきである。そして、この場合において、これらの自由に対する制限が必要かつ合理的なものとして是認されるかどうかは、右の目的のために制限が必要とされる程度と、制限される自由の内容及び性質、これに加えられる具体的制限の態様及び程度等を較量して決せられるべきものである（最高裁昭和四〇年(オ)第一四二五号同四五年九月一六日、大法廷判決・民集二四巻一〇号一四一〇頁）。」

「意見、知識、情報の伝達の媒体である新聞紙、図書等の閲読の自由が憲法上保障されるべきことは、思想及び良心の自由の不可侵を定めた憲法一九条の規定や、表現の自由を保障した憲法二一条の規定の趣旨、目的から、いわばその派生原理として当然に導かれるところであり、また、すべて国民は個人として尊重される旨を定めた憲法一三条の規定の趣旨に沿うゆえんでもあると考えられる。しかしながら、このような閲読の自由は、生活のさまざまな場面にわたり、極めて広い範囲に及ぶものであって……それぞれの場面において、これに優越する公共の利益のための必要から、一定の合理的制限を受けることがあることもやむをえない……。本件におけるように、未決勾留により監獄に拘禁されている者の新聞紙、図書等の閲読の自由についても……監獄内の規律及び秩序の維持のために必要とされる場合にも、一定の制限を加えられることはやむをえないものとして承認しなければならない。しかしながら、……（未決勾留で拘禁される者との関係では）監獄内の規律及び秩序の維持のためにこれら被拘禁者の新聞紙図書等の閲読の自由を制限する場合においても、それは、右目的を達するために真に必要と認められる限度にとどめられるべきものである。したがって……被拘禁者の性向、行状、監獄内の管理、保安の状況、当該新聞紙、図書等の内容その他の具体的事情のもとにおいて、その閲読を許すことにより監獄内の規律及び秩序の維持上放置することのできない程度の障害が生ずる相当の蓋然性があると認められることが必要であり、かつ、その場合においても、右の制限の程度は、右の障害発生の防止のために必要かつ合理的な範囲にとどめるべきものと解する……。」

在監者の閲読の自由を制限する監獄法三一条二項、同法施行規則八六条一項、法務大臣訓令および法務省矯正局長依命通達の諸規定を通覧すると「その文言上はかなりゆるやかな要件のもとで制限を可能としているようにみられるけれども、上に述べた要件及び範囲内でのみ閲読の制限を許す旨を定めたものと解するのが相当であり、かつ、そう解することも可能であるから、右法令等は、憲法に違反するものではない。」

「……具体的場合における前記法令等の適用にあたり、……障害が生ずる蓋然性が存するかどうか、及びこれを防止するためにどのような内容、程度の制限措置が必要と認められるかについては、監獄内の実情に通暁し、直接その衝にあたる監獄の長による個個の場合の具体的状況のもとにおける裁量的判断にまつべき点が少なくないから、障害発生の相当の蓋然性があるとした長の認定に合理的な根拠があり、その防止のために当該制限措置が必要であるとした判断に合理性が認められる限り、長の右措置は適法として是認すべきものと解するのが相当である。」そして本件の事実関係に照らしてみれば、拘置所長の措置は合理的根拠があり、これを必要と判断したことに合理性が認められるから、適法として是認すべきである。

批判的な観点——歴史から学ぶもの——

最高裁判所は、本事件を小法廷から大法廷に移して慎重に審理し、その結果、一人の裁判官の反対意見も、また一つの留保・補足意見もなく、裁判官全員一致で上告棄却の判断に達したのであった。そして、その判旨たるや、基本的には第一審・第二審の判決と同一のものであった。こうしてみれば、本件判決は、今日の司法部の大勢を反映し、たぶん日本の社会全体からみて正当至極で非の打ちどころがないと評価されるべきであろう。このような判決であるのに、これに異を立てるのは、本当のところ、いろんな意味でとても気がひける。そして、ごまめの歯ぎしりの感が非常にあるが、あえて本章においていささか批判的な考察を試みてみたい。

本論にはいるに先立って、本件大法廷判決（および一・二審判決）を、戦前日本の出版弾圧の歴史に照らして位置づけるという我儘を許していただきたい。

本件は、東京拘置所という部分社会でおきた出来事であるが、戦前日本では、重大事件——と内務省当局が判断したもの——については、新聞紙その他新聞紙法の適用をうける雑誌等の定期刊行物にいっさい記事掲載を禁止する制度があって、記事差止めは、社会全体の規模にわたって、大げさにいえば、日常的におこなわれていたのである。記事差止めの制度は、新聞紙法上なんら定めがなかったのであるが、新聞紙法が予定する秩序維持の観点からみて、内務大臣にはそういうことを全人民にむかって命じうる当然の権力があるものと解されていた。学説上あえて異議をのべる者は——私の知識に属するかぎりは——いなかった。[1]

この法外的な記事差止め制度が慣行化するきっかけになったのは、たぶん、一九一八年夏、富山県の一角から名古屋・大阪方面へと波及した、例の米騒動事件である。内務大臣水野錬太郎は、米騒動の全国化をおそれて、一九一八年八月一四日、騒動にかんする新聞報道をいっさい禁止したのである。私は、一九七〇年なかばの事象であるところの、本件「よど号」事件掲載紙の紙面がどんなふうに墨で塗られたのか、その実物を見ていないので知らない。ところで他方、一九一八年八月一五日づけの各新聞紙は第一面トップ記事が活字がつぶされて白いままの部分で表現されたのをはじめ、各ページあちらこちらに虫喰いのように白い箇所が見苦しい形でのこされているのは有名であり、かつ私もこのほうは見たことがある。本件「よど号」記事抹消の様相と、一九一八年八月一五日づけの紙面の様相とは、黒塗りと白ぬきの差はあるものの、基本的には似たようなものであるに違いない、と私には思われる。

米騒動の報道記事は、なぜ差止められたのか。内務当局が臣民に示した理由というのは、本件「よど号」記事抹消処分の理由づけと基本的に違わない。「斯る騒擾の性質上兎角一波能く萬波を起して無意識に伝播する恐れがある」という。「今日の事実は既に事実其の物が治安の妨害になる」から、これを報ずることもまたすなわち、「治安の妨害になる」ともいう。

戦後の日本では、表現の自由が憲法上保障されるにいたり、一般的な制度としての新聞記事差止め制度はもはや存立する基盤がない（と私は思うが、別の考えの者もいるに違いない）(2)。「よど号」事件の報道はしたがって、これを一般的に差止める余地なく、不幸にしてその時点で東京拘置所に収容されていた人びとを除けば、すべての国民に公表された。けれども、もし「よど号」事件が戦前におこった出来事であったとすれば、その報道は、不幸にしてそのときたまたま拘置所に収容されている者だけではなく、すべての臣民の目から遮断される運命にあったことは――戦前の記事差止め実例を多少勉強したことのある私からみれば――ほとんど疑いない。大法廷判決により最大限の尊敬を払われた東京拘置所長の裁量的判断によれば、「よど号」事件当時「東京拘置所内に約三〇名の赤軍派関係者が収容されていたことを考慮するとき、日航機乗っ取り事件の事態の進展いかんによっては、騒じょう行為が暴動化し、在監者が日航機乗っ取り学生らの犯行の手口を真似て職員を人質として監禁し釈放要求をなしてくるおそれがないとはいえなかったのである。」という（判例時報八〇六号二九頁）。東京拘置所のなかにはたまたま赤軍派関係者は約三〇名しかいなかったかもしれないが、日本国全体では赤軍派やその周辺の活動家たちはもっともっと多数いたに違いない。また、――もし「よど号」事件記事の閲読を一般市民に許そうものならば――監獄に閉じ込められている者さえ犯行の手口をまねて、ことあろうに拘置所看守等を人質として監禁するおそれがないとはいえないというのであるから、多数にわたり全国に伏在するところの、〝兇悪にして不逞なる〟反体制活動家集団の面々は、もっともっと効果的に行動の自由を享有できるはずであると考えられる。すなわち、かれらが、「犯罪の手段、方法を含めて事件の全ぼうを詳細に報道した」ところの当該記事を読むことにより、犯行の手口を真似て、第二、第三の「よど号」事件やら、その他考えられるあれやこれやの人質監禁事件をひきおこすおそれは「ないとはいえない」という以上のものがあると観察するむきが出てきても、そんなにおかしくないのではなかろうか。もし、拘置所という部分社会において、この「ないとはいえない」リスクのゆえに、新聞記事抹消が必要で合理的措置であったとすれば、全体社会においてもまたおなじように、戦前流の記事差止め命令の発動がありえていいことにならないだろうか。いや全体社会では憲法二一条が支配しているからそうはならないという反論があろう。しかし部分社会では当然に憲法二一条は排除されているのだろうか（人権保障の点で全体社会と部分社会とを質的に区別する議論には、特別権力関係論によるのがもっとも適切である。いまでは特別権力関係論をむき出しで主張する者はさすがに減少した。しかし、全体と部分で、二種類の憲法論を樹てることにより、多くの論者は機能的にあるいは形を変えて、特別権力関係論にしがみついているのではないかという印象を私はもつ(3)）。

批判的な観点——秩序の観念、表現と行動の混交——

一　本件最高裁判決（および一審・二審の諸判決）が是認する「よど号」事件記事抹消処分と、戦前日本を支配していた記事差止め制度とのあいだに、歴史的につながりを見出すのは、きっと私の偏見のなせるわざであろう。しかしながら私は、比較的最近、歴史とか伝統とかいうものは、そう簡単に断ち切れるものではないという想いを強くするにいたっている。私には、本件諸判決をくだした裁判官諸公の思想と戦前の出版警察を担った内務官僚の思想とは、ある点で共通のものがあるように思う。それは、出版の自由とか閲読の自由とかいう精神活動の自由の理解の仕方の特性ともいえるし、秩序（the status quo としての秩序）の維持の考え方の特質ともいえる。前者は、意思や情報の伝達という抽象的・精神的活動を、物理的・外形的な行動と直結してしまう一般的な傾向である。「よど号」事件の報道に接すれば、この事件の真似事やら暴動が起きるだろう、「米騒動」の報道は新しい米騒動に連動するはずだとみる。比較的に無媒介に原因と効果とをつなげるのが特徴的である(4)。

次に秩序観の特性であるが、第一に現状としての秩序こそ金科玉条であり、第二にこの秩序はいちじるしく脆弱なものと看做され、したがって第三にこれに対するなんらかの侵害蓋然性が「ないとはいえない」状態の発生を、できるだけ未然に、できるだけ効果的に鎮圧しなければならないと考える傾向である。現状至上主義と表現しうるだろう(5)。以下、これを本件最高裁判決に即して、分析的に考察する。

二　本件大法廷判決は「新聞紙、図書等の閲読の自由が憲法上保障されるべきことは、思想及び良心の自由の不可侵を定めた憲法一九条の規定や、表現の自由を保障した憲法二一条の規定の趣旨、目的から、いわばその派生原理として当然に導かれるところであり……」と語っている。ここにはたしかに、思想・良心の自由などの精神的自由の真の保障を欠いた明治憲法下の内務官僚思想と違うところがあるにはある。しかし問題は、総論ではなく、各論、とりわけ制限論の構成の仕方である。

最高裁は、閲読の自由の制限を理屈づける前提として、未決勾留により拘禁された者が「身体的行動の自由を制限されるのみならず、前記逃亡又は罪証隠滅の防止の目的のために必要かつ合理的な範囲において、それ以外の行為の自由をも制限されることを免れない」ばかりではなく、「多数の被拘禁者を外部から隔離して収容する施設であり、右施設内でこれらの者を集団として管理する」面からいっても、「その者の身体的自由及びその他の行為の自由に一定の制限が加えられることは、やむをえないところというべきである。」といっている。「その他の行為の自由」ということのなかに新聞紙・図書等の閲読の自由が包摂されているのはいうまでもない。ところで、この、被拘禁者は「身体的行動の自由」だけではなく「その他の行為の自由」も制限されるという前提論は、判決文の引用から知れるように、もとは監獄（刑務所）の在監者の「喫煙の自由」との関係で語られたものであった。それを、本件判決は、新聞紙・図書等の「閲読の自由」との脈絡で引用しているわけだから、「喫煙の自由」と「閲読の自由」とを等置しているとみないわけにゆかない。最高裁はかつて「喫煙の自由」が問題になったとき、これをおごそかに「憲法一三条の保障する基本的人権の一に含まれる」と判示したが（最（大）判一九七〇年九月一六日・民集二四巻一〇号一四一〇頁。傍点引用者）、あれもこれも「基本的人権」としてしまうわけである。しかし安易なレッテルはりは、バナナのたたき売り同然、安くたたき売られるだけのことにならないだろうか。

既述のように最高裁は、閲読の自由が憲法上保障されるとはいっている（実際のところ喫煙の自由を憲法上保障される「基本的人権」といっている最高裁が、新聞閲読の自由のほうは憲法保障のらち外にあるとは、なかなかいいにくいだろう）。けれども最高裁は、まず一般論として「しかしながら、このような閲読の自由は、生活のさまざまな場面にわたり、極めて広い範囲に及ぶものであって……それぞれの場面において、これに優越する公共の利益のための必要から、一定の合理的制限を受けることがある」と釘をさしている。これは閲読の自由の制限にかんする一般論であって、未決の被拘禁者との関係においてではなく、われわれ国民一般との関係で述べられているものであることに、あえて注意を喚起したい。国民の新聞紙、図書等の閲読の自由よりも優越する公共の利益の存在が、かくも簡単に承認されているのに、正直なところ私は驚きよりも先に恐怖を覚える。しかし、それはさておこう。要するに、閲読の自由といったところで一般人との関係でも、制限をうけるばあいがあるのだと語りながら、次に、未決勾留による被拘禁者との関係で特別制限論がくり出される。「監獄内の規律及び秩序の維持」の観点がこれである。「具体的事情のもとにおいて、（当該新聞紙、図書等の）閲読を許すことにより監獄内の規律及び秩序の維持上放置することのできない程度の障害が生ずる相当の蓋然性があると認められ」るばあいには、「右の障害発生の防止のために必要かつ合理的な範囲」で自由の制限があるのは当然である、というのである。ここのところで、閲読の自由との対抗関係にある秩序観の問題に踏み込まざるをえなくさせるが、いまはさし当たり、最高裁は、新聞紙、雑誌等の閲読自体が障害発生の原因行為たることがありうるという認識に立っていることだけを指摘しておこう。閲読という精神行為が、現実障害発生という物理的行為に直結するという認識は、監獄においてのみ生ずるのか、そうではなくて具体的状況のいかんによっては全体社会にも成立しうるものなのか（したがって、障害防止のために全体社会でも報道禁止ということがありうるものなのか）、最高裁判所の勧告的意見を聞いてみたい誘惑にかられる。

「相当の蓋然性」と管理者の裁量

一　最高裁は、障害が生ずる「一般的、抽象的なおそれがあるというだけでは足りず」、具体的状況に照らし障害発生の「相当の蓋然性」がなければならない、といっている。しかしこれだけでは、どの程度の蓋然性が要求されているか、したがって逆に、裁判所がどの程度閲読の自由のほうに敬意を払っているかは、皆目見当がつかない。「蓋然性」(probability) ということばが選ばれているのは、むしろ障害発生の程度がかならずしも高度であることを要求していない趣旨と解すべきであろう。あとで考察するところであるが最高裁判所は、この点についての「監獄の長」の裁量性を重視することと相まって、結局のところ「相当の蓋然性」の程度判断は、「監獄の長」にゆだねられることになるだろう。

二　「相当の蓋然性」があるとして、では、いかなる規制手段がとられるべきか。この点について最高裁は「障害発生の防止のために必要かつ合理的な範囲にとどまるべき」だ、という。閲読の自由への敬意を払った、思いやりのある判示と受け取るべきであろうが、これはむかしから「警察比例の原則」といわれてきたことと同じことで、とくに嬉しがるべきではない。しかのみならず、ここで含意するところのものは「ばあいによっては新聞紙の配付そのものを禁止することもあっていいが、なるべくなら関係記事の抹消といった程度の穏便措置にとどめなさい」といったぐらいのところでしかないように思われる。そして、ひとたび墨で塗りたくること自体を「必要かつ合理的」手段と承認してしまったうえでは、新聞紙のある面に墨が塗られた結果、その裏面の記事の相当部分もまた閲読不能になるなどという派生的損失は、「必要かつ合理的な範囲にとどまる」結果であり「真に必要と認められる限度」のものとして受忍するほかないわけである。

ちなみに戦前出版警察は、違法な箇所のある新聞紙等を丸ごと発売頒布禁止させることができたのであるが、丸ごと禁止しないで、ある箇所だけ活字をつぶしたり、伏字を使ったり、書物だったら分割出版したりすることが、当局の「恩恵」的措置として慣行したのであった。本件との関係でいえば、監獄法施行規則八六条一項「文書、図書ノ閲読ハ拘禁ノ目的ニ反セズ且ツ監獄ノ紀律ニ害ナキモノニ限リ之ヲ許ス」（傍点引用者）や法務大臣訓令・取扱規程三条五項「……収容者に閲読させることのできない図書、新聞紙その他の文書、図画であっても、所長において適当であると認めるときは、支障となる部分を抹消し、又は切り取ったうえ、その閲読を許すことができる。」（傍点引用者）の文言のなかに、似たような「恩恵」主義がただよっていると思う。最高裁がいう「必要かつ合理的範囲」というのは、「よど号」事件を例にとっていえば、この事件に触れた記事以外のものは見せてやりなさいという程度の効果しかないのではなかろうか。

三　「監獄内の規律及び秩序の維持」について「障害が生ずる相当の蓋然性」という基準を打ち出したことが、本件判決の一つの特徴だとすれば[6]、もう一つの特色は、具体的なばあいにおける基準の適用や規制手段の選択について、広く監獄の長に裁量権限をみとめ、法の支配を抑制している点にある。いわく「……監獄内の実情に通暁し、直接その衝にあたる監獄の長による個個の場合の具体的状況のもとにおける裁量的判断にまつべき点が少なくないから、障害発生の相当の蓋然性があるとした長の認定に合理的な根拠があり、その防止のために当該制限措置が必要であるとした判断に合理性が認められる限り、長の右措置は適法として是認すべきものと解するのが相当である」。監獄の長の判断と選択につき、合理性の審査しか及ばないという判旨は、権限の濫用逸脱といったよほどのばあいでないかぎりは、是認されてしかるべきだというに等しい。これは、基準等の包括性と相まって、最高裁判所が、現状としての「規律と秩序」の維持に大きな価値をおいていること（反面、結果として、在監者の閲読の自由により小さな価値しかみとめないこと）を示している。

最高裁判所は、本件「よど号」事件記事抹消処分当時、「いわゆる公安事件関係の被拘禁者らによる東京拘置所内の規律及び秩序に対するかなり激しい侵害行為が相当頻発に行われていた状況」を背景に、赤軍派学生らの「よど号」乗っ取り事件の情報内容に照らし、拘置所長のとった措置は合理的根拠のあるものであった、と帰結する。じっさいのところ「監獄の実情に通暁し、直接その衝にあたる監獄の長」の裁量的な立場を承認したならば、「監獄の実情に通暁し」ない第三者は、容易にはその判断に容喙しにくい。「監獄の規律と秩序の維持」については、裁判所はまったく責任をもちえず、逆に、拘置所長こそその点について全面的な責任を負うているのであるから、裁判所が監獄の長に全幅の信頼をするのは、ある意味で自然である。

四　けれども、こと新聞紙等の閲読の制限との関係では、監獄の長に生殺与奪の裁量権限を与える前提としては、制限されるべきばあいの要件（基準）ととるべき手段が、もっともっと限定されているべきなのではなかろうか。そうでなければ、監獄の長は、自らが管理する制度の「規律と秩序」の維持を至上命令と考え、これに対するほんの少しの侵害も、針小棒大にうけとってしまうかもしれないからである。「カイザルのものはカイザルに」と、裁判所が「監獄の規律と秩序」維持機能につきその長に信頼をおくのは、責任の所在を明らかにするようにみえる。しかしながら、そのことによって、在監者の人権は、既存の硬直した秩序観によって制限されることを黙認することになるかもしれないのである。人権保障が裁判所の主要な任務の一つだとすれば——私はそうだと思うのだが——かならずしも人権保障を第一義のものと考えるポジションにあるわけではない監獄の長に、軽々しく裁量権限を与えることは、じつは裁判所としての責任放棄になるのではなかろうかと、おそれる。監獄だけではない、病院（とくに精神科・神経科のそれ）、その他丸ごとの人間を収容する諸施設や、大学をふくむ教育施設などは、伝統的に管理運営する者の側に固有な「規律と秩序」観によって支配されてきている。管理者の善意を疑うつもりはないが、管理者には管理者特有な物の見方の限定が伴いがちである。それは、この種の制度に伴う一般的な傾向であるとさえいえるように、私には思えるのである。そうであるだけに、閲読の自由といった、ひとの「基本的人権」にかかわる脈絡で、軽々しく管理者の裁量を語って欲しくないのである（本件判決では、きわめて抽象的な形で閲読の自由の憲法的基礎につき言及があるが、この点を除き、Xらの側の利益・不利益におよそ考慮が払われていないのは、監獄の長の管理者的発想になぞらえて事実を審理した、方法上の帰結だろうと推量される。管理者の側からではなくて、被拘禁者の側から問題をみたばあい、何日かにわたり、配付される新聞紙面の相当部分が真黒に墨で塗られているのに接すれば、例えば、いちじるしい不安感にかられるのではなかろうか。かれらの不安感・焦燥感は無視しうる軽微なものだと看做すべき根拠はどこにあるだろう）。

五　外国の事例、とりわけアメリカ合衆国の事例は、秩序重視主義のわが国にとっては一片の参考にもならない、と一蹴されそうであるが、周知のようにアメリカでは、監獄・病院・学校などの制度につき、制度内の個々の運用問題を争うのではなく、制度そのもの、管理システム総体を争い、裁判所の救済をもとめるうごきが出てきている。これは、個別の司法救済手続きでは裁判所は特定の争点を、全体の背景から切り離して、しかも管理者的発想になぞらえて消極的に審理してしまい、結果として収容されている者の現実の苦情処理に役立たない、という認識に根ざした、新しい裁判のあり方である。(7)本件はもとより、こうした、いわゆる制度訴訟（institutional litigation）とはなんの関係もないばかりでなく、第一なによりも日本では、制度そのもの、システム総体の組み替えを裁判所にもとめる訴訟形態は実定法上なかなか想定しがたい。したがって個々の運用問題の違憲違法を争うほかないのであるが、そうであるだけに、司法審査が伝統的「規律と秩序」を絶対視しながら管理者的発想をなぞらえるだけ、という陥穽におちいらない工夫が必要なのではなかろうか。今のままでは、監獄という特殊社会は憲法の支配は及ばないというのとほとんど同じことである。

若干の比較法的な考察

未決の被拘禁者にたいする新聞紙の閲読制限が、外国ではどうなっているのか、じつは今の私にはわかっていない。アメリカ合衆国の関係判例を少しあたってみたのであるが、本件の新聞記事抹消措置に似た事例をあつかったものを、目下のところ見出しえていない。アメリカ社会のように訴訟好き(litigious)なところでは、もしそうした事例があれば、判決例もあってしかるべきではないかと思うが、あるいは単に私の見過しかもしれない。

一　本件に近いところで合衆国最高裁判所の判決をあげれば、受刑者の手紙の検閲を定めたカリフォルニア州の規則をあつかった Procunier v. Martinez, 416 U. S. 396 (1974) がある。この事件では、なぜか最高裁(多数意見)は在監者の表現の自由ではなく、その者と手紙の交流をする相手方たる市民の、表現の自由の問題として検閲の合憲性を考察している。検閲が許されるためには、第一、それは、表現の抑圧ということとかかわりのない、重要もしくは基本的な統治利益を推進するものでなければならず、第二、表現の自由の制限は、特定の統治利益を確保するのに必要もしくは欠かせないという以上のものでなければならない、と判示した。この基準を、当該検閲規則にあてはめてみれば、それはとうてい是認できないとして、違憲と評価したのであった。

この *Procunier v. Martinez* と本件判決とは交差する点があるかどうか。このばあい、手紙の検閲と本件のような一般新聞の検閲(これまで普通の呼称を踏襲して「記事抹消処分(措置)」といってきたが、私は「検閲」と呼んでいっこうに差しつかえない実体を具えていると思う)との異同が問題になるだろう。*Martinez* では、監獄の規律・秩序の維持、逃亡や外部からの違法な侵入を防衛することなどの観点から、逃亡計画や獄内外での犯罪の企てなどにかんする手紙や暗号文で書かれていて通信文が解読不能(困難)な手紙の搬出入が禁ぜられるのは、憲法上許されると示唆している(もっとも、マーシャルとブレナン両裁判官は、監獄の長は「当然のこととしては、在監者の手紙を読む権限がない」という意見である)。こうした、ありうる検閲基準に近いものとして、最高裁は、連邦矯正局の手紙検閲についての Policy Statement を参考的に注記しているのである。けれども、このことは、本件のような新聞紙検閲のための援軍たりうるだろうか。*Martinez* は、特定化した私人間の手紙（特定のメッセージの伝達）という点を、よくも（すなわち「自由」のために）、悪くも（すなわち「制限」のために）、重視しているのが特徴的である。しかるに、われわれが問題にしつつある商業新聞紙にあっては、記事のなにかが、特定化した私人間だけのメッセージ交換に利用されるということは、一般には想定しがたい。広告欄・投書欄を利用すれば、そういうことも可能だ、と反論するむきがあろう。私も、その可能性がまったくないとは思わない（この問題は、のちにふたたび触れる）。しかし、第一に、本件「よど号」事件記事検閲問題は、そうした可能性論議と関連がないのである。第二に、特定の私的メッセージ伝達の可能性が「ないとはいえない」という側面を針小棒大にとらえ、そのおそれを強調すればするほど、「よど号」事件の記事どころではない、あらゆる商業新聞紙はすべて、そしてつねに、在監者に配付してはならないという議論へゆきつくのである。余人には判読不能な形で、きわめてたくみに広告欄・投書欄を悪しきたくらみの媒体に用いるおそれは、抽象的にはつねにありうるからである。

私はどちらかというと、監獄の長は「当然のこととしては、在監者の手紙を読む権限はない」というマーシャル、ブレナンの意見に同調したく思うが、その点をおいて、*Martinez* 多数意見が示唆する手紙検閲合憲論を肯定したところで、この合憲論は、本件の新聞紙検閲合憲論とは直結しない、と考える（なお、合衆国最高裁は、ある種の手紙検閲を合憲たりうるとする前提の一つとして検閲処分にたいする聴聞手続保障がある。この点は後述する)。

Martinez は、監獄の長がなんらかの手紙検閲をなしうることを前提としたうえで、「監獄の状況のなかで、ある種の言論を許したらどのような結果が生ずる蓋然性があるかを予測するについて、なんらかの幅をのこしておくことが、管理者が義務を適切に果たすためには必要である」と判示している。この部分だけをとりあげると、これは、

わがほうの本件最高裁判決がいうところの「……障害が生ずる相当の蓋然性が存するかどうか」という基準と似ているところがあるのに、気づく。けれども、似ているのは、見た目にとどまる。手紙が胚胎するかもしれないリスクは、比較的に顕著でヴィジブルである。これに反し、一般新聞紙の記事が「規律と秩序」におよぼす影響なるものは、そう簡単に測定できるものではない。おのずから「相当の蓋然性」ということは、「(おそれが) ないことはない」といったんレベルの予測をもふくんでしまうことになる。「規律と秩序」の利益を大目にとり、その分だけ在監者の基本的人権が不当に多く犠牲に供されることになるのではなかろうか。(8)

二　合衆国最高裁判所は、*Martinez* の二カ月後に、ふたたび受刑者の表現の自由の問題をふくむ事件に判断を下した。**Pell v. Procunier, 417 U. S. 817 (1974)** と **Saxbe v. Washington Post Co., 417 U. S. 843 (1974)** がこれである。*Pell* では、新聞社その他マスメディアが、特定の在監者を名指しで指定して、その者とインタヴューしたいと請求してきたばあいには、カリフォルニア州の規則ではこうした特定人指定の請求を拒否するたてまえになっていることが、争点とされた。*Saxbe* では、連邦矯正局のこれと近似の規則の合憲性が問われた。最高裁判所は、この二件においては、*Martinez* と違って、受刑者の表現の自由ということを一応承認したうえで、しかし拘禁・矯正を目的とした制度および制度を維持するうえの配慮という観点から、報道機関と自由に接することに制限があるのは、やむをえない、とみる。ここで争われた制限は、もっぱら特定の受刑者を指名しておこなおうとするインタビューであるが、こうしたインタビューが最近繰り返されることにより、特定の受刑者が監獄内で不当に特殊な目でみられたり、自分も特別に振舞ったりするようになっていて、不当な悪影響が出てきて、そのために最近規則を改正してこれを禁止するにいたった事実が、例えば、着目されている。そして、最高裁は、こうした禁止によって当該在監者は不利益を蒙るけれども、他の可能な代替手段によって、報道機関をはじめとした対世間にたいして物申すことが、さほど支障なくできるはずだ、と代替措置の存在を強調する。両事件においては、新聞社等のマスメディアが——普通の市民とは違って特別に——特定の在監者と任意に接触して取材する自由を享有しうるかどうかという争点が介在している。合衆国最高裁判所は、これにつき消極に傾いた解釈論を展開している。

これを要するに、*Pell* および *Saxbe* では最高裁は、新聞社等のマスメディアが特定の在監者（既決）を名指した形で取材行為をおこなうことを禁止する規則を合憲とした。この判決は、本件「よど号」事件検閲処分合憲判決とどう関連し合うだろうか。非常に抽象化したレベル、すなわち、監獄の長は「獄内の規律と秩序」を維持する目的のために、表現の自由を規制できると判示したレベルでは、共通のものがある。しかしながら、むかし流の「公共の福祉」判決ならいざ知らず、現今では、こうしたレベルの解釈で、現実の憲法上の争点を裁断することは許されない（説得力をもたない）。もう一つ下へさがったレベルで議論しないわけにゆかない。争点をめぐる具体的事情を考察すれば、彼此に無視しえない差異があることに気がつく。報道機関の取材活動の自由を比較的簡単に片付けてしまった合衆国最高裁（多数意見）には相当の疑問がのこるが（現に、この点では、ダグラス、ブレナン、マーシャルおよびパウェルが反対意見を表明している）、その点を別にしても、取材行為としてのインタビューの自由と新聞紙を読む自由とは、容易には等置できず、したがって両者の制限の理由づけはかなり異なるものでなければなるまい。また、*Pell* および *Saxbe* で問題になった規則は、既決囚にたいするものであり、かつ、合衆国最高裁判決（多数意見）では、刑罰および矯正のための拘禁（自由刑）、そのほか、本件「よど号」記事検閲事件がそうであるように未決の在監者へ無媒介には類推しえない要素が、合憲性を基礎づけるのに役立っているのも軽視できない。[9] もう一つだけ相違点をあげれば、禁止を補完する代替措置があるかどうかである。*Pell* および *Saxbe* では、代替措置を挙示するところに、ある意味で最大のポイントをおいているようにさえ読めるが、本件「よど号」記事抹消処分との関係では、挙示しうる代替措置はないのではなかろうか。少なくとも、わが最高裁判所（および関係下級裁判所）は、代替措置を挙げていないし、たぶん、挙げなければならないとは考えなかったように思う。新聞記事抹消処分のような、端的に消極的な権力行為は、それを効果あらしめるためには、関連記事とおぼしきものいっさいを抹消しなければならない、として、権力を拡張する傾向がある(本件ではしたがって、「よど号」事件の報道そのものだけではなく、これに関するラジオ・TV番組の紹介記事も抹消されねばならないのである)。いっさい「知られてはならない」のだから、代替措置があってはならないのである。もっとも、こういった断定にたいして、監獄の長が、公表しても「無害」だと判定したあかつきには禁制が解かれて、終極的には事件を知ることになるではないかとか、本人の拘禁理由がなくなって娑婆に出たら、どうせわかることではないかとか、反論するむきがあろう。しかし、それらはいずれもことばの正当な意味での代替物ではないのである。念のため。

三　合衆国では、一九七〇年代初期、「囚人の諸権利」を比較的に寛容視する趨勢が出てきて、とりわけ未決の被拘禁者については「国家による自由の制約は、制約目的を達成するための最も制限的でない手段(the least restrictive means of achieving the purpose of the deprivation)でなければならない」という考え方が、下級審裁判例に反映したのであった。[10] こうして、とくに未決の被拘禁者の規律一般にたいして裁判所は、国家の側に規律が「どうしても必要である」とする理屈づけ("compelling interests")をもとめるようになってきたのであった。しかし、こうした自由化は、合衆国最高裁判所によってストップをかけられ、停滞を余儀なくされて今日にいたっている。表現の自由の制限をふくむ事件であるにもかかわらず、規律を合憲と解した前記 *Pell* および *Saxbe* は、そうした徴候の典型的な現われである。合衆国最高裁判所は、その後、もう一度表現の自由領域で在監者の人権制限を肯定しているが、それも同じ潮流に沿ったものである。**Jones v. North Carolina Prisoners' Labor Union, Inc., 433 U. S. 119 (1977)** がこれである。ここでは、受刑者の労働組合活動の制限が問題の対象となった。懲役囚が労役場の労働条件を団体交渉によって改善すべく囚人労働組合を結成した。ノース・キャロライナ州では、組合加入者数が二千名を超え発展しつつあったので、その影響を押さえるため州矯正局は、囚人が同僚に組合加入を慫慂すること、組合大会を開催すること、組合の大量印刷物の郵送の引受け、配付をおこなうことなどの組合活動を禁止する規則を設けた。周知のように、合衆国では、ふつうのばあい、こうした組合活動は——日本でならさしずめ憲法二八条の勤労者の権利の保障問題であるのと違って——表現の自由と関係づけて理解されている。*Jones* では、ノース・キャロライナの当該規則が、受刑者の表現の自由を侵害するものとして違憲無効かどうかが、問われた。注意してほしいのは、ノース・キャロライナ州は、この種の労働組合の組織自体は認めているのであって、ただ監獄内でおこなわれる一定の組合活動を禁止しているにとどまる点である。合衆国最高裁は、前記 *Pell* などと同様に代替可能性に依拠しつつ、禁止された活動に代替して同じ目的を達成する別な行動をおこなう余地があることを指摘しつつ、刑として拘禁されている者にこの程度の規律が及ぶのは当然だとみた。レーンクィストの書いた法廷意見によれば「本件では、修正第一条の諸権利（表現の自由——引用者）はほとんどふくまれていない」(*id.*, at 130) といっているのは、刑に服している者は、まさにそのゆえにふつうの市民とちがうという認識に立っているもののようである。集会その他の団体行動ということとの関係では、監獄というところは、表現行為を自由に実行できる公共の広場 ("public forum") とは違うというのである。

この判決は、ふつうの市民との関係では表現の自由の制限にわたるものとして、当然に厳格な司法審査がおよぶ事案なのに、懲役囚との関係では、合理性のテストですませているため、論議を呼んで今日にいたっている。(11) 下級審では、労働組合が法認されている以上、それに見合った活動が許されてしかるべきだとして、州の利益を否定する判断を示したのにたいし (North Carolina Prisoners, Labor Union v. Jones, 409 F. Supp. 937 (E. D. N. C. 1976))、最高裁を代表してレーンクィスト裁判官は、この種の問題領域では、現場（監獄の長）の判断に尊敬を払わなければいけないと論じているのも (*id.*, at 125)、特徴的である。このように、監獄・管理者の側の裁量判断にまかせ、そうすることによって、トータルに近い形で囚人の表現の自由の否認を肯定した *Jones* は、司法審査の手法という点で本件「よど号」記事抹消処分の合憲判決と似た点がないことはない。しかし、ここでもまた、似ているのは高度に抽象的な次元においてにすぎない。もはや詳述はしまい。組合活動の自由と新聞紙を読む自由、懲罰として拘禁中の既決囚と刑罰としての自由拘束をうけてはならない未決の在監者、制限された自由を代替手段で補完しうる可能性の有無など、簡単に軽視しえない相違点がある。

　当面の事件たる「よど号」記事抹消事件とそれ自体無関係だが、おなじ東京拘置所の処遇が問題になって現に係争中の事件に、マイク・フィッツジェラルド（長谷川健三郎訳）『囚人組合の出現――イギリス囚人運動序説』（法政大学出版局、一九七九年）の閲読不許可処分がある。閲読を不許可にされた当事者は、いわゆる「連続企業爆破事件」の刑事被告人で一審および二審で死刑判決の言渡しを受けこれを上告中の者であって、拘置所当局は、それが提出した準備書面によれば、この者にかんする特別な諸事情を強調することによって、『囚人組合の出現』閲読不許可処分を理由づけているかにみえる。けれども、この書籍にかんする「朝日新聞」の書評記事、週刊誌「週刊ポスト」同種記事が、この者についてのみならず、定期購読の未決在監者のすべてについて、抹消のうえ配付された事実などに照らしてみれば、特定在監者の個別的事情だけでは説明できないものがあるといわねばならぬ。実際、拘置所当局は、そうした在監者一般をふくむ書評抹消処分を合理化するさいには、『囚人組合の出現』という書籍自体の「論調」（「底流となっている囚人組合運動を肯定する論調」）または「効果」（「対監獄闘争を行っていない一般の未決収容者にもこれを無批判で受け入れるなどの悪影響を与え……」。一九八〇年七月七日づけ国側準備書面。ただし傍点引用者）を問題にしているのである。すなわち、ここでは囚人組合運動を肯定する思想そのものがいけないとされ、在監者がそれに接すること自体を禁じているのである。

　少し横道に入りすぎってしまった。『囚人組合の出現』関係記事の閲読不許可または抹消措置については、私として述べたいことはたくさんあるが、ここはその場所ではない。本章では、以上指摘したことにより、日本では、囚人組合の思想自身が危険視され、組合の「出現」を抑えることが「規律と秩序」のために不可欠だと考えられていることが確認されれば十分である。いいかえれば、わが国の規制状況は、囚人の労働組合の存立を当然の前提として肯定したうえで、しかし在監者の組合活動のある種の形態にかぎり規制することの当否が問われた*Jones*とは、ほとんど交差するところがないということになる。閲読の自由のレベルではなく、組合というものの考え方において、彼此に大きな差があるとみるほかない。

四　さいごに、もう一つだけ、管見に属する合衆国最高裁判所判決を紹介しよう。Bell v. Wolfish, 441 U. S. 520 (1979) である。これは、未決の被拘禁者が監獄生活上の六点にわたる措置の違憲性・違法性を主張したのを、合衆国最高裁判所がことごとくに斥けたケースである。最高裁は、被拘禁者の主張を斥けるにあたり、監獄側の判断に少なからざる敬譲を払っているので、論議を呼んだ判決である。しかしながら、われわれとの関係で問題にするのに足るのは、一点だけである。その一点だけが表現の自由に、しかも間接的にかかわる。一九七五年ニューヨーク市に新設された連邦のある拘置施設では、連邦矯正局の規則により、外部から郵送されてくる書籍、雑誌などの配付は、出版社、ブック・クラブのような出版業者から直接送達されたものにかぎる、とされている。この “publisher only” と呼ばれる規則が、憲法修正一条および五条（表現の自由および適正手続）に違反しないかどうか争われたのである。最高裁は、外部から送られてくる書籍、とくにハードカバーの書籍類においては、きわめてしばしば、麻薬、金銭、兇器その他の禁制品などがたくみに隠されていて、その有無を検索するのにたいへんな手間ひまがかかり煩に堪えないので、そういうリスクが比較的少ないとおもわれる出版業者からの直接郵送のものだけにかぎることにしたのだという権力側の主張を合理的なものとみて、合憲とした（訴訟係属中に、当局側は、近く規則を改正して、ペーパーバック本、軟かい表紙の出版物については、その郵送源のいかんを問うことなく、在監者へ手渡すものとする、と言明した。いまみた最高裁の合憲判断は、ハードカバー本にのみ限定されている）。ただし、この合憲判決には、①問題の規制は表現内容との関係では中立であること、②読みたいものを入手するのに他の手段があること、③施設内の図書館は比較的に完備しており、その代替作用をある程度期待できること、④当該施設に収容される期間は比較的に短期であること、などの諸点を前提にしている。ただひたすら、「規律と秩序」観だけに拠っているのでないことが、一応はうかがえる。

Bell もまた合衆国最高裁判所が在監者の表現の自由の制約を肯定したものだという一事において、わが国の法律関係者のなかには、本件「よど号」記事抹消処分合憲判決の援軍ととらえる論者がいるかもしれない。だが、*Bell* と本件とは事案があまりにも違いすぎるのではなかろうか。なかんずく、*Bell* では、出版物の内容・効果などには立ち入らないことに最大のポイントをおいているのに反し、わがほうの事件では、「よど号」事件記事の内容と効果のみが問題とされている。*Bell* では在監者は問題の規則のゆえに余分の出費を払わされるのだが、それはやむをえないことかどうかが問われている。これに反し、わがほうの事件では読む自由、知る権利そのものの制限・剥奪が許されるかどうかを争点としている。その他、両者の違いはまだまだ挙げられる。*Bell* は、むしろ、在監者の読む出版物をその内容・効果のゆえに規律することを認めないという思想を表明しているように思え、そのかぎりでは、本件判決とはむしろ対立関係にあるのではなかろうかとさえ思料される。

先にお断りしたように、いま私にはアメリカ合衆国の判例や制度・慣行を十分に掌握する余裕がない。そこで取りあえず、最近の合衆国最高裁判例をべっ見するにとどめた。以上の考察によって、合衆国憲法の下では在監者の読む自由・知る権利が問題なく保障されていると示唆するつもりはまったくない。下級審の裁判例の若干をのぞいたかぎりでも、たとえば性を扱う出版物などは、ある種の実体的弊害[12]のゆえに、閲覧を禁じていることがわかる。別の機会にくわしい検討をおこなってみたい。

新聞記事抹消処分の違憲性について

すべての在監者について、あらゆるコミュニケーションの自由を、つねに保障すべきであるとは、だれも立論できるものでない。しかし本件ではそのことが問われているのではない。全国で最大の発行部数を誇る商業新聞紙の記事を、未決の被拘禁者が読む自由をもつかどうかが問われているのである。

最高裁判所がほとんど躊躇せず留保もつけずに、自由を制限する拘置所長側の利益に軍配をあげたのにたいして批判的な論者のなかには、「たしかに在監者が新聞購読が制限されなければならない事態はいろいろありうる。」と認容したうえで、「購読の自由を最大限に尊重し、在監者の他の人権制限にくらべればより厳格な基準で、真に必要で最小限の制限に限定すべきである[13]」と示唆する者がある。また、本件判決の「相当の蓋然性」の代わりに「明白かつ現在の危険」の基準が採用されるべきだと説く者もあろう[14]。図書・新聞紙の閲読の自由（権利）を語るが、憲法論と立法論との区別がかならずしもはっきりせず、本件のような特定のばあいに限定した新聞記事抹消措置そのものに、いかなる憲法論をもってのぞむのか、明確ではないまま、法改正を主張する立場もある[15]。私も本件のような種類の自由の制限には、本件判決が判示する以上に厳格な基準があるべきだという考えに同調するのにやぶさかではない。けれども、もう一歩すすめて、本件が対象とするような通常の新聞紙の閲読にかぎっていえば、定期購読者たる未決の被拘禁者に全面的な閲読の自由を、逆にいえば記事抹消の形態をとる新聞検閲は制度として許されないという議論を、主張してみようと思う。

一　監獄の長は、本件「よど号」記事は「乗っ取り事件の詳細を掲載している」とみ、この記事を抹消しなければ「在監者が日航機乗っ取り学生らの犯行の手口を真似て職員を人質として監禁し釈放要求してくるおそれがないとはいえなかったのである。」といっている。裁判所は、こうした判断もふくめて監獄内外の保安状況の観測は現場責任者の判断だから尊重しなければならないと判示しているもののようである。だが、通常の新聞紙は、「女やこどもも」といえば差別用語になるが、最大限に多くの、ごくごく普通の市民たちに共通すると思われる興味や関心に合わせて対象を選び、文字を綴り、編集した紙面によって構成されている。したがって犯罪記事などでは、ほぼ法則的に勧善懲悪の論調で書かれるのであって、本件「よど号」事件記事もけっして例外ではなかった。それをもし「犯罪の手段、方法等を含めて事件の全ぼうを詳細に報道したもの」として、とくに犯罪煽動的・刺激的と感ずるのは、ある意味でひとの勝手であるが、こうした過敏症的な反応が、ひとの表現の自由を奪う根拠として、容易に承認されるのは困る。他人の自由を奪うことは、ひとの勝手とうそぶくことのできない憲法の問題だからである。議論のために千歩ゆずって、本件「よど号」記事が全体として、監獄の長の観測するごとく、「犯罪の手段、方法等を含めて事件の全ぼうを詳細に報道したもの」と承認しよう。こうして次に問題になるのは、こういう記事だから在監者を煽動し刺激して、監獄内で第二、第三の「よど号」事件のごときが発生する「おそれがないことはなかった」という判断である。ありていにいって私は、こういった主張が監獄の長から公式に公然と表明されていることに驚いている。私の反応を多く語るまい。もし真実、監獄の長がいうごとき状況があるならば、これは新聞記事を読ませる読ませないの次元にあるよりは、監獄のシステムの欠陥問題にほかならない。監獄権力の側が、自らのシステムの欠陥を是正することなく、それよりもむしろ、あげて在監者の非を問い、かれらの自由制限に一直線に飛びつくのを、憲法は許していないように私には思えるのである。

二　こういえば当然、「おまえは監獄の事情、とりわけ『よど号』事件発生当時の東京拘置所内外の具体的な状況につき無知にすぎる」と嗤われることになる。私もまた、最高裁判所の驥尾にふして、監獄の長の「相当の蓋然性」判断に信をおければ、幸いなのであるが、未決の在監者の表現の自由をそう簡単に葬ってしまうわけにゆかないと思う。当時の保安状況が――管理者からみて――いろいろ憂慮すべき問題点があったのは認められる。いまここでは「処遇上のささいな問題をとらえて、ことさら職員の指示に反抗することが多く」といった「認識」が管理者に固有な「評価」によって支えられていないかどうか、「東京拘置所を日本のバスチーユにしようとか、獄中被告を実力で奪還しようとの（獄外の）呼びかけ」が、現実的な効果発生の「相当の蓋然性」がありえたかどうかは、問わないことにする。そして、そうした状況のもとで、特定的に在監者にむけたメッセージがなんらかの形で伝達されたときは、あるいは障害が発生する「相当の蓋然性」があったかもしれないとも認容しておこうと思う。しかし、先ほど性格づけたような通常の新聞紙の記事が、特定のメッセージと同じような効果を発生させる「相当の蓋然性」があるとみることができるか、あるいは、「相当の蓋然性」というレベルで裁断してしまうほどに、新聞紙を読む自由を軽視してよいか。(16)

あえていおう。表現の自由の保障には、ある種のリスクが生ずる。通常新聞紙の閲読の自由も、監獄生活にあっては、なんらかのリスクが生ずるかもしれない。しかし、監獄の権力は、そうしたリスクにたいして対応しうる実力装置とモラール（やる気）とを備えているものと、通常市民は予想しているのではなかろうか。

三　当局は「在監中で不安定な精神状態にあった原告ら」として、在監者の精神状態に気をくばっているようにみえて、じつは、連中は精神的に「不安定」だから「即時全面的に報道されるときは」、たいへんな事態になるとして、自由の抑圧を合理化している。これにたいしては、墨で真黒に塗られた、歯っ欠け紙面の連続が与える「不安定」効果に一言片句も考えがおよばないのを、私などはむしろ不思議に思うが、それはさておこう。こうした「在監中で不安定な精神状態」は、新聞検閲によって医やしてやるべきなのではなく、娑婆とおなじように新聞紙を開放するなど、できるだけ通風をよくすることによって、減少・除却されるべきなのではなかろうか。

一般新聞紙の検閲全廃ということによって生ずるリスクがどのくらいなのか、したがって、それに対処するためには権力側にどの程度のコストがかかるのか、いまの私にはわからない。けれども、われわれの過去の経験は、一部の者が予想するほどにはリスクは大きくなく、したがって要する社会コストもそんなに高くないことを教えているように思う。過去の経験とは、大正中葉からわが国の秩序の重要要素に組み込まれてきた新聞記事差止め制度——それは、いわゆる大正デモクラシー期に廃止・修正の運動があったにもかかわらず、「緩和したならば、日本の秩序は保持できない」として居直ったのだが——を、敗戦と同時に撤廃してしまったことによって生じたリスクおよびコストのことをいう。簡単にいえば、われわれは長い間、枯尾花を幽霊と見紛うてきたのであった。全体社会と部分社会とは本質的に違う。おまえの観察は監獄にあてはまらない謬説だといわれるだろう。しかしおそらく戦前日本社会で、新聞記事差止め制度は有害無益だと主張しようものなら、謬説であるばかりでなく、「安寧秩序」違反でなんらかのおとがめをうけること必定であった。しかし、戦前でも幽霊はおらず、あるのは枯尾花だったに違いないのである。臣民の税金でまかなわれた出版警察コストは、臣民がゆえなく損するためにのみ、算定され使われたとみるべき「相当な蓋然性」があるのである。

四　新聞検閲撤廃という私の提案にたいして、よって生ずるリスク、コストをどうするかという議論にたいしては、無責任のそしりを覚悟して、ともかく実験してみてください、といいたい。私が撤廃を主張するのは、さし当たり本件で問われたような種類の新聞紙についてであるが、これは、議論を限定してのうえのことである。相当範囲の定期刊行物や単行本も同様に取りあつかわれるべきだという方向に傾いているのは、本章の論調から想像いただけるだろう。しかし今は、一般の商業新聞紙にかぎろう。おそらく現在の東京拘置所では、在監者の定期購読をする多種かつ大量の新聞紙の検閲や抹消の事務に相当の人員とエネルギーを用いているに違いない。前記『囚人組合の出現』の例から推してわかるように、書籍そのもののの入念な検閲はもちろんのこと、この書物を紹介し批評する多種多様の出版物の類にまで目をくばらねばならないのだから、これまたたいへんなコストである。そして「よど号」事件記事のばあいなどでは、一部一部の墨塗り作業はたいへんなものだろうと同情する。けれども、こうした人員と労力を検閲作業から解放し、在監者とのヒューマン・リレイションズのほうにそれら諸力を充当することによって、新しい規律と秩序が作られ、障害発生の「相当の蓋然性」を未然に防ぐのに役立つのではなかろうか。[17]

五　監獄の新聞紙検閲は、他のあらゆる検閲と同様、本質的に消極的であり、しかも私が「検閲拡張の法則」[18]と呼んでいる、ある種の制度的な特性をもつ。すなわち、ある記事の抹消は、同一新聞紙の関連記事の抹消を呼ぶばかりでなく、週刊誌その他別の媒体の似た記事（情報）をも抹殺しなければ効果がない。私は、監獄の実況には文字どおり無知であるが、本件「よど号」事件記事抹消処分から類推して、監獄では放送による報道番組なるものはもしあるとしても、つねに録音により検閲ずみのものしかありえないに違いないと思う。報道番組には突発事件が入り込む余地がつねにあり、ことの次第では、監獄の規律と秩序への障害発生の「相当の蓋然性」がある。さだめし、監獄では――もし、報道番組を視たり聴いたりする機会が与えられているとすれば――すべて録音・録画を検閲したうえでしか、放送されてはならないのではなかろうか。放送は施設・時間その他特段の考慮を要する媒体だから、在監者の完全な自由に属するわけにゆくまい。しかし、私がここで指摘したいのは、監獄における放送の自由のあるべき姿なのではなく、新聞紙という一つの媒体の検閲が許容されることにより、それは、制度必然的にいろいろな制約効果を、他の媒体にもおよぼすほかあるまいという点である。

六　一つの検閲が他の検閲を生む傾向にあるという、以上の指摘から、次にいえることは、この新聞紙検閲には、よって侵害された自由を他の手段によって修復するという代替的な契機がまったくない点である。代替措置とはなにか、代替措置といえるためにはいかなる要件がふまえられるべきかは、表現の自由との関係で厳密に検討されねばなるまいと思う。軽々しく、代替措置の議論に乗ってはならない。しかしそのことは、日本の最高裁判所のように、代替措置の存否について一顧だにしないことが誉められるべきことがらだということを、かならずしも意味しない。逆にしかし、これは、日本の最高裁が自由を制約することに非常に寛容である一証拠とはいえよう。

七　実体的な制限が、なにかの理由でやむをえないという前提に立ったばあい（とりわけ、本件判決が指し示すごとく、障害発生の「相当の蓋然性」という広義・包括的なレベルでの裁量的判断権が行使されるばあい）でも、権力の濫用・逸脱の蓋然性を可能的に抑圧するための手続的な保障が必要である、と私は考える。とりわけ、表現の自由の制限について、適正手続保障があるべきである、と私は思う。在監者の手紙検閲につき憲法判断を示した、合衆国の前記 ***Martinez*** では、当局の不利益決定にたいし「最小限の手続保障」があるべきことを示唆している。在監者への通知、聴聞の機会の保障および原決定者以外の者による苦情審査という手続きが語られているのは注目に値する。本章ではもはや詳述する余地はないが、合衆国最高裁判所は、映画検閲・税関検閲その他表現行為についての事前的規制については、それが許される最小限の要件として、適正手続保障を強調するのがつねである。これに反し、一般にわが国では、権力当局に全幅の信頼をおき、手続保障のごときを余計なことと考える傾向がある。本件最高裁判所判決も、適正手続保障についてはヒントさえも与える必要を認めていないようである。もっとも、本件のような新聞紙検閲においては、情報をひたすら秘匿することこそが至上命令だから、システム自体として手続的な保障を組み立てにくいのは確かである。在監者との関係では、通知および聴聞をうける機会のいずれをも考えにくい。わが最高裁判所は、あるいは、そうだからこそ本件では適正手続保障についてはなにも語らなかったのだというのかもしれない。しかしながら、それでは最高裁判所は、裁量の逸脱濫用をなにによって限定できると考えているのであろうか。私には、おなじ事情、つまり本件のような新聞紙検閲は、制度的に適正手続の保障システムが組み難く、権限の濫用などを事前に統制し難いという事情があるからこそ、本件のような新聞紙検閲は憲法上容認されるべきでないとする考えが導かれることになるように思えるのである。

さて、新聞紙と他の媒体の異同、未決の在監者と受刑者との違い、記事抹消や書籍閲読禁止措置にかかわりのある新聞社や著者には、これを争う原告適格があるかどうか、制裁としての閲読制限は許されるかどうか、など、論ずべき多くの点をのこしながら、本章をひとまず終える。勉強し直して他の機会に補完したいと思う。

（ちなみに、『よど号』記事抹消事件においては、読売新聞社がその記事を一方的に削除されることによって、いわば商品の価値を傷つけられ、不完全なものにさせられたのであった。この不完全商品を、にもかかわらず完全商品と同じ価格で購入することを余儀なくされた未決在監者に代わって、当局に抗議する位のことは少なくとも、商業徳義上なしえていいこと、あるいはすべきことであったように思えるが、読売新聞社がそうしたとは聞いていない。また、こうした権力措置は、たまたま関係した一新聞社の利害にとどまらないのではなかろうかと思うが、新聞協会その他の新聞業界がこれについてなにか発言したとも伝えられていない。みんな「他人事」と見做したようである。）

むすびにかえて

通常の判例評釈のスタイルとは違う本章は、邪道の産物として非難されそうである。それを覚悟で、この長すぎる文章にさらに次の蛇足を付して終える。

『ベスト&ブライテスト』や『メディアの権力』の著者として日本でも有名なD・ハルバースタムは、最近長期滞在して日本社会を調査し、その所見の一部を「日本の『比類なき挑戦』」（『文芸春秋』一九八四年一月号）と題するエッセイの形で発表している。そのなかでハルバースタムは、短い間に西欧諸国と肩を並べる「経済大国」になりおおせる「偉業」を達成した日本が、そのために支払った代価もまた大きかったと指摘しつつ、「日本人はごく軽微な無秩序さえも回避しようとし、規律ある秩序の中にいるほうが、はるかに居心地がいいと感じているのである。」（一八六頁）と観察している。かれのいうように「規律ある秩序」の存在は、日本と西欧とを区別する標識の一つであるのかもしれない。こうした「規律ある秩序」は、ひたすら国民の自発性によって醸成されているというのではなく、むしろ社会各部において、権力的に強制されている側面があるに違いない。「よど号」事件記事抹消処分やそれを少しの留保もなく全面的に肯定した司法判決は、そういう側面に位置する現象の一つにほかなるまい。こうして、本章は、「経済大国」＝日本においては、まことに無益なる反抗でしかないのである。

(1)　いまはすでに忘却の彼方にある記事掲載差止制度については、さし当たり、奥平康弘「戦前における検閲制度小史」『表現の自由Ⅰ』有斐閣、一九八三年所収、参照。

(2)　私は、戦前の記事掲載差止め制度のごときは、現在の憲法二一条二項で禁止されている「検閲」に当たり、そういうものとしてこの制度は、一義的に違憲、したがって現在では成立不能、と解する。けれども、最高裁判所が税関検査合憲判決（最（大）一九八四年一二月一二日・民集三八巻一二号一三〇八頁）で定立し、かつ北方ジャーナル事件判決（最（大）判一九八六年六月一一日・民集四〇巻四号八七二頁）で再確認されたところの「検閲」定義に照らしていえば、戦前のこの制度は「検閲」該当性に欠ける（この点にかんし、本書第二章「税関検査の『検閲』性と『表現の自由』」、参照）。したがって、戦前型の規制システムは、憲法上絶対的に違憲であり再建不能というのではない。裁判所お得意の「公共の福祉」のいかんにより、これは復活する余地があるのである。

(3)　いわゆる「部分社会」と表現の自由との関係、あるいは、そもそもいわゆる「部分社会」論について、憲法学的な考察がぜひ望まれる。本文で私は、機能的特別権力関係論を示唆したが、このことは、本書第六章および第七章で取扱う「法廷という場」の「特殊性」を強調しつつ、「公正かつ円滑な訴訟の運営」をつかさどる法廷指揮権の議論のなかにも、うかがえる、と思っている。

(4)　かつて最高裁判所は、チャタレー判決（最（大）判一九五七年三月一三日・刑集一一巻三号九九七頁）において、まことにおおらかに「性行為非公然の原則」を打ち出すことによって、性行為そのものと、それを表現するメッセージとを、みごとに混交させた。「性交為非公然の原則」は、チャタレー判決のバック・ボーンに当たり、かかるものとしてわいせつ規制合憲性論理の本質的な部分を構成した。この理論は、その後一度も、当の最高裁判所によって否定されたことがないので、たぶんそれはなお、支配力を有するのであろう。

教唆・煽動の処罰についての伝統的な考え方のうちにも、表現行為にかんする原因と効果の安易な等置がみられる。これは、メッセージを受けとった人間の自主的な判断、その結果による行動への選択の肯定・否定という契機を全く考慮の外におくことによって、個人の自主性（autonomy）、したがってまた、個人の人格的な統一性（integrity）をきずつける議論である（See, e.g., Scanlon, A Theory of Freedom of Expression, 1 Phil. & Pub. Aff. 204 (1972)）。なお、本書第一章「なぜ『表現の自由』か」二六頁以下参照）。

(5)　この点から、私は、例えば、法廷傍聴人の筆記行為禁止を当然視する東京高裁判決（一九八七年一二月二五日）の批判的な分析が必要だと思う（しかし、さし当たり、本書第七章の〔補記〕を参照されたい）。

(6)　この基準は、未決の被拘禁者への書籍差入れ拒否を違法と判断して損害賠償を認めた東京地判一九六五年三月二四日・判例時報　四〇九号一四頁において採用された「相当の具体的蓋然性」につながるものがあるであろう。なお、この地裁判決をもってよしとする、墨谷葵「被勾留者の処遇」『法律時報』四八巻七号、一九七六年、五〇、五六頁参照。

(7)　制度訴訟についての文献は周知のようにかず多いが、監獄関係に焦点を当てたものとして、See, e.g., Note, Complex Enforcement : Unconstitutional Prison Conditions, 94 Harv. L. Rev. 626 (1981). なお、大沢秀介『現代アメリカ社会と司法』慶応通信、一九八七年、参照。

(8)　「囚人の人権」と一口でいっても、その具体的内容には分析的な考察が必要である。この点を、在監者の「手紙を書く権利」を題材にして議論している Bedau, How to Argue About Prisoners' Rights : Some Simple Ways, 33 Rutgers L. Rev. 687 (1981) は示唆するところ多く、かつ面白い。

(9)　もっとも、*Pell* および *Saxbe* 以降、未決の被拘禁者が集団として記者会見をおこなうことを禁止した措置を、合憲とした下級審判決を見出すことができる。Main Road v. Aytch, 385 F. Supp. 105 (E. D. Pa. 1974).

(10) Note, Constitutional Limitations on the Conditions of Pretrial Detention, 79 Yale L. J. 941, 949 (1970). See, e.g., Note, Standards of Judicial Review for Conditions of Pretrial Detension, 63 Minn. L. R. 457, 467 (1979).

(11) See, e.g., Calhoun, The Supreme Court and the Constitutional Rights of Prisoners : A Reappraisal, 4 Hastings Con. L. Q. 219 (1977).

(12) "inmate competition and agitation" を誘発する、といったたぐいの弊害である。See, e.g., Frazier v. Domelon, 381 F. Supp. 911 (E. D. Pa. 1974).

(13) 江橋崇「未決拘禁者の知る権利」『法学セミナー』一九八三年九月号、二〇、二二頁。

(14) 室井力「受刑者の収容関係と特別権力関係理論」『刑政』七四巻五号、一九六三年、一二、二〇頁。室井教授は、新聞紙の閲読を禁止していた旧監獄規則八六条二項を違憲と論ずるものの、個別の閲覧制限は、「明白かつ現在の危険ある場合」には認める趣旨のようである。

(15) 真鍋正一「未決拘禁者の地位と人権」『自由と正義』二七巻九号、一九七六年、三九、四三頁、河合怜「監獄法改正構想と日弁連刑事拘禁法要綱」『同』五〇、五四頁。

(16) 松島諄吉、本件第一審評釈『判例評論』二一四号、一九七六年、一三、一七頁は、「新聞紙をまったく自由に閲覧しうるということになれば、その記事からする情報を手がかりに、自己に不利益となる罪証の隠滅をはかるということも容易に想像されるところである」(傍点引用者)と論じている。かりに、こうしたことが容易に想像されるとしても、本件「よど号」記事は、いかなる意味でもそうした効果をもたない。また、本文で既述のように、投書欄・広告欄を利用して罪証隠滅や逃亡の手口などについての情報が伝達される可能性もないことはあるまい。けれども、明々白々、だれにでもそうした種類のメッセージだとわかるものであれば、一般新聞社が載せるとは思えない。もしそういうメッセージが隠されているということをつねに想定してかからねばならないとすると、新聞検閲に当たる監獄当局は、眼光紙背に徹して紙面を精査する要がある。にもかかわらず、当局はこれを見過してしまう可能性があるのは、「容易に想像される」ところである。となると、このリスクを避け、とんでもない手間ひまのコストを節約するためには、在監者にはいっさい新聞紙を閲読させない策が最善だということになる。けれども私は、一般商業紙の紙面が罪証隠滅や逃亡のための打合わせに使われるのは、在監者およびその関係者にとって効果の点でもコストの点でも得策ではなく、そうしばしばありうる現象ではないように思う。少なくとも、こうしたリスクを防止することを、表現の自由の制限理由の機軸におくのは、問題がありすぎると思う。なお、大阪地判一九五八年八月二〇日・行裁例集九巻八号一六六二頁参照。

(17)「(監獄の)事務処理能力の限界を超えているという規制理由は、ある意味で絶対的である。知る権利がいかに重要でも、戒護その他施設の存立にかかわる重要な事務まで犠牲にしてよいとはいえないからである。」という主張がある。澤登俊雄「未決拘禁者の閲読の自由と拘置所内の紀律」『ジュリスト』一九八三年一〇月一日号、一八、二二頁(傍点引用者)。私も、知る権利——として、具体的になにを意味するかが、じつはさらに吟味を要するが——の貫徹のために「重要な事務まで犠牲にしてよい」とは考えない。けれども、監獄内の既存の事務の内容、処理方式その他を動かざる前提として、それの変更・組み替えなどあるべきはずではないとみたうえで、これを「絶対視」するのには、つよく反対したい。この考えでゆくと、監獄関係職員の定員削減や予算削減は、在監者の「知る権利」へシワ寄せになるのは、「絶対的に」不可避となるのではなかろうか。私はまた、未決在監者のあいだに多数多種の新聞紙購読の注文があり、拘置所がこれら新聞を「ことごとく検閲し、その不当な個所を抹消しつくすことが全く不可能であるといった特殊例外的な場合」には、新聞紙閲覧の禁止制限があるのは当然だという物の見方(松島・前掲注(16)論文)には、とくに抵抗を覚える。

(18) 奥平康弘「アメリカにおける映画検閲制」前掲注(1)『表現の自由Ⅰ』所収、二八四頁。

第六章　法廷に出席し傍聴しメモをとる権利
――憲法体系からの一考察――

はじめに

日本では法廷にいるあいだ中、傍聴人たる市民は一般に、なんらかの筆記用具をもって筆記活動をすることを禁じられている。禁止命令を発する主体や禁止命令の形式・根拠などについて、不分明なところがあり、ああもいい、こうもいうという恰好になっており、また、禁止命令の強行性の程度もところにより、ひと（裁判官）により、さまざまなようである。(1) にもかかわらず、ともかくも一般に禁じられているといって過言ではないだろう。そしてわれわれは、これを当然のこととして、長いあいだ受容してきたのも、これまた否定できないところである。

しかしながら、なぜ一体、いかなる法的根拠にもとづいて、法廷内では一般市民は筆記活動をしてはならないことになっているのだろうか。

法廷内筆記活動の禁止（以下、一般の用語法にしたがい「メモ禁止」という）の制度は、あるいは入念の価値衡量の結果、意識的に選択され展開した制度であるのかもしれない。しかしまた、じつはそれほど言うに値する価値衡量なしに、法廷運用者（裁判長）がなんとなく一方的に作り上げた制度でしかないのかもしれない。どちらにしても、ともかくも根っこが生えるほどに確立し、先にものべたように私たちは空気みたいに自然なものとして受容してきている制度である。それだけに、いま現在、この制度はいかなる存在理由をもつかと問い直すこと自体、ある種の層にとっては迷惑千万であったり、衝撃的でさえあったりするのである。また、問い直した結果、保守しうる存在理由はほとんどないということがかなりの程度に明らかになっても、そう簡単には、こうした制度は廃止または修正されるものではないだろうと思う。すなわち、制度運用者（裁判官）は、そう容易にはシャッポを脱ぎ、自発的に制度改革に着手するということが、期待できるものではない。既存制度の惰性・慣性なるものは無視しえないものがあるからである。

そのことを見透したうえで、本章ではあえて、メモ禁止制度の存在理由を問い直してみようと思う。

なにゆえの裁判の公開原則（憲法八二条一項）か

現行のメモ禁止制度は、要するところ裁判長の法廷秩序維持権という名の裁量権行使の産物である、と説明される。(2) 裁量ということにより、憲法もふくめあらゆる法から拘束を受けない、自由勝手な世界にある、と考えられているようである。

ところが、これに直截に反対してメモの自由を主張する者は、しばしば、憲法の明文規定だけで一切が片づくと考えがちである。こうである。憲法八二条一項は「裁判の対審及び判決は、公開法廷でこれを行ふ。」として、裁判の公開原則を定めており、これにもとづき市民は裁判過程に参加する権利を有する、そして法廷内の筆記活動は参加権に当然に内包される性質の行為である、と。しかし、そう簡単にゆくだろうか。

直截憲法論者は、裁判の公開原則＝市民の裁判に参加する権利＝裁判をメモする権利、という連環を論理必然あるいは制度必然とみるだろうが、そうかどうかが問題である。とりわけ問題なのは、公開の原則（客観法、「公正な裁判」のためのいわば制度的保障と解されてきているもの）から参加する権利（主観法）につなげてしまうところである。伝統的なメモ禁止裁量論と有効に対決しうるためには、とりわけ、裁判の公開原則なるものの構成をきちんとしないわけにはゆかない、と思われる。

伝統的なメモ禁止裁量論においても、憲法が明記するところの裁判の公開原則を無視してしまっているわけではない。ただ、それは客観的な法原則であるにとどまると理解され、市民の参加と傍聴する具体的な権利をそこから引き出すことはできないと考えられる。「この（裁判の公開）原則に基づいて傍聴人が主張することのできるのは、国民全体に与えられた権利の効果として裁判を傍聴するということであり、かつそれにとどまることになる。(3)」とする論述は、まさにこうした伝統的な思惟の典型である。

どうも裁判の公開原則なるものをどう把握すべきかに、一つのポイントがありそうである。そこで、この原則はいかなる精神（目的）に立脚するものといわれてきたのかを、まずみてみる。これは「裁判の公正を保ち、裁判に対する国民の信用を得るため(4)」のものだとされる。すなわち、密室裁判・秘密裁判にあっては、公平な裁判が保障されがたく、かつ、そのゆえに国民の信用を失ってしまいがちである。そこで公開にし、任意の市民の環視のもとで、ことを運ぶことにした、というのである。公正な裁判と裁判への国民の信頼という裁判制度上の国家目的が重要だというわけである。そしてこの目的のためには、いわば物理的に法廷を開放状態におきさえすれば――そして、その結果現実に市民のだれかが物理的に座席に坐ってくれれば、なおいいのだが――十分である。傍聴する機会を設ければいいのであって、たまたま傍聴した市民が――たんに目と耳とをはたらかせるべく坐っているだけではなく――メモをとることができるかできないかは、公開の原則にとってはまったくどうでもいい（irrelevant）ことなのである。公平な裁判を確保し、裁判に対する国民の信用をつなぎとめるという客観目的にとっては、傍聴人がメモをとれるかとれないかは、およそ無関係だからである。

だが、裁判の公開原則ということを別の角度から眺めることはできないだろうか。公開原則を、ただたんに現在進行中の裁判の公平を確保するという国家目的だけでとらえるのでなく、そこで展開した審議模様――裁判という統治過程にかんする情報――を、たまたま列席して見聞した者が、たまたま列席せず見聞もしなかった（あるいは、しえなかった）者に「報告」（inform）するという市民的な契機をも加味して、理解できないだろうか。いや、そういう市民的な観点をも加味すべきなのではなかろうか。

アメリカ合衆国では、裁判の公開原則についての目的意識が、日本の伝統的思惟と少しく違うようである。裁判での出来事を、市民社会に「報告」するという要素が重視されている。このゆえに、合衆国最高裁判所のある判決は「裁判の公開ということは、公衆および報道機関（プレス）の構成員に正式審理に出席し、かつ、かれらが見聞したところのもの（what they have observed）を報告する機会を与えることによって、充足される。[5]」と説示するのである。見たり聞いたりしたところのものを市民社会に知らせるという契機がふくまれているとすると、ただ今、インスタントに、傍聴しえたというだけではなく、見聞したことを記録（筆記）する機会を与えないわけにはゆかないことになろう。つまり、ここでは公開原則とメモ行為とは密接につながるのである。

裁判に出席する権利――アメリカのばあい――

以上要するに、裁判の公開原則なるものの意義を、ただたんに客観的な裁判制度目的とのつながりで理解するだけではなく、個別具体的な裁判過程（統治過程）の状況を市民社会へ報告する（informing）という民主主義・国民主権の契機でも捉えるべきことが示唆されつつあったわけである。この示唆はさし当たり、公開原則の目的概念に標的を合わせたものであったが、じつは、それにとどまらない宿命にある。それは同時に、裁判の公開という客観的な法原則（客観法）と裁判に参加する権利、裁判を知る権利という市民の権利（主観法）との内的な関連性、あるいは前者から後者への展開の不可避性をも、語ることにならざるをえない。次に、この、公開の原則と市民の権利のつながり具合を問題にしてみよう。

たぶん、日本国憲法全体の構造、とりわけ国民主権の原則およびそれとの関連における国政情報へのアクセス権などの体系部分を一応棚に上げておいて、憲法八二条一項「裁判の対審及び判決は、公開法廷でこれを行ふ。」とする規定だけを拠り所にするかぎりでは、ここから導き出されるのは、公開を要求するところの客観的な法原則でしかなかろう。市民が裁判の公開をもとめ、それに列席し見聞するようなアクセス権の根拠規定とみるのはむずかしかろう。こうして、せいぜいのところ、「国民全体に与えられた権利」といった、抽象度の高い理念が語られるぐらいのところである。

もちろん、わが憲法には別に「すべて刑事事件においては、被告人は、公平な裁判所の迅速な公開裁判を受ける権利を有する。」（三七条一項）と定めることによって、刑事被告人には自分の事件にかんするかぎり公開裁判をもとめる権利（主観法）が保障されているのを忘れるべきではなかろう。しかしこれは、いかんせん、刑事被告人の権利でしかないと解される余地がある。この規定だけを手掛りに、一般市民の権利を導き出すのは、いささかむずかしいのである。

私は、主題について不勉強で情報不足なので断言できないが、日本では裁判への市民のアクセス権が真正面から論じられる機会は、これまであまりなかったのではあるまいか。(6)ないままに、ただ漠然と憲法八二条一項（および・もしくは、憲法三七条一項）から市民のアクセス権を引出すのを「自明の理」と考える層が少しずつ成長しつつあるのが、実情なのではないかと推測している。こうした状況はたぶん、市民注視の裁判が公開禁止されるといったケースが多く生じなかった(7)ことの反映でもあるだろう。

そこで以下には、理論的な関心を触発する素材を、むしろアメリカ合衆国にもとめて、若干の紹介をおこなおうと思う。(8)

アメリカ合衆国においては、一九七〇年代から政府の施設（典型的には拘置所、刑務所など）に立ち入り、そこでの情報を収集する権利が憲法上保障されているかどうかが、争われてきている。争訟の多くは、ＴＶ局・新聞社など報道機関の取材許可申請が施設管理者（政府）によって拒否されることから生ずる。合衆国最高裁判所は——非常に大雑把にいえば——そういう施設に一般市民がアクセスする権利がないことを当然の前提として、報道機関といえどもおなじである、と判示してきている。

政府施設へのアクセス権（これを、ひとは「物理的・外形的な情報」をもとめる権利、政府保有情報の開示請求権などと言い換えるのであるが）一般ということになると、表現の自由を保障する憲法修正第一条（日本国憲法二一条一項に相当するもの）に拠ることになるが、アメリカの最高裁は、こうした憲法論を斥けたわけである。

さて、七〇年代の終りになると、合衆国最高裁判所は、ある刑事事件の正式審理以前におこなわれる予備審理を、被告人および検察側の双方の同意にもとづき、非公開とした措置の合憲性問題に当面した。(9) ここ——以下、ガネット事件という——では、従来の諸判例では問題にならなかった、公開原則条項（合衆国憲法修正第六条。ラフにいって日本国憲法三七条一項に相当する）を前面に押し出して議論がなされたのであった。けれども最高裁はこのガネット事件では、憲法修正第六条の公開裁判条項は、本質的に被告人（被告発者）の利益にむけられた規定であって、公開をもとめる権利を市民一般にはめ込んだ規定ではないと判示して、違憲論を斥けた。

最高裁判決は、三つの補足意見と四名の裁判官の同調する反対意見一つがくっついており、子細にみれば、いろいろ問題がある。その点はさておき、これは正式審理（a trial）ではなくて、予備審理の非公開が問われた事件であったので、公開原則との関係では玉が悪いという面がかなりあった。事実、この点、つまり憲法の公開原則は正式審理についてのみ及ぶのであって、予備の事前審理手続には及ばないことをもって、上告棄却さるべきむねの補足意見——例えばバーガー長官のそれ——もあった。ところが、翌一九八〇年には、ある殺人事件の正式審理を非公開とした措置が、合衆国最高裁判所の判断をあおぐべく持ち込まれることになった。このケース——以下リッチモンド事件と呼ぶ(10)——では、ある事情で正式審理手続を四度も繰り返すことになってしまい、そのあいだ中マスコミに意地悪されたとして、被告人がやり直し四番目の裁判を非公開にするようもとめたのであった。検察側も非公開に異議を申立てなかったので、裁判所は裁量問題と理解したうえこの非公開申請を承認したのである。こうして、真正面から非公開措置の合憲性が争われることになったが、これは合衆国最高裁判所には先例のない、はじめてのケースであったようである。(11)

バーガー長官が代表する法廷意見は、本件非公開措置は憲法に違反するという結論をとった。バーガーは、憲法修正第六条の定める刑事法廷の公開制はイギリスに淵源する確立した伝統に根ざしたものである、と強調した。しかし同時にバーガーは、修正第一条(表現の自由)をもってきている。このことに注目する必要がある。いわく、修正第一条の中核には「政府のはたらきに関係することがらについてコミュニケーションの自由を保障する」ということがあり、「刑事裁判がどのようにおこなわれているかということがら」はまさしく、市民がもっとも深い関心をもつ統治事項にほかならないというのである。

この判決には、興味ある補足意見がいくつもついているが、それらは、憲法修正第六条の公開原則よりはむしろ憲法修正第一条にもとづく政府情報へのアクセス権のほうに、重心がかかっている。実際のところ、まえのガネット事件で、憲法修正第六条は刑事被告人一個の権利を賦与したものにすぎないといい切ってしまっていたのだから、市民一般の権利を語るためには、憲法論上の再構築が必要なのである。バーガー長官の法廷意見は、修正第六条と修正第一条とを掛け合わせることによって、先例の枠組みから脱しようと試みた、といえる。体制派としてのバーガーは、政府施設一般(とくに監獄、軍隊、精神病院などなど)への接近をどう封ずるか腐心しなければならないわけで、それだけに、ことを法廷という特殊な施設の際《きわ》で食いとめるべく、ことさらに憲法修正第六条を掩護障壁としてのこしておきたいところであろう。これに対し、裁判過程を広く統治過程の一環として捉え、これらにつき可及的に広汎に市民のアクセス権をみとめるのが、民主主義的な憲法の構造体系に即していると考える裁判官たちは、修正第六条に拠らずに、修正第一条だけで勝負しようとするのである。

この間の事情は、「裁判傍聴人のメモ」問題という特殊日本的な争点にしか関心をもたない読者には、まったく興味のないところだと思うので、簡略にすまさねばならない。ただ私には、狭い特殊日本的な「メモ」問題を考えるばあいでも、裁判を超えて広く統治にかかわる領域で、情報を集め記録をとる市民の行為が憲法上どういう評価をされるべきかという視点の導入がぜひ必要だと思うので、日本法の理解にとってどうでもいいことがらを語りつつあるとは、じつは思っていないのである。

枝葉にわたってみれば、いま述べたかぎりでも、右憲法判例には、なお省察に値するさまざまな側面がある。ここではしかし、この判決により、刑事裁判における正式審理にかんして、市民がアクセスする憲法上の権利があることが承認されたのであって、この結論には、九名中たった一人の裁判官が反対しただけである。すなわちレーンクィストは、この種のことは州がきめるべきで、合衆国（連邦）は介入すべきではない、とする立場をとった。

一九八二年には、合衆国最高裁は、裁判公開の請求権のために駄目押しをする判決をくだした。ある州には、未成年たる性犯罪被害者が証言台に立つばあいには、事情のいかんを問わず、その過程を非公開とする法律がある。裁判所は、この法律を適用して、ある強姦事件を非公開とする措置をとった。こうして法律の合憲性が問われることになったのである。先のリッチモンド判決により刑事上の正式審理には公開をもとめる権利があることが承認されたが、権利があるからといって、あらゆるばあいに貫徹するわけではない。他の利益との競合関係において、ある種の制限を受けるのもやむをえないばあいがあるかもしれない。この——以下、グローブ事件と称す——事件では[12]、このように、公開をもとめる権利の限界（範囲）が問われた、といえる。

先例により、公開法廷へのアクセス権が承認済みであることを前提として、グローブ事件では、合衆国最高裁判所は、アクセス権を否定しようとするばあいには、「やむをえない統治上の目的（a compelling governmental interest）があって、アクセスを否定することがどうしても必要であること、および非公開措置はこの目的達成のために狭く限定されたものであること」を、公権力の側は立証しなければならない、という立場を明示した。そして結論として最高裁は、一定のばあい自動的に非公開を命ずる本件法規は厳格な司法審査に堪えないとして、アクセス権を主張する市民（新聞社）の側に軍配をあげたのである。

さて、もう一つだけアメリカの判例に言及しておきたい。一九八四年には、ある地方で陪審員選定手続を非公開とした措置が問題になった。合衆国最高裁は、これもまた非公開を違憲である、と判断した。プレス・エンタープライズ事件[13]がそれである。法廷意見がバーガー長官によって書かれているのは、興味ぶかい。バーガーは、こういう種類の「権利」問題にたいへん消極的もしくは慎重な立場をとり、現に先のグローブ事件では証人尋問を非公開にしたのは当然だったとして反対意見を書いたのであった。そのバーガー長官が、こんどは、まえの事件で自分が反対したところの、当の法廷意見を引用しながら、アクセス権否認には「やむをえない統治上の目的」および選択された規制手段について、厳格審査の合格が必要である、と判示したのであった。バーガーは、裁判の公開性にかんして、第一に、被告人の側の権利（公正な裁判をもとめる権利）はコミュニティすべての人がもとめる権利と不可分であること、第二に、それは「コミュニティにとって治療的な価値」があること、を強調している。こう語るとき、バーガーは、陪審員選定という手続が英米では伝統的に公開されてきたという事実を重視しているのも、指摘しておこう。そうしながらバーガーはリッチモンド判決同様、憲法修正第六条と修正第一条とを掛け合わせた形で、法廷へのアクセス権を基礎づけているのである。

けれども、だれしもがすぐ気づくように、陪審員選定手続は正式審理（trial）ではないのである。したがって、その公開性は――歴史には根ざすかもしれないが――憲法修正第六条の命令するところではない、といえばいえるわけである。そうなると、修正第六条はたんに被告人の「正式審理」の公開をもとめる権利を定めたものにすぎないと断定した一九七九年ガネット判決が破棄されないかぎりは、本件のような予備審理手続への市民のアクセス権につき、憲法修正第六条を持ち出すのは、二重の意味でしっくりいかない部分がのこる。それを補強し支えるべく修正第一条が出番を要請されているのである。しかしながら、ここはひたすら修正第一条が独演すべき舞台であって、修正第六条の出る幕はもはやないのだ、という理解も十分に成り立つところである。

ともあれ、憲法修正第六条と同第一条とを掛け合わせるか、あるいは修正第六条を抜きにして修正第一条のみを基礎としてか、アメリカでは、裁判過程への市民一般のアクセス権は、確立したと断定することができる。市民の出席し見聞する権利は、たんに刑事の正式審理にとどまらない。それと本質的にかかわる事前的予備的審理手続についても、市民はアクセスする権利がある、と考えられる[14]。それのみでない。一連の判例の展開およびそれがふまえる法理からすれば、刑事裁判のみならず民事裁判でも、おなじことがいえると論ぜられている[15]。少年審判[16]、裁判官弾劾手続[17]など裁判類似の手続に、アクセス権の支配領域が延びる可能性がある。どこまで延びるか、その過程で憲法修正第六条と同第一条との関係がどうつけられることになるかは、将来のことに属する。

出席することの意味

アメリカの判例を概観したが、その結果、少なくも裁判および裁判類似の手続においては、そこに市民が出席し見聞することが憲法上の権利として承認されるにいたっていることは、明らかである。このことが、現在の最高裁判所（バーガー・コート）の顕著な功績の一つとされうるのは、衆目のみるところである[18]。

「アメリカはアメリカ、日本は日本」。アメリカの法理は、日本国憲法となんの関係もない、といわれそうである。けれども、現に当面している憲法上の争点、憲法上の権利の理解においては、アメリカ憲法も日本国憲法も相当程度に似ているところがあるはずだ、と私は思う。

日本のばあいも、日本国憲法八二条一項（もしくは、三七条一項）だけから市民一般の裁判出席権、裁判見聞権をひき出すことはむずかしいかもしれない。しかしながら、民事であれ刑事であれ裁判というものは「統治」のもっとも根幹をなすものであるがゆえに、訴訟関係者だけではなくて、市民社会およびそこに住む公衆一般の関心事でなければならない。そうだとすると、アメリカのばあいとほとんど違わない形で、表現の自由保障規定（日本国憲法二一条一項）が、市民のアクセス保障のために、一定の役割を果たすものと考えることができるはずである。つまり、憲法八二条一項（もしくは三七条一項）と二一条一項とを掛け合わせたうえで、裁判の――せめて〝裁判の〟――過程には市民は参加し見聞する権利がある、とはっきり確認することができると考えたい。

このように、市民が裁判に出席し見聞する権利が憲法上保障されていると確認して、しかもなお、参加する過程で審理模様を記録にとる権利はない、すなわち傍聴人はメモする権利はない、といえるものだろうか。法廷へのアクセス権は、ただ法廷の座席に坐って目で見、耳で聞く以上の活動をふくまない、と弁じうるものだろうか。

いま紹介してきた合衆国の一連の判決は、すべてアクセスを否定された報道機関が原告となって提起した訴訟に端を発する。かれらは、裁判の公正を保障するために、ただ坐って監視する目的から、アクセスをもとめているのではない。審理手続を自らが見聞するにとどまらず、関心のあるかぎり他の人びと（市民社会）に知らせるべく、アクセスをもとめているのである。報道目的との関係では当然、記録をとることも、アクセス行為の一環なのである。もう一つ注意したいことは、先の一連の判決は、けっして報道機関の特典あるいは特権として、法廷へのアクセス権を承認したのではない、ということである。この法領域では、アメリカの判例は、報道機関の権利と市民一般の権利とを区別づけることをほとんどしない。報道機関がメモをとるのも、ふつうの傍聴人がメモをとるのも、憲法価値上、まったく同一視される。私は、それが正しい考え方だと思う。

ひるがえって日本では、傍聴人のメモを禁止する一方で、恩恵として特典として、一定の限られた報道機関にはメモを許している。裁判所も報道機関も、いや社会一般も、この慣行を当然視してきている。ある層の報道機関としては、この特権が特権のまま未来永劫つづくことを希求しているに違いない。けれども、私のように、裁判にアクセスすることが市民の権利だと考え、アクセスすることのなかには——ことの性質上当然に——進行中の出来事を記録する行為をもふくむと解する者にとっては、日本の現在の慣行は、憲法上認めがたい差別的取扱いだということになる。

私は不敏にして、メモの禁止（もしくは制限）が争われたアメリカの裁判例を知らないが、この国では一般にメモ採取は自由におこなわれているから、制限措置を争う訴訟事例を捜すのはむずかしいのではなかろうかと推測される。メモ禁止措置ではないが、私の見出した連邦控訴裁判所の判決の一つに、法廷内スケッチを問題にした事件がある。[19] これは、一九八〇年代以前、すなわち、法廷へのアクセス権が憲法上保障されるむね宣言される以前のことだが、ある公安事件で〝荒れた法廷〟になりそうだと推定した裁判長が、予め新聞社に雇われた画家に法廷内スケッチを禁止する命令を出したのは、目的達成との関係では広汎にすぎる措置で違憲だ、と判断したのであった。法廷秩序維持のための裁判長の裁量権はふつうは広く解すべきだが、修正第一条（表現の自由）がからむばあいには、そうばかりはいえないのだ、と説示[20]しているのが注目される。ここでも、問題の画家が報道機関のために働く人間だから、修正第一条が特別に保障されるというふうになっているわけではない。ともあれ、七〇年代中葉とは違って、八〇年代中葉の現在では、市民の法廷へのアクセス権はより明確な保障にあずかることになったのだから、法廷内での筆記活動・記録活動は、もっと確実に自由化されるにいたっている、とみて間違いない。

メモ禁止理由の視点と内容

もし市民が法廷に出席しその審理過程を見聞することが、憲法二一条および八一条一項（もしくは三七条一項）を踏まえた憲法の構造体系上、先ほど来から述べてきたような意味で、憲法上の権利だとするならば、出席は許すが、メモは許さないとは、原則としていえないことになる。すなわち、伝統的な考え方、現に支配している立場を反映するところの、次のような最高裁判所事務総局の見解は、根本的に再検討されるべきことになる。「(憲法八二条一項にいう)『公開』とは、公判期日における手続を何人の傍聴も許す状態で行うということであって、これ以上のものではない。したがって、傍聴人は、傍聴施設等物理的障害がない限り、希望するときは裁判を直接見聞できる。場合によってはそれを記憶して人に伝えることも自由であるけれども、その記憶を固定させるためにメモをとるということまでは、当然の傍聴人の権利の内容として含まれるものではないのだ。」(21)

いまのところは、このように傍聴人にはメモをとる権利がまったく認められていないから、これをどう禁止し制限するのも、裁判所の裁量問題だということになる。ところが、私のように、傍聴人の出席権・見聞権および記録する権利が憲法上保障されているということになると、他の点で裁判長の法廷警察権は広い裁量のはばをもっているとしても、ことこの権利にかかわる領域では、裁量の余地はないことになる。もしくは、裁量はいちじるしく狭いものとならざるをえない。片方の市民に憲法上保障される権利があって、しかもその生殺与奪は裁判長の裁量に属する、などという矛盾は許されないからである。すなわち、裁判長は、特定の法廷において、傍聴人の記録行為を禁止または制限するばあいには、事後の厳格な審査において、当該禁止措置が特段の事由によりやむをえなかったという根拠(compelling government interests)を提示するとともに、当該措置以外に他のより緩やかな手段はなかったことをも立証する必要がある。このばあい、例えば、もし一般の傍聴人のメモは禁止するが、自己の指名した特定の報道機関要員にはメモをとることを許したとすれば、そうした差別取扱いが、いかなる事由で、やむをえずおこなわれねばならなかったかを、裁判長はきちんと納得できるように説明する用意をしておかねばならないだろう。

現行禁止制度は、市民の側に一片の権利性も認めず、ひたすら裁判長の裁量に属することを前提として作られている。

私の理解するところでは、裁量といえども「法からまったく自由な行為」とはいえないのであって、例えば裁量行為といえども平等原則に服さねばならない。ところで、現行制度は、ある種の報道機関にはメモの禁止を解除し特典を与えている。これは、裁量権の濫用ではないだろうか。もちろん、こうした私の疑問に対して、当局は特典を与えることの説明をいろいろ展開するであろう。しかし、なぜ、この特典を普遍化して市民一般の権利として承認しえないか、説明することがきっとむずかしいはずである。

報道機関ではなくて、ふつうの市民、すなわち私たちはなぜメモをとってはいけないかという理屈が、いろいろと並べ立てられている。例えば、第一にメモを許可すれば、訴訟関係者とくにある種の証人に心理的圧迫を加え、公正な裁判がさまたげられるという。この言明に対しては、経験的な事実に即し、さまざまに疑問を投げかけることができる。実際のところ、心理的圧迫といえば、不慣れな法廷に出頭すること自体がなによりも圧迫を構成するとか、傍聴人がメモをとる行為の圧迫的な要素は——もし、あるとしても——それに比べたら決定的ではないとか、最も見易いところに陣取って報道関係者らがメモをとることがなぜ心理的な圧迫にならないのか、などなど論議の余地がある。つまり、心理的圧迫説は、それだけでは理屈にならないのである。この説につき、もう一ついえることは、ひょっとして特定の脈絡から、ある争点にかんする、ある審理手続との関係で、メモ禁止にしたほうがいいという裁量の理屈づけになるかもしれないが、現行制度がそうであるような、例外をいっさい許さないところの、全面禁止の理屈づけとしては、オーバー（over-inclusive）にすぎる。禁止される方の側からは、この点でも納得できない。

第二の理由としてあげられるのは、素人たる私どもがとる記録は不正確で偏頗であり、これを法廷外に持出して公表するときは、関係人が不当な不利益を蒙り、ひいては公正な裁判の進行が阻害される、といった態のものである。けれども、私どものとるメモが不正確、偏頗かどうかは、公権力（裁判長）の知ったことではないのである。しかも、不正確であれ偏頗であれ、そのこと自体からは実害は生じない。したがって、そのことを理由に、メモ禁止を合理化できない。勢い、そのメモを事後に法廷外で利用（公表）するばあいの効果をからめようということになる。しかし、その後どう利用するかも、これまた公権力（裁判長）の知ったことではない。ある傍聴人はメモにもとづいて記事を公表するかもしれないし、他の傍聴人はメモをファイルに入れて後日の参考のために保管するかもしれないし、別な傍聴人は折角とったメモだが、面白い内容のものでないので、ゴミ箱に棄ててしまうかもしれない。私の想像力は貧困なので、法廷外のメモ利用がいかにあるかの全貌を見透すことはできない。しかし、どう利用するかは、じつは裁判長にもわからないのである。そうなのに、不正確で偏頗にきまっているところのメモの、不正確性と偏頗性とを、そのままそっくり再現させる形で記事が公表される可能性があるとし、この可能性にいっさいを賭けて、そもそもメモをとってはいけないとしてしまうのは、たいへん越権だと思う。これは、公表を前提とし、そのばあいの悪弊を一方的に予測して、一定の人間的行為（表現行為に不可欠な情報保管行為、記録行為）を事前に禁止する公権力発動であり、そういうものとして、表現行為に対する許されざる「事前抑制」＝「検閲」を構成するとさえ、いいたいくらいである。メモにもとづこうとメモにもとづくまいと、法廷外で事後になされた「公表」が、だれかの権利を侵害するといった違法な効果をもたらしたならば、その時点で、公表行為に対しそれ相応の法的制裁が加えられればいいのである。違法な効果が発生するに違いないときめつけ、そのずっとまえの準備行為（記録行為）を全面的に禁止するのは、戦前日本的な権力発想に近いものがあるように思う。

しかのみならず、この理由づけには、とんだ陥穽がある。メモに拠ろうと拠るまいと、事後に法廷外で審議模様を記事にし公表すること自体を、いまの日本国憲法のもとでは——残念に思う者もいようが——何びとも防止しえない。そうするとどういうことになるかというと、メモは不正確・偏頗だからとして禁止されたゆえに、メモをとらずに記憶に頼ってだけ記事を書くことになる。不正確にして偏頗なる形でしかメモをとれない私たち凡人は、メモなしで記憶に頼って記事を書くのを強いられることによって、少しでも正確になり、多少とも公平公正になれるものなのだろうか。この点だけをとっていっても、私には、この第二の理由づけは、それ自身のうちに背理をふくんでいるように思えるのである。

第三のメモ禁止理由は、一般傍聴人に筆記活動を許せば、法廷内に騒音が満ち溢れ、静穏が保てなくなるというにある。失礼をかえりみずあえていえば、これは、一方的な屁理屈というものはどうにでも成り立つものだ、という見本のようなものだと思う。学校その他の講義、研究会などの集会などで、ノートをとることによって情報を保管しようとするのは、聴き、かつ見ることとともにごくふつうにおこなわれている。けれども、この活動に即自的に付随して騒音が絶えなく、場内の静謐を保つことができないとは、寡聞にして聞いたことがない。たしかに、ある種の音楽会などでは、紙をめくる音さえも騒音を構成することがあるのを、私も認容する。だが、法廷は音楽演奏会ではないのである。われわれ国民は、音楽を鑑賞するために司法権を設けたのでもないし、繊細な音を聞き分けるために法廷に出かけるわけでもない。加えて、法廷においては、筆記行為が法廷秩序を乱す騒音を現実に発生させたとき、そのときには、これを鎮圧する権力を裁判長はゆだねられているのでもある。

ここは、メモ禁止理由を詳細に検討する場所ではないので、私の議論に必要なかぎりで主要なもの三つだけに言及した。どれも、少なくもいえることは、甲論・乙論と対立する議論の余地がある理由であるのに、裁判制度の運用を任されている者（裁判官）が、その立場から、そしてかならずしも経験的事実にもとづくことなく、一方的に選択したものである。どれも説得力がないではないか、と抗議しても、「いや、私（裁判長）には裁量権がゆだねられていますから」という形式論がはねかえってくる構造のうえに、この三つの——多かれ少なかれ「愚民」観を踏まえた――理由が成立しているのである。

メモ禁止論は、こうした種類の規制利益をあげて、そこから一足飛びに全面禁止という制度を打ち出すのであるが、ここにも、禁止論の特徴が現われている。傍聴人の側の利益というものが、規制を受ける市民の側の不利益というものが、まったく認識および評価の対象とされず、したがってまた、それらと規制利益との比較衡量という論理過程が欠落しているという特色である。

この点にかんしては、二つのことが指摘されうる。一つは、どういう利益をどのように拾い上げて（あるいは、拾い上げずに）結論を出すかは、ほかならぬ裁量問題だという考え方に、これは支えられているだろうという点である。このように、適正な判断過程を欠落することも裁量のうちと考えることが、一般論として許されるものかどうか。ここにもデュー・プロセス（適正手続）要件がかぶるべきではないか。取り急ぎ問題の指摘だけをしておく。

利益考慮という点のもう一つの問題は、こうである。メモ禁止論者は、じつは、傍聴人・市民の側には、考慮に値する利益が生じない、と判断している。対抗する利益が不存在だから、諸利益を衡量したくも、これをやる余地がない、と主張する構造になっている。すなわち、メモ禁止論者は、傍聴人、市民にはメモを取る必要がない、禁止してもなんら不利益にはならない、と異口同音に語るのである。自分なりになにかの目的をもって記録にとどめ情報を確保しようとメモしつつある者、すなわちメモの必要を感じてメモしつつある者にむかって、国家権力（裁判長）は、「そんな必要はない」といえるものなのだろうか。市民の必要性の判断を、国家は奪い、代わって不必要とする結論を押しつけることができるものなのだろうか。

後日、訴訟記録ができあがった段階では、だれもが閲覧できるのだから、傍聴人がわざわざメモをとる必要はない、といった式の議論が横行するのだが、これはせいぜいのところ、裁判を職業とする人びとのあいだではあるいは、ある程度通用するかもしれないところの、一つの見方でしかない。必要性を論破し、不必要性を強制するなんの力もない、と思う。

権利をさまたげる規制利益の存否

メモをとることが必要か不必要かという問題に関連していえば、私のほうはむしろ、そういう議論のレベルとは別に、市民は裁判に立ち会い、その過程を見聞し、かつ見聞したところのものを——なんの目的であれ——記録にとどめて情報として確保することが、憲法体系全体からみて、権利として保障されねばならない、と考える。憲法上保障される権利であると考えるがゆえに、そんなものは不必要だとするメモ禁止論とは真向から対立することにならざるをえない。

私の考えは、現行禁止制度を空気のごとく自然に受けとめてきている裁判官諸賢をふくむ多くの人びとからみれば、偏見と独断にみちた牽強付会の議論として一笑に付されるに違いない。けれども、この点ではほとんど本質的に日本とおなじ憲法規範の支配するアメリカ合衆国では、むしろ私のような考えのほうが妥当性を有するはずである。日本でもそう簡単には一笑に付せられてはならない、と考えたい。

そう考えたばあい、すなわち、傍聴人のメモ行為は表現行為の一環(準備行為)として憲法上保障されている、と考えたばあいには、これを制限もしくは禁止するかどうかは、裁量の問題ではなくて、厳格な審査を要する憲法問題にならざるをえないのである。

もとより、憲法上保障された権利だからといって、あらゆる対立利益を排除し専一的に貫徹すべきだというのではない。なんらかの対立する利益があって、しかもその利益たるや真にやむをえない優先価値をもったものならば、メモをとる権利のほうはそのかぎりで譲歩しなければならない、というばあいがあるのである(もっとも、このばあいといえども、有効な代償手段があるかどうか、といった付随的な争点の検討は、なおありうる)。

先に言及した三つの禁止理由はいずれも、勝手気儘な裁量論としてはともかく、厳格な審査に堪えうる内容のものではないのは、たぶん再言の要はないだろうと思う。

ただ一点にかんして、多少の論及をしておいたほうがいいかもしれない。すなわち、禁止理由の一つがあげる、心理的な悪影響の問題がこれである。この議論は、メモ行為自体がもたらす心理的効果を経験的事実に照らして摘示するものでなく、漠然にして抽象的な主張に終始していて、とうてい憲法審査に堪えるものではない。とはいっても、この議論のポイントにある「公正な裁判」の確保という利益そのものを無視していいとも思わない。メモをとる行為自体が、客観的にいって、「公正な裁判」という制度目的をさまたげ、そしてそのことによって、訴訟当事者の「公正な裁判」を受ける権利をも阻害するおそれがあるばあいには、それを制限するのはやむをえないことだと思う。ただ、どういうばあいに、そういうおそれがあるとして禁止・制限を正当視しうるかということについては、厳密な検討を要する。先に紹介したアメリカの例のいくつかを想起されたい。全国的に著明な公安事件で〝荒れた法廷〟になる一助になっては困るとして、法廷内スケッチ行為を禁じた例[22]にしろ、強姦事件の審査にかんし未成年の性犯罪被害者の証言を非公開にした例[23]にしろ、「公正な裁判」への阻害事実の立証は、そう簡単にはゆかない。裁判長の一定の「あるべき法廷」のイメージをきずつけることが、すなわち「公正な裁判」を阻害するもの、と認定していいわけではないのである。

このことに関して参考になるのは、アメリカ合衆国最高裁が、法廷内でのテレビ撮影許可と公正な裁判確保との関係をどう判示してきたか、その推移を一瞥することである。一九六五年、ある州の裁判所が、ある刑事裁判で報道機関によるテレビカメラの持込みを許したのを、被告人らが自分たちの「公平な裁判」を受ける権利を侵害したとして上告した事件がある。合衆国最高裁は、被告人らのいい分を認め、これは「公正な裁判」を受ける権利の侵害になる、と判示した。これをエステス判決[24]という。日本では、これを法廷でのテレビ撮影がそもそも「公正な裁判」と両立しないとする最高裁の立場を明示したものと、確定的に受けとられている気味があるが、子細にみれば、けっしてそうは読めない。この事件では、最高裁裁判官のどの意見も過半数を制することができず、結局、四名の相対多数意見（plurality opinion）と一名の補足意見とが合わさって、本件テレビ撮影許可は違憲だった、という結論にかろうじてなっているのである（この判決では、反対意見もふくめて六つの見解が表明されている）。一九六五年といえば、カメラ・照明・配線などなどの技術が未熟で、装置の持ち込みと作動が、伝統的な法廷の雰囲気にそぐわないものであった。相対多数意見は、こうした現状認識を踏まえている点に注意を要する。また、相対多数意見は、本件での物々しい装備と作動が訴訟関係者におよぼす「心理的悪影響」にも深い憂慮を示しているが、しかし、そうした「影響」が経験科学にもとづく「実証的知見」によるものでないことを、告白しているのも見逃せない。ともあれエステス判決は、それ自体において過渡的性質のものであったが、その後の判例の展開によって、その先例的価値をまったく失ったとみられるので、これ以上考究しない。

法廷内の記録行為と「公正な裁判」との関係で意味のあるのは、現在ではむしろ、一九八一年のチャンドラー判決[25]である。ここでは、悪徳警察官らの強盗事件だというので世間の耳目を集めた訴訟の模様をカバーすべく、裁判所の許可を受けてなされたTV撮影が、すなわち、「公正な裁判」をさまたげたかどうかが問われた。最高裁判所は、八名の裁判官全員が一致して、「公正な裁判」を受ける権利が侵害されたという被告人の主張を斥けた。憲法理論上は、これにより最高裁が先例たるエステス判決にどういうお葬式を出したかが面白いところだが[26]、ここではこれに立入らない。肝心なことは次の点である。バーガー長官の書いた判決は、こういっている。「司法手続をつねに取りまいている冷厳な雰囲気を〔放送による取材が〕損うという憂慮されるべき潜在傾向」がどんなにあろうとも、それだけではなくてさらに、「テレビが入り込んだというだけで司法手続に不利な影響を与えるということを十分に立証する経験的なデータ」が提出されなければならない。ところが、この事件では被告人の側がその種のデータを提示していないのである、と。

こうして、アメリカでは、法廷内TV撮影行為ですら、即自的には、訴訟関係者の心理を圧迫し、裁判の公正を阻害するとはいえなくなっているのである。(27) これに反して日本では、TV撮影行為に比べたらずっとずっと自然的で、ずっとずっとつつましい行為であるはずの筆記活動が、それ自体として、訴訟関係者の心理に悪影響をおよぼすと認識しなければならない特別なる事情があるのだろうか。私には、そうした事情が特別に日本にはある、とはとうてい思えないのである。

いまTV撮影行為を対比させたが、誤解のないように申し添えれば、アメリカはけっして法廷内TV撮影が憲法上保障される権利の問題だと解されているわけではない。そうではなくて、被告人などが自己の権利を主張して、TV撮影の禁止制限を主張できるかという問題として提示されているにすぎないのである。ところで、私は、法廷内TV撮影ではなくて法廷内筆記行為を問題にしているのであって、こうした筆記行為が、傍聴人の権利だという立場を表明しているのである。そうだとすると、一方の側に訴訟当事者の「公正な裁判」を受ける権利があるのに対抗して、他方の側には傍聴人のメモをとる権利が対峙するという構図になるわけである。このように権利の衝突が双方ともに憲法次元にあるのだから、TV撮影のばあい以上に、慎重で厳格に、いうところの「公正な裁判」の阻害要因を検証する義務が裁判長にはある、ということになると思うのである。

むすびにかえて

チャンドラー判決のなかで、バーガー長官は「司法手続をつねに取りまいている冷厳な雰囲気」が損われれば、すなわち「公正な裁判」が駄目になると考えるのは誤りだ、と語っていることに注目したい。裁判をとりまく冷厳な雰囲気は、英語では伝統的に“dignity and decorum”と称されてきている。これは、田中耕太郎の語る「裁判の威信と法廷内の礼節[28]」というのに該当するであろう。長いあいだ伝統として保持されてきて現にある「裁判の威信と法廷内の礼節」こそが、「公正な裁判」の確保にとって不可欠の要素であり、それがちょっとでもきずつけられたならば、裁判は裁判でなくなる、と裁判官が考え勝ちなのは、私にもよくわかる。しかしながら第一に、裁判官の心のうちにある観念としての「裁判の威信と法廷内の礼節」と、憲法が制度として保障するところの、一定の実体的内容をもつ「公正な裁判」とは、けっしておなじものではないのである。そして遺憾ではあろうが前者は、憲法によって保障されているわけのものではないのである。第二に、そのことにも関係するが、裁判官の主観に左右されその内容も範域も不明確なこの観念によって、傍聴し記録をとるという市民の側の憲法上の権利が左右されていいとは、容易に論じえないと思われるのである。

メモを許したら、次は録音テープの持ち込みだ、ビデオ・カメラの持ち込みだという具合に将棋倒しになってしまう、こうしたドミノ効果を未然に防止するためには、どうしても一番最初の駒を倒してはならないのだ、と考えるむきもあるだろう。しかしこれは、傍聴しメモをとることが憲法上の権利だとすれば、この権利を否定する論拠にはなりがたいだろう。ひとしく記録をとる行為といっても、筆記による記録、テープレコーダーによる録音およびビデオ・カメラによる録画とは、「公正な裁判」を確保する利益との関係では違うところがあるかもしれないし、似たところがあるかもしれない。その検証をへずに、十把ひとからげ、邪魔物に見立ててメモ禁止を正当化する議論は、ひかえ目にみても、ゆきすぎ（over-inclusive）のゆえに不平等（あるいは不適切）な取扱いの過ちをおかしている、という評価をまぬかれがたい。

（1）　この点の批判的検討をおこなうものとして、塚原英治「裁判の公開と傍聴人の権利」『法と民主主義』一六三号、一九八一年、参照。

（2）さし当たり、香城敏麿「傍聴人の地位」熊谷弘（等）編『公判法大系II』日本評論社、一九七五年、三四六頁参照。

（3）香城・前掲論文三三六頁。

（4）清宮四郎『憲法I〔新版〕』有斐閣、一九七一年、三六一頁。いちいち挙げないが多くの憲法教科書には、似たような叙述を見出す。

（5）Nixon v. Warner Communications, Inc., 435 U. S. 589, 610 (1978).

（6）刑事法学者が、公開原則についていろいろ発言していることを不遜にも軽視しようというのではない。私は、憲法レベルのことを念頭においている。

（7）もっとも憲法八二条一項にかんする裁判例はけっして少なくない。また傍聴人の筆記活動禁止にかんする裁判例さえもあることはある（福岡地裁決定、一九六六年一〇月一六日『刑事裁判月報』四巻一〇号一七五七頁）。

（8）以下本文に記すところは、奥平康弘「政府保有情報の開示請求権をめぐる論議」（佐藤功先生古稀記念『日本国憲法の理論』有斐閣、一九八六年所収）（本書、第八章に再録）で展開したところのものの要約である。なおまた、藤田憲一「アメリカにおける法廷へのアクセス権」『一橋研究』一〇巻二号、一九八五年参照。

（9）Gannett Co., Inc. v. De Pasquale, 443 U. S. 368 (1979).

（10）Richmond Newspapers, Inc. v. Virginia, 448 U. S. 555 (1980).

（11）*Id.*, at 564.

（12）Globe Newspaper Co. v. Superior Court For the County of Norfolk, 475 U. S. 596 (1982).

（13）Press-Enterprise Co. v. Superior Court of California, 464 U. S. 501 (1984).

（14）Comment, Right of Access to Pretrial Proceedings in Criminal Cases, 32 Emory L. J. 619 (1983); Comment, Free Press-Fair Trial: A Proposal to Extend the Right of Access to Encompass Pretrial Proceedings, 52 Cin L. Rev. 524 (1983).

(15) Note, The First Amendment Right of Access to Civil Trials After Globe Newspaper Co. v. Superior, 51 U. Chi. L. Rev. 286 (1984).
(16) Note, Access to Juvenile Delinquency Hearings, 81 Mich. L. Rev. 1540 (1983).
(17) Comment, A First Amendment Right of Access to Judicial Disciplinary Proceedings, 132 U. Pa. L. Rev. 1163 (1984).
(18) See, e. g., Tribe, Lawrence H., *God Save This Honorable Court*, N. Y.: Random House, 1985, 112.
(19) U. S. v. Columbia Broadcasting System, Inc., 497 F. 2d 102 (5th Cir. 1974).
(20) *Id.*, at 107.
(21) 小野幹雄（最高裁判所長官代理者）の発言（九四回衆院法務委員会議事録第三号一〇頁、一九八一年三月三日）。
(22) U. S. v. Columbia Broadcasting System, Inc., 497 F. 2d 102 (5th Cir. 1974).
(23) Globe Newspaper Co. v. Superior Court For the County of Norfolk, 457 U. S. 596 (1982).
(24) Estes v. Texas. 381 U. S. 532 (1965).
(25) Chandler v. Florida, 449 U. S. 560 (1981).
(26) さし当たり奥平康弘「裁判の威信と法廷内の礼節」『法学セミナー』三七一号、一九八五年、一三頁参照。
(27) この主題については、多くの論稿があるが、最近のものとして、田中開「刑事公判とテレビ」『ジュリスト』八五二号、一九八六年、一〇九頁参照。
(28) 田中耕太郎「裁判と報道の自由」『ジュリスト』一四五号、一九五八年、とくに七頁。

第七章　法廷内「メモ採取の自由」をめぐって

――東京地方裁判所判決（一九八七年二月）コメント――

当然の判決というべきか

アメリカ・ワシントン州弁護士レペタ氏が日本経済法研究のために東京地方裁判所のある法廷に出席し傍聴しつつあったさい、メモを採ろうとしたところを裁判長に阻止された。レペタ氏は、この措置を違憲違法であるとし、国家に対する賠償請求訴訟を起こした。一九八七年二月一二日、東京地方裁判所は、レペタ氏の請求を斥ける判決をくだした（判例時報一二二二号二八頁）。

私は先に掲げた「法廷に出席し傍聴しメモをとる権利」において、メモをとる権利を憲法上根拠づける作業を試みてみたが、この東京地裁判決は、私の試みとは真向から対立するものである。私のような考えは、これにより全面的に否定されたことになる。

法廷内では傍聴人がメモを採ってはならないのは、これはもう当然の措置と長いあいだ考えられてきたところであるから、この当然の措置たる現状を肯定し維持した東京地裁の判決もまた、当然の判決というべきかもしれない。この問題の処理の仕方いかんによっては、たんに裁判内容の公開だけではなく、広く国政情報を開示する法制へと道を開くことになってしまうのだから、裁判官としては、そう簡単にこういった方向へコミットするわけにはいかない。おまけに、この問題、つまり法廷傍聴人の行動をさばき秩序を維持すべき権力の範囲にかんする問題にかんしては、じつは、裁判官は、利害関係を有しない第三者とはいえないものがあることに注意を喚起したい。ことがらは、個々の裁判官あるいは層としての裁判官諸公が伝統的に保持してきている法廷指揮権（相手方に権利の存在を認めることなく貫徹する裁量権限）の縮小につながりかねない性質のものだからである。自己あるいは自分たちの権力を削りたくない、自分たちに任せておけばうまくゆく、と考える傾向がはたらいて不思議のない領域である。というわけで、結局のところ、東京地裁の判決はむしろ当然の内容というべきだろうと思う。

判決のポイント――その一――

けれども、世の中には、当然の事象かならずしも正当とはかぎらないし、だれでもがこれを甘受しなければならぬものでもない。東京地裁の判決についていえば、私はいろいろと承服できない面がある。本章では、承服できない理由の一端を敢えて開陳してみたい。以下には、東京地裁が問題を処理するうえで一番力点をおいたと思われる、その一点に集中して若干のコメントを付することとする。

東京地裁判決の特徴をどこにもとめるかというと、私は次の点をおいては、ほかになかろうと思う。その点とはこうである。すなわち裁判所は、一方で裁判を傍聴する権利が憲法二一条の表現の自由（「憲法二一条の趣旨に基づく裁判の内容を認識する自由」）にかかわるものであることを認容しながら、他方、傍聴者のメモを採る行為のほうは、裁判内容を認識するための、たんなる補充行為にすぎないという理由にもとづいて（また、もう一つ、メモを採る行為は公正な裁判の運営に悪影響を及ぼす可能性もあるという事情をも指摘するのであるが）、この行為を憲法二一条の保障の埒外へと放逐する。これがポイントだと思う。おなじように原告の請求をはねるにしても、裁判所としては、裁判に出席し傍聴することは、憲法二一条の表現の自由とは本来全く関係ないことがらであり、ましていわんや法廷内のメモ採取などは、ますますもって憲法二一条と関係ないと宣告する方法もありえたのである。東京地裁はなぜかこの途をとらず、裁判傍聴権につき、憲法二一条による保障を与え、しかしながらメモ採取権のほうはバッサリと切って棄てる手法を選んだのであった。すなわち、万事を憲法八二条論（裁判公開の原則の制度的保障、その反射としての裁判出席の機会、傍聴の機会の享有）で処理せずに、ともかくも憲法二一条に一定の出番を割振っている。しかしそれでいて肝心の争点（メモ採取の権利あるいは自由の存否）との関係では、二一条の保障を引込めているから、表現の自由のほうからみれば、これはリップ・サービスにすぎないことになる。だが、口先だけにしても憲法二一条にサービスしたことにより、判決は自らのうちに弱点をかかえ持ったことになるのではあるまいか。

私からみて、弱点と思えるものが少なくも二つある。第一点は、裁判傍聴権を憲法二一条にかからしめて語っているところにある。裁判所は「一般公衆に対して、裁判の内容につき認識する機会を与えることは、裁判の適正を図るためのみならず、表現の自由を実質的に保障するものと考えられる。」と説示するとともに、「憲法八二条が裁判の公開を制度として義務付けていることの結果として、裁判を傍聴することによって、裁判の内容を実際に見聞するという最も直接的な形で裁判の内容を認識する機会が保障されていると言うべきである。」と述べる。すなわち、裁判の傍聴は「憲法二一条の趣旨に基づく裁判の内容を認識する自由を最も直接的な形で享受」することなのだ、と説く。そしてさらに、裁判所は「認識する自由」の意味を、次のように敷衍するのである。「憲法二一条の趣旨に基づく裁判の内容を認識する自由は、憲法上は、五官の作用により右内容を認識するための機会を付与することにより、必要かつ十分に充足されるものと解すべきである。」と。すなわち、「認識する自由」とは、人間に自然的に具わっている五つの感覚器官をはたらかせて、「内容を認識するための機会」が「付与」されることだ、という。

さて、そこで問題は、裁判を傍聴する自由、あるいは「五官の作用」により「裁判内容を認識する」自由には、なぜ、いかなる意味において、憲法二一条による「表現の自由」が保障されるのかということにかんして生ずる。つまり、「認識する自由」と「表現の自由」とはどうかかわるのかという問題である。

あることを表現するためには、きわめてしばしばその前提として、その、あることを認識すること（あるいは、ほとんど同じことであるが、そのことについて情報を取得すること）が必要である。表現行為と認識（情報取得）行為とは、きわめてしばしば、密接な関係がある。けれども、表現行為と認識行為とは明らかに区別されるべき二つのものであって、両者は同じではない。前者にかんする憲法の自由保障は、後者に及ぶとは当然にはいえないのである。両者を結びつけるためには、すなわち判決のいう「認識する自由」に憲法二一条の保障を及ぼすためには、表現行為と認識行為を個人たる活動レベルで並べて、ことばのうえで両者のつながりをつける以上のことが要求される。国政にかんする情報に接近し、そこで入手した情報を社会全体に還元するという、国政情報にかんする社会動態的な物の見方の導入がどうしても必要になる。

そうではなくて、個人が個人として裁判所に出かけ、たまたま傍聴する機会が与えられて、自らの五官（このうち、嗅覚と味覚とはほとんど意味がなく、特別な人間以外には触覚も大した重要性がないと思料されるが）を駆使して、裁判の内容を認識するというだけでは、その個人的な行為が当然には表現行為ではない以上、その行為に憲法二一条の自由を与える理屈は、なかなか立ちにくいのである。

裁判内容を「認識する自由」について、憲法二一条の保障を与えようとするのであるならば（東京地裁は、喜んでそうしようとしているのであるが）、「認識する自由」も憲法二一条もともに、構造的あるいは体系的にとらえるほかない。先に述べたことを再言することになるが、裁判内容を認識し、そこで認識した情報を整理編成して、社会（それは、たった一人の他者であってもよろしい）へ伝達し、他者とコミュニケートするという構造との脈絡なしには、「認識する自由」を憲法二一条にからめて語る意味はない。

ひとは、法衣をまとった裁判官の姿を見るのが面白くて法廷に出かけ、裁判内容を認識したいと思うかもしれない。別のひとは、自分の身内の者がどんな裁判を受けるか気になるので、裁判内容を認識したいと思うかもしれない。他のひとは、特定の裁判内容にはなんら興味がないが、自分が傍聴することによって公平な裁判を保持しようと考え、いわば社会一般の代表者として参加しようと思っているかもしれない。その他、想定しうるどんな経緯によろうと、これらの傍聴人が、ただ列席し、ただ五官をはたらかせて裁判内容を認識するだけであるのならば、すなわち、認識行為だけであるならば、憲法二一条とはなんの接点ももたないのである。

東京地裁は、折角「認識する自由」を語りながらも、たいへんに中途半端なところで終ってしまっている。裁判内容を「認識する自由」が憲法上保障されるのは、じつは、裁判内容を認識するだけではなく、認識したところのものを、情報として社会に提供し、人びとと認識や意見を交流するという動態的な契機のゆえだということを、裁判所は見落している。要するに「認識する自由」を説きながら、しかし「表現の自由」の連関を一向に示していないのである。そうした欠陥のゆえに、「憲法二一条の趣旨に基づく裁判の内容を認識する自由は、憲法上は、五官の作用により右内容を認識するための機会を付与することにより、必要かつ十分に充足されるものと解すべきである。」という、もう一つ別の欠陥をおかすことになる。

裁判内容を自分の眼できちんと認識するばかりではなく、その認識したところの情報を整理編成して、社会に伝達するという、構造的な脈絡において裁判への出席、その進行過程の傍聴をとらえるとすれば——憲法二一条を持ち出す意味は、ここにしかないのであるが——東京地裁が説示するように「五官の作用により右内容を認識するための機会を付与することにより、必要かつ十分に充足されるものと解すべきである。」とはならないのである。一連のコミュニケーション過程の一環においてこの問題、つまり「(裁判内容を)認識する自由」をとらえるならば——そして、この観点においてのみ、この「認識する自由」が憲法二一条との結びつきを可能にするのであるが——五官において認識することがすべてなのではなくて、認識の所産を他者に伝達するための情報として確保し整理することをも包摂しないわけにはゆかない。そうすると、「憲法上は……認識するための機会を付与」することが「必要」なのはもちろんだが、しかし、それをもって「十分」というわけにはゆかないのである。

判決のポイント――その二――

今私が指摘しつつある問題点の延長線上に、判決中のもう一つ別の問題点が浮上してくる。二つの争点は本来は同質同根のものなのであるが、東京地裁はこれらを分けて処理しているので、私も議論上これに従う。もう一つ別の争点とは、法廷でのメモ採取なるものは、認識のための「補充行為」にすぎないとした判断、およびそうだからそれは「当然に憲法上保障されていると認めることはできない」とする結論にかかわる。判決文に即して、少しく考察してみる。

東京地裁は今指摘したように、「認識する自由」を現実的なコンテクストから切り離すことによって、「認識するための機会を付与することにより、必要かつ十分に充足される」と処理したうえで、次に「法廷におけるメモ行為」に立ち向かう。そして、「……メモ行為は……認識行為自体とはやや性格を異にし、認識した内容の一部をその場でノート等に記録することにより、右認識内容を記憶し、のちにこれを表現する際の精度を高めるための補充行為と言うべきもの」である、と説示する。私としては、「メモ行為」が「認識行為」と「やや性格を異に」するものであることには、異論がない。たぶん、「メモ行為」が「認識行為」と「やや性格を異に」するといえるのは、「認識行為」が「表現行為」と「やや性格を異に」するといえるのと似たようなものだろうと思う。問題は、「メモ行為」は「認識行為」のための「補充行為」であると説示している部分である。今、『認識行為』のための『補充行為』と記述してしまったが、その辺のところがじつはちょっとばかり微妙である。というのは、判決の全体趣旨は明らかに、「メモ行為」と「認識行為」との異同・関連性を論ずる道中において、「認識行為」のための「補充行為」に仕立て上げているのであるが、判決の文言はそこのところをあいまいにしてしまっている。肝心のところを再引用してみよう。「……メモ行為は……右認識内容を記憶し、のちにこれを表現する際の精度を高めるための補充行為と言うべきもの」（傍点引用者）というのである。これだけとれば、東京地裁は、「メモ行為」をもって、「認識行為」のための「補充行為」ととらえているのではなくてむしろ、「表現行為」のための「補充行為」ととらえているがごとくである。

ところがである。東京地裁は「メモ行為」に対し憲法上の評価を加える結論の部分では、「右のような裁判内容を認識する際の補充行為まで当然に憲法上保障されていると認めることはできない。」と判示しているのである。[1] くどいようだが、もう一度確認する。裁判所は、おなじ「メモ行為」を、一方では「のちにこれを表現する際の精度を高めるための補充行為」といい、他方では「裁判内容を認識する際の補充行為」と断じているのである（傍点引用者）。「表現する際の……補充行為」と「認識する際の補充行為」とでは、どちらも「補充行為」であるといえるが、「やや性格を異に」するはずである。東京地裁は、この二つを故意にか過失によってか混同している。混同しながら、「認識行為」のための「補充行為」という論理で、憲法上の評価をくだしたもののようである。先に「認識する自由」を問題にしたところで見たように、裁判所は、この自由を社会的コミュニケーション過程の体系としてとらえることをあえて拒否し、五官の作用する世界にとじこめる方途を選んだ。この方途を選んだときすでに、「メモ行為」は「認識する自由」から排除するという結論を先取りしていたもののように思える。「裁判内容を認識する際の補充行為まで当然に憲法上保障されていると認めることはできない。」という結論は、この判決に特有な「認識する自由」論が当初からねらっていた的《マト》に外ならない、といえると思う。

それとは別の方向づけ、つまり、「メモ行為」を「表現行為」のための「補充行為」ととらえたうえで、これに憲法上の評価を加える方向をとったら、どうなるだろうか。「表現行為」のための「補充行為」ととらえたうえで、しかもなお、こういった「補充行為まで当然に憲法上保障されていると認めることはできない。」という判定をくだすのは、少しばかり勇気を要するのではなかろうか。表現の自由の憲法保障にとっては、「表現する際の（情報の）精度を高める」などの効果をもつ「補充行為」は、どうでもいいことだといい切ることは、かなりむずかしいことがらに属するのではなかろうか。表現の自由、情報を伝達し交流する自由にとって、情報の精度の高低にかかわる人間の行為の自由を確保することは、むしろ逆に、必要不可欠であるように、私には思われる。ひと、あるいはこのさい、「メモ行為」は「表現行為」ではなく、これをなさしめる「補充行為」でしかないから、「表現の自由」にかんする憲法保障は及ばないのだ、というかもしれない。こうしたレッテルはりが許されるならば、「認識行為」は「表現行為」ではなく、これをなさしめる「補充行為」でしかないから、「表現の自由」にかんする憲法保障は及ばないのだ、という論理もまた成り立つことにならざるをえない。こうなれば、東京地裁が「憲法二一条の趣旨に基づいて」「認識する自由」を持ち上げたことの意義は滅却することになる。

私の理解によれば、裁判にかんする情報（認識の所産と評価の所産）を社会コミュニケーション過程にのせ、人びとの用に供するという観点からみれば、「認識行為」も「メモ行為」も、ともに情報の収集・確保という点ではほとんど同列に並ぶ。そうであるがゆえに、「認識する自由」は憲法二一条の保障を受けるが、「メモする自由」のほうは違う、とはいえない、ということになるのである。これをあえてした東京地裁判決は、憲法二一条論としては正当性に欠けるところがあるように思われる。

東京地方裁判所からみれば、「メモ行為」は——「認識行為」と違って——「憲法上の表現の自由に含まれない」とする立場をとるから、これを禁止制限することの可否は憲法問題たりえない。裁判長の法廷警察権に基づく裁量問題でしかなく、裁量権の逸脱濫用があったかどうかについてのみ、司法審査が留保されることになる。こうしてふつう表現の自由の制約が問題になるばあいとられる厳格な審査が不要であるとされるばかりではなく、禁止にともなう市民の側の不利益（例えば、「のちにこれを表現する際の精度を高める」ことが不可能になるなどの不利益）の衡量さえおこなう必要がないことになってしまっている。憲法二一条を国政にかんする情報の収集からはじまり伝達・交流にいたる現実の社会過程との関連でとらえる立場からすると、こうした処理方針は説得力を欠くところが多い。

ほんのひとむかしまえまで、といっても戦後のことであるが、旧憲法下の枢密院会議の議事録はずっと門外不出であった。のち規制が少しゆるんで、代議士先生の紹介にもとづいて議事録閲覧の申請をすれば、閲覧目的が――当局からみて――適切であるかぎり、われわれ庶民にも借覧できるようになった。そのばあいでもしかし、議事録の内容を筆記することは許されなかった。ただひたすら、五官のはたらきをもって認識すること（頭のなかに記憶すること）だけが許されたのであった。閲覧はあくまで目で見、読むことなのであって、目に映じた文字を書き写すことであってはならないのであった。ところで、周知のように、貴重本や貴重文書の閲覧にさいしては、書き写しのための筆記用具を鉛筆に限定している図書館・文書館が少なくない。私はこの限定には合理性があると思う。鉛筆以外の筆記用具は、貴重本・貴重文書を汚染させるおそれがないことはないからである。それに、書き写しという目的との関係では、鉛筆に限定しても大して困ることにはならない。さてところで、枢密院議事録の閲覧のばあいには、鉛筆によるものであろうとそれ以外のなんによるものであろうと、書き写すこと一般が許されていなかったのである。なぜ、閲覧は――特別の手続を経たうえでのことだが――許すが、書き写しはいけないという方針がとられたのか、その理由はつまびらかではない。たぶん合理的に説明できる理由などは、なかったのではなかろうか。閲覧と書き写しとを区別することによって、俗なことばを使って恐縮だが、当局は「勿体をつけ」「恰好つけ」、そのことによって枢密院の、あるいは枢密院文書の、枢密性や権威性を維持し高めようとしただけのことではなかろうか。

「見せる。けれども書かせない」という閲覧政策は、枢密院文書を保管し管理する機関の全き裁量に属し、この点にかんして、市民は一片の発言権もないという法的構成を前提として成り立っていた。「見せる」だけで、すでに十分に温情あふるる恵沢であり、これを許された者は、それだけでもう大いにありがたく思わねばならなかった。「なぜ書かせないのか」と尋ねること、その点についての合理的な根拠を問いただすことは、たいへんに失礼なことであり、まかり間違えば、閲覧許可の取消しを招くかもしれなかったのである。

今、日本の法廷では、裁判長が見て見ぬ振りをして、メモ採取を黙認するまれなばあいをのぞいては、「見せる。けれども書かせない」政策がほぼ画一的にとられている。この限りでは、かつての枢密院議事録の閲覧のばあいと変らない。この政策の根底にはどうも、裁判というものは、裁判長が取り仕切るもので、裁判長がいだく「公平な裁判」のイメージに合致するよう運用することが一番いいのだ、憲法はそれを許している、という考えがあるようである。今回の東京地裁判決は、裁判内容を「認識する自由」を憲法二一条のもとで承認するといった形で、「開かれた政府」や「情報化」にかんする時代の要請に合わせる苦心がみえるものの、伝統的な思惟から脱け切れずに終っている。

補　記――東京高等裁判所判決（一九八七年一二月）への若干の言及――

この第七章「法廷内『メモ採取の自由』をめぐって」は、もともと、前章「法廷に出席し傍聴しメモをとる権利」を補充する意図で書かれた。前章では、問題の所在、解決の方向といったようなことがらを一般論の形で述べておいたのであるが、その後、これを直接の主題とする地方裁判所判決が示された。そこで、この判決に、ごく限られた視野においてであるが、批判的な検討を加えて本書に収めるべく、第七章を付加したのであった。ところが、本書公刊直前、この章で扱った判決についての控訴審判断（東京高判一九八七年一二月二五日）が示され、やがて判決文も入手しうるという事態の推移が加わった。そこで、少しでも現状にキャッチ・アップしようと考えて、「補記」の形で第二審判決に若干の言及をおこなうことにした。

第二審・東京高等裁判所も、法廷出席者には裁判過程を筆記して記録する権利・自由を持つものではないとして、メモをとる行為を全面的に禁止した裁判長の措置を、なんら憲法にもとるものではない、と判示した。結論は、第一審判決と同じであった。

この第二審判決を性格づける特徴に即して、一、二コメントすれば、次のようである。

判決はまず、法廷傍聴人の筆記・記録活動の憲法上の位置づけをおこなうために、憲法二一条一項がいかにかかわるかを考察し、こう判示する。「(憲法二一条一項で)『一切の表現の自由』が保障されているところからすれば、表現行為を受ける自由、換言すれば、情報を受領し、収集する自由も、基本的に保障されているというべきである。即ち、表現行為は、本来その受け手の存在を予定しており、しかも受け手が表現行為の内容を十分理解するためには、その前提として他の様々な情報を得ることが必要であるからである。」と。従来、最高裁判所も、例えば博多駅テレビフィルム提出命令事件でそうしたように、「……報道機関の報道が正しい内容をもつためには、報道の自由とともに、報道のための取材の自由も、憲法二一条の精神に照らし、十分尊重に値いするものといわなければならない。」(最(大)判一九六九年一一月二六日・刑集二三巻一一号一四九〇頁――傍点引用者)というぐらいのことは、述べてきている。ところが、こんどの東京高裁判決は、「憲法の精神に照らし」などというあいまいな文言を弄することなく、「表現する自由」とおなじように「情報を受領し、収集する自由も、基本的に保障されているというべきである。」(傍点引用者)と断言した。この文面だけ取り上げてみれば、ちょっとした驚きである。私のごとき能のない憲法研究者は、「表現する自由」(消極的な自由)と「情報を収集する自由」「国政情報にアクセスする自由」(積極的な自由)とをどのようような論理でつなげることができるかというレベルで、文字どおり呻吟しているのは、本書の随所で露呈しているとおりである。けれども正にそこのところを、東京高裁はいとも簡単に処理し、両者を「基本的に保障されているというべきである」とつなげてみせてくれるのだから、これは所詮驚きである。しかしもちろん私としては、そんなに簡単にやってのける東京高裁にある種の危惧の念を持ったのも事実である。

果たせるかな、東京高裁は、先の引用につづいてすぐ「しかしながら」という文章を展開させることによって、結局、憲法によって「基本的に保障されている」と語ったところの「情報を受領し、収集する自由」を、早々と憲法保障の埒外に放逐することをやってのけるのである。すなわちまず、「しかしながら右の自由も無制約なものではありえないのであって、法廷という場を通して提供される情報については、その特殊性から、右の自由に一定の制約が生じることもやむを得ないところである。」と語る。このことによって、まず大きくこの自由への制約可能性が切り開かれる。しかして次に、判決は、「法廷という場」の「特殊性」を強調し、「したがって、裁判所としては、法廷をできる限り当事者の弁論と証拠調べの施行に全神経を集中しうるような雰囲気に維持しておくことが望ましい。それ故、傍聴人に対して、訴訟運営の妨げとなる可能性のある行為や事項を……予め一般的に禁止したうえ、訴訟の個別的な状況に応じて個々にその許否を決定するという法的取扱いには、十分な合理的根拠が存在するものといわなければならない。」（傍点引用者）という結論を導く。判決は、他の箇所で「訴訟の公正かつ円滑な運営に少しでも影響を及ぼすおそれがある限り」（傍点引用者）、あらゆる行為が禁止されてしかるべきだ、と宣言してもいるのである。

これを要するに、判決によれば、「法廷という場」においては「訴訟の公正かつ円滑な運営」こそが、アルファでありオメガであるというのである。このばあいもちろん、どういう「運営」が「公正かつ円滑なもの」であるのかは、裁判長だけが判断しうると考えられている。そしてまたその裁判長は、そうした「運営」に「少しでも影響を及ぼすおそれ」のある行為と思料したものは、容赦なく規制してよろしい、というのである。これは、裁判長の手中にある法廷秩序維持権の裁量性の全面的・絶対的な肯定にほかならない。こうして「法廷内での情報を受領し、収集する自由」は、「基本的に保障されている」といわれながら、しかし公権力の裁量の前にひれ伏さなければならないのである。

けれども、憲法上保障された自由なるものが、こう簡単に一方的に、公権力の裁量にゆだねられていいものであろうか。先に私は、東京高裁が驚きに値するほど簡単に「情報を受領し、収集する自由」への憲法保障を語っていることを指摘したが、じつは同じ裁判所は、同じように驚きに値するほど簡単に、この自由を否定し去っているのである。憲法が保障する権利・自由というものを、裁判所はあまりにも軽々しく考えすぎているのではなかろうか。

ある自由が「基本的に保障されている」ということは、それは「保障」すなわち「尊重」されるということを意味する。したがって、それを制約する立法は一定のきびしい審査を受けねばならない。これと矛盾対立し合う利益を比較衡量するとか、規制手段の選択を検討するぐらいのことは少なくともおこなわれなければならない。そうでなければ、それが「基本的に保障されている」というための、なんの意義もないのである。東京高裁は、その、なんの意義もないことを、前段において判示しているのである。それくらいなら、はじめから、「基本的に保障されている」などという思わせぶりは、いうべきではなかった。

東京高裁は、「法廷という場」の「特殊性」を語るあまり、他のいっさいの利益を排斥してしまっている。なるほど、「公正な」「運営」は決定的に大事である。裁判が不公正になされ、結果において不当であるならば、裁判としては元も子もない。けれども、この点に一番利害関係をもつのは——裁判官であるよりもむしろ——訴訟当事者であるに違いない。裁判が不公正に運営されるような情報収集行為が法廷内でなされつつあるばあいには、訴訟当事者にこそ、当該行為の中止を請求させればいいのである。裁判長が当事者の利益の代理人として、あらかじめ一般的に、公正な運営を少しでもさまたげるおそれのあるあらゆる行為を禁止しておかねば困る事情が少なくとも傍聴人の情報収集行為との関係では、あるとは思えない。こういう、当事者を差し置いてのパターナリスティックな、大き目の規制は、その分だけ、あらかじめ余計に法廷傍聴者の自由を制約していることになるのに気がつくべきである。判決は、「公正」とならんで「円滑な」「運営」を重視する。効率的でスムーズな運営は、訴訟指揮者の目から見れば、最優先順位に置かれるべき価値かもしれない。しかし、訴訟当事者から見ても同じように、最重要かどうかは、慎重に考える余地がある。訴訟当事者にあっては、能率がよくスムーズにことが運ぶよりも、多少能率が悪く、テキパキとことが運ばなくても、「公正な」裁判であることに重きをおくとしても不思議ではない。そのさい、訴訟当事者の判断をさしおいて、裁判長は「円滑な運営」を優先させるような訴訟指揮をなすべき権限があるのだろうか。（ここは、メモ行為を許すことが、すなわち、「円滑な運営」のさまたげになるかどうかを、一応不問にして議論をすすめる。）裁判というものは、訴訟当事者のためにあるのではなくて、国家の権威のためにあるのか。これを要するに、「公正かつ円滑な運営という抽象的な大概念のもとで、裁判長にはば広い裁量権を与えることの、憲法上の吟味をおこなうべきである。東京高裁は、いかなる意味でもこの種の検討をおこなうことなく、現行システムが合理的だといい切っている。既存の伝統的な裁判中心主義に、あまりにも深く寄りかかっているのではなかろうか。

判決にはこのほか、報道機関にだけ筆記を一般に許可しており、それ以外の者にはこれを禁止しているという制度上の区別の理屈づけや、憲法八二条一項と同二一条一項とを機械的に分断することにより、現代国家においてとくに必要な、憲法規範の構造的理解へのみちを自ら閉ざしてしまっている、といった問題を包蔵する。機会を見て、いずれあらためて論じたいと思う。

（1）　東京地裁は、「メモ行為」に対し否定的な憲法評価をくだすに当たり、実際には「法廷におけるメモ行為は……(A)補充行為というべきであり、(B)かつ、右行為自体が公正な裁判の運営に影響を及ぼす可能性を内在していることは後述のとおりであるから、(C)右のような裁判内容を認識する際の補充行為まで当然に憲法上保障されていると認めることはできない。」（傍点および括弧書き――引用者）という構成になっている。けれども、(B)の部分、つまり「かつ……後述のとおりであるから」の箇所は、私の考察からはおとしてある。なぜかというと、ここは、ある行為に憲法上の保障を与えるかどうか、つまり憲法上の権利（あるいは自由）として認めるかどうかを問題にする場所なのに、裁判所は、(B)においてはなんら憲法論上の具体的な理由を述べていないのである。すべてが「後述」するところにゆずられている。そして、「後述」するところにおいては、刑事訴訟規則二一五条の解釈、とりわけ「裁判長の法廷警察権による制限に服するものと解すべき」ゆえんが語られているにすぎない（傍点引用者）。すなわち、裁判所は、(B)においてはなんら憲法論をのべていないのである。裁判所はどうも、(B)を挿入することによって、ある行為に憲法上の保障が及ぶかどうか、あるいは権利（自由）が認められるかどうかという問題（存否の問題）と、憲法上の保障あるいは権利の範囲いかんの問題（存在するものの範囲の問題）を混同しているのではなかろうか、と疑われる。ちなみに、判決のいわゆる「後述」するところにおいて指摘されるのは、結局、「傍聴人のメモ行為が、訴訟関係人に対し心理的動揺を与えるおそれがあることは否定できず、その結果、公正かつ円滑な審理が妨げられるおそれがないとはいえない。」（傍点引用者）という点に凝縮しているといって差しつかえあるまい。「おそれがないとはいえない」といったレベルの理由づけでこの行為が禁止制限されるのは、要するに、この行為はそもそも憲法上の保障の外にあるという前提があるからほかならない。そうすると、(B)はそもそも憲法上の保障の外にあることを前提とした禁止制限理由を指し示すことによって、(C)の結論、すなわち、「当然に憲法上保障されていると認めることはできない。」という結論へと「メモ行為」を追い込んでいることになる。以上のように(B)にはかなり問題があるように思う。

（2）　本章執筆現在、この判決にコメントを加えるものとして、浜田純一「時の判例」『法学教室』一九八七年六月号一〇〇頁がある。「補充行為」の「範疇化アプローチ」および判決の制約根拠論に中心をおいて批判的な検討を加えている。浜田氏は、文中、私の立場（本書第六章「法廷に出席し傍聴しメモをとる権利」）を、裁判の公開原則はたんなる客観法的な「制度的保障」であって裁判への出席権や傍聴権を否認するものであるがごとくとらえている。しかしそれは、誤解である。誤解される責任が私のほうにあるのかもしれないが、私は、憲法八二条だけによって、市民の出席権・傍聴権を導出させるのは、第一に少々無理であり、第二にかならずしも得策ではない、むしろこれと憲法二一条とをからめて、市民の権利性を理屈づけたほうがいい、という考えである。八二条は国会の会議の公開にかんする五七条などとおなじように、本来的には統治機関の仕組みを定めるものと考えられてきたし、憲法構造上そういう構成のほうが落ちつきがある。ただし、国民主権の原理やそれの権利化をはかる憲法二一条の体系的な解釈が進展する現段階において、八二条や五七条は、二一条と重畳し競合することによって、市民の側に、公開をもとめ、それに出席し傍聴する権利を成立させる基盤になっている、と考える。また、もし、五七条や八二条のように、会議あるいは法廷の公開原則を定めているばあいにかぎって、市民の出席権・傍聴権を認める解釈論に固執すると、ひろく行政過程の公開や政府情報の開示など、将来にわたって市民の請求権を憲法論上で展開する道筋を自らが閉ざしてしまうことになるのではあるまいか、とも考えるのである。これが、私が憲法八二条だけには重きをおかないゆえんである。

第三部　現代社会における知る権利の展開

――アメリカの経験――

第八章　政府保有情報の開示請求権をめぐる論議
——アメリカ合衆国のばあい——

はじめに

大日本帝国憲法二九条で「言論著作印行ノ自由」と定められていたところのものは、一般に「言論の自由」「出版の自由」、あるいは「言論・出版の自由」と呼ばれてきた。事情は現在でもおなじである。もっとも、日本国憲法二一条一項で「……言論、出版その他一切の表現の自由」という文言がとられたこともあって、「表現の自由」なる用語も普及してきているのが、戦後の特徴だといえる。「言論・出版の自由」の代わりに「表現の自由」という語を使ったほうが、映画、演芸、レコード、放送などなど、考えられる「一切の」表現媒体を、「言論・出版の自由」並みの憲法保障におく趣旨が現われている。そういうものとして「表現の自由」という戦後語が、憲法学でも、また日常生活でも、広く流布して今日にいたっていると考えられる。

「表現の自由」であれ、「言論・出版の自由」であれ、文字どおりにとれば、「表現する自由」、「しゃべる自由」、「出版する自由」というふうに、表現する者（メッセージの送り手）の側の行為の自由を指す。当然には、表現を見たり聞いたり読んだりする者（メッセージの受け手）の側の利益は、ふくまれていないようである。こうしてたとえば、わが最高裁判所は、かつて、新聞記者の取材源秘匿特典を否定するにさいし、「憲法の右規定（憲法二一条——引用者）の保障は、公の福祉に反しない限り、いいたいことはいわせなければならないということである。未だいいたいことの内容も定まらず、これからその内容を作り出すための取材に関しその取材源について、公の福祉のため最も重大な司法権の公正な発動につき必要欠くべからざる証言の義務をも犠牲にして、証言拒絶の権利までも保障したものとは到底解することができない。[1]」（傍点引用者）という論理をもってしたのであった。メッセージの受け手の利益という点では、いわゆるマルキ・ド・サド事件において、「憲法二一条にいう表現の自由が、言論、出版の自由のみならず、知る自由をも含むことについては恐らく異論がないであろう。……表現の自由は他者への伝達を前提とするのであって、読み、聴きそして見る自由を抜きにした表現の自由は無意味となるからである。[2]」とする考えが色川幸太郎裁判官によって表明されたのは有名である。しかし、これは反対意見のなかの、それも争点に直接かかわらない文脈で語られたものでしかない。そうだから、税関検査合憲判決における藤崎意見のように、「表現の自由にとって本質的なものは表現の主体による積極的な発表の自由であり、受動的にこれに接しその内容を知る自由は二次的なものといってよく、かかる自由に対する制限は発表の自由に対する制限と同程度に厳しく抑制されなければならないものではないであろう。[3]」という主張が、いまなお、なんら検証なく、おおらかに、開陳されうるのであろう、と思う。

憲法二一条は、メッセージの送り手の側に、表現する自由あるいは発表するチャンスを与えることに終始すべきであるのだろうか。メッセージを受ける自由は憲法保障のラチ外にあるのだろうか、あるいは「二次的なもの[4]」として弱い保護にしか値しないのだろうか。実際上の問題として受けとる自由だけを問題にしなければならないのは、そんなに多くはない。むしろ問題になるのは、市民への報道を前提とする情報収集（取材）活動が、憲法二一条の保障をうけるかどうかである。最高裁判所はかつては、先に引用した記者証言拒否事件で取材活動への憲法保障を否認したが、そののち別な脈絡で、報道機関の取材活動につき、なんらかの保障があることを示唆してきている。いわゆる博多駅事件で「……報道機関の報道が正しい内容をもつためには、報道の自由とともに、報道のための取材の自由も、憲法二一条の精神に照らし、十分尊重に値いするものといわなければならない。[5]」と説示された。この説示は、いわゆる沖縄密約電文事件の最高裁決定[6]で、ほぼそのまま再述されている。

こうした、最高裁による取材の自由への言及を大いに得としなければならないのではあるが、どちらのばあいも、取材活動の自由に対する権力規制の当否という、いうならば、消極的・自由権的な側面に焦点を合わせた議論であることに留意しなければならない。すなわち、ここでの問題の場は、取材の自由を語るとはいいながら、他方でこれを制約する合理的な理由（博多駅事件でいえば、「公正な刑事裁判の実現」という利益、外務省機密文書事件でいえば、公務員の守秘義務の確保）を摘示し、彼此の利益のアド・ホックな衡量の問題を処理するという、比較的に単純な作業過程のうちにある。そして取材の自由といっても、この局面だけでは、伝統的な理解といちじるしく抵触することなしですませることができたのであった。

これに反し、既存の憲法理解と緊張あるいは対抗関係に立たされるのは次のようなばあいである。すなわち、情報源（取材源）が情報の開示・提供を拒んでいるばあい、それにもかかわらず、報道機関あるいは一般市民は、自分に対して当該情報の開示・提出を請求する権利を憲法上有していると構成しうるか、という問題に直面したばあいである。取材活動・情報収集活動の、いわゆる自由権的な側面ではなく、いわゆる請求権的な側面が問題になったばあい、これに憲法二一条（あるいはその他の憲法規定）は一定の保障を与えていると解しうるかいなか。

ここでは、情報源（取材源）がまったき私人であるばあいを考慮の外においていいだろう。情報の開示をめぐる対立関係が、私人・対・私人のばあいには、憲法二一条が直接に支配する余地はほとんどないからである。[7]これに対し、情報源（取材源）が政府機関（地方公共団体もふくむ）、すなわち憲法規範の直接の名宛人であるばあいには話は別である。これが、ここでの問題対象となる。

「表現の自由」を定めている憲法二一条一項は、明文上は、こうした取材活動・情報収集活動のための積極的・請求権的な保障にストレートな形では手がかりを与えていない。伝統ということでいっても、これを支持する法制は展開しなかった。判例もまた、この問題を真正面から扱ったことがなかったように思う。

こうした法状況のなかで、最近面白い事件が生じた。一九八四年一一月、愛媛県知事は、県地方紙として発行部数第一位を占める「日刊新愛媛」に対し、従来同紙をふくむ県下の諸新聞・メディアにみとめていた県関係情報の提供サービスを、同紙にかぎって拒絶するのみならず、県知事が判断する適当な時期が到来するまでは、「一切の取材活動に応じないことに決めました」と通告した、というのである。「日刊新愛媛」は、この県知事の取材拒否措置を違法として取消訴訟および損害賠償訴訟を提起した。訴訟は提起されたばかりで、すべては将来の事象に属するので、私はこれそのものに深入りするつもりはない(8)。私の関心を惹いたのは、伝えられる被告答弁書において県知事が「取材の自由は、取材活動に関する公的規制の排除を意味する消極的自由に止まり、更にすすんで報道機関に取材のための積極的な具体的権利の保障まで含むわけではない」と主張している部分である。同答弁書はまた「だれでも、個人として新聞記者の会見申込みに応ずるかどうかは、まったく彼の自由であるばかりでなく、集会に新聞記者を参加させるかどうかということも、まったく主催者の自由に決しうるところである(9)。」とする宮沢俊義の「取材拒絶の自由」をそっくりそのまま借用して、地方公共団体の「取材拒絶の自由」を語っているのが、注目される。

愛媛県知事の、特定新聞社に対してなされた包括的取材拒否は、政治道義的にのみならず、法律上も、容易には支持しがたいものを感ずるのは、たぶん私のみではないであろう。

さて、しからば「日刊新愛媛」(あるいは他のどんな報道機関でもいいが)は、愛媛県に対して(あるいはその他のどんな国家機関に対してであれ)、一般的に、あるいは特定的に、情報の開示や施設への立入り、そこでの取材を請求する憲法上の権利があるのかどうか。あるとすれば、それはどのように構成されるのか、と問われるとなると、ひとはどう答えるだろうか。

この種の問題は、かつて真正面から問われることがなかった。こういう問題の問いかけに答える準備をしてこなかった伝統的な法理を当然の前提とし、かつ、単に消極的にこの伝統的な法理を適用するだけでは、たぶん、出てくる答えはノー以外の何物でもないことになろう。かつて問われたことのない問題に適切に答えるためには、問題状況に適合的な新しい法理を考案するほかないだろう。新しい法理、新しい憲法二一条解釈はいかにあるべきだろうか。

この問題は結局のところ、市民あるいは報道機関は、憲法上、政府の保有している情報へ接近する権利があるかどうか、という問題とおなじことである。(10) 政府保有情報へのアクセス権というのを、公衆の知る権利といいかえるとすると、公衆の知る権利は憲法上成立するかどうか、成立するとすれば、どのように構成されるか、という問いかけになる。

われわれはこれを日本国憲法の問題として考えねばならないのはいうまでもないが、日本のばあいは、この問いかけが現実的な意味をもってせまってきているというほどには、客観状況自体が煮つめられていない。憲法学界でも実務の世界でも、問題意識が熟成しているとはいえない。

これに反し、私のみるところ、アメリカ合衆国では少し事情が違う。この国では総体として政府保有情報へのアクセス権の保障体系が立法レベルでほぼ確立しており、これにともなって政府保有情報へアクセスすることの権利意識が高まり、立法上カバーされていない領域への権利伸張を、どのようにみとめるかみとめないかが、憲法問題として、実際に問われる状況になっている。

アメリカの憲法現象がやがて日本にもみられるようになるだろう、と単純にみているわけではない。けれども、かの国での憲法論はそれなりにわれわれにも参考になる部分が少なくない、という位のことはいえそうに思う。以下、この問題領域のアメリカ的展開を概観するゆえんである。

一　初期の合衆国最高裁判所の判例

最初に、合衆国最高裁判所の関連判決の流れをべっ見する。

そののちまで尾を引く格好になっている先例として、一九七二年の *Branzburg*(11) がある。これは、四つのマスコミ事件が合体したものであるが、新聞・TVなど報道機関の記者の取材源秘匿特権がみとめられるかどうかにかんするものであった。すなわち、報道記者は報道の自由、取材の自由の名のもとに、法廷における証言を拒否する権利を憲法上保障されているか、ということが争点であった。

四名からなる相対多数意見（plurality）は、報道記者にかぎり特別に通常市民と違った証言拒否権をみとめるべき特段の事情を、本件では見出しがたいと判示した。つまり、取材源秘匿をみとめなければ「公衆に対するニュースの流れに重大な締めつけが生ずるであろう(12)」という点の立証が、本件ではできていない、というのである。相対多数意見はこのように報道機関に憲法上の特権を承認しなかったが、次の文言を挿入するのを忘れなかった。「ニュース取材行為が修正第一条の保障にあずかる資格がないと示唆するものではない。ニュースをさぐり当てる行為になんらかの保護を与えなかったなら、プレスの自由は骨抜きになってしまうからである(13)。」

Branzburg は、四名の相対多数意見とパウェル裁判官の補足意見があって、上告棄却の結論に落ちついたが、ダグラスの反対意見、スチュアートの反対意見があり、他の二名の裁判官がスチュアートの反対意見に同調するという具合に、坐り心地の悪い判決であった。

そういうものとして、この判決は——報道機関の取材源秘匿の可否という本来の争点においてのみならず、市民や報道機関の取材活動の権利性、ひいては公衆の情報アクセス権の存否などにもかかわって――いろいろに解釈する余地をのこしたのであった。

Branzburg は報道機関に取材源秘匿特典をみとめるかどうかを素材としたが、報道機関がおこなう取材活動の憲法保障に関係して一九六〇年代末から七〇年代にかけて問われたものに、もう一つ別の問題がある。監獄を典型とする政府施設へアクセスし情報収集をおこなう行為が、憲法上どのように評価されるか、という争点である。

憲法修正第一条は――日本の憲法二一条のモデルと一応いえるのであるが――伝統的には「表現の自由」(free expression; freedom of expression) を保障するものと理解され、その理解が限定的にはたらいて、「表現」行為そのものではないところの情報収集・取材活動は、憲法上の評価対象の外に放置されていた。監獄でいえば、それは関係官庁の内部規則で裁量的に規律しうる領域にあった。外部（娑婆、ふつうの社会）と隔離する壁が報道機関のアクセスをも拒みえていたのである。

下級裁判所は伝統的な思惟でこの状況を処理していた。状況を打開しようとはかる報道機関・市民たちは、取材活動に「なんらかの憲法保護」が与えられることを示唆する *Branzburg* に解決の糸口を見つけようとした[14]。このばあいもう一つ、公衆の、情報を「受けとる権利」にかんしてある種の展望を与える一連の最高裁判例[15]も、役に立つに違いない、と考えられた。

こうした脈絡のなかで、一九七四年、合衆国最高裁が判示したのが、*Pell*[16] および *Saxbe*[17] である。両判決は、本質的には同じものであるので一緒に扱う。この事件で最高裁は、報道機関が監獄にアクセスし取材することは、とりわけて憲法によって保障されているわけではないとする、否定的・消極的な見解を示した。五名の裁判官が同意する、ぎりぎり一杯の多数意見であった[18]。

多数意見は、スチュアートが執筆した。かれは、じつは *Branzburg* ではプレスにつき特別な憲法保障があるという理解に立って、報道記者の取材源秘匿特権をみとむべしとする反対意見を書いて注目をひいた裁判官なのであった。そのかれが、監獄へのアクセスでは、プレスに対してかなりきびしい立場をとった。「報道記者は、一般公衆に与えられる以上に、監獄や被拘禁者へアクセスする憲法上の権利をもつものではない。[19]」という説示は、そう評するほかない。多数意見はこのように、プレス側の行為になんら特別な権利性をみとめなかったことと関連するが、ここではプレスの利益と監獄の利益との比較衡量さえもおこなわれなかった。「(本件監獄規則により)ニュース取材行為に課せられた制限は、弁護士、宗教家、親類または友人であるばあいを除いては、なんぴとも監獄に入所して、接見を希望する者を指名しえないとする一般規則を、特定のばあいに適用すればこうなるという以上のものではない。[20]」という理由にもとづく。

本章のこれまでの叙述で意図的にぼかしてきた論点であるが、監獄であれなんであれ、政府施設へのアクセスおよび情報収集の制限を問題にするにさいし、公衆一般の憲法上の権利・自由のレベルで考えるのか、それとは別に、プレスという特別範疇の制度(組織)に特有な憲法保障のレベルで考えるのか、という論点がある。これについては後述する。いまはさし当たり、公衆とプレスとを無差別に扱い、両者の関係をあいまいにしたままで、叙述を進行させようと思う。

Pell と *Saxbe* では、監獄へのアクセスという点では、公衆に権利がないと同様に、プレスにも権利がないという論理で、争点が裁断された。けれども、パウェルの反対意見(これにブレナン、マーシャル同調)が摘示しているように、現実には当局の規則は監獄へのアクセスにつき、プレスに特別な便宜を与えているのである。この、プレスへの特別措置は、憲法的な評価とかかわらない、たんなる恩恵にすぎないのか。それとも、ここにすでに憲法修正第一条が実際上ある種の支配をしている表われと読みとるべきか。あるいは、プレスか通常の市民かの区別にとらわれることなく、本件で問題になっているような種類のほぼ絶対的な接見禁止措置は「政府の行動にかんする情報や

思想の自由な流れに対して有する市民の権利をいちじるしく侵害するものである。[21]」とするパウェルらの主張に、分があるといえないのか。

監獄へのアクセス問題をあつかう最初のケースであった *Pell, Saxbe* は、いろいろ検討に値する疑問が生きのこる余地をのこした。

かくして、監獄関係で第三のケースがまもなく生ずることになる。一九七八年の *KQED*[22] がこれである。監獄問題を手広くあつかってきた、あるTV局は、被拘禁者がある拘置所内で自殺した事件および拘置所の居住条件が悪いために被拘禁者らに病気が多発しているとする法務医官の証言をきっかけに、施設への取材を申し込んだ。しかし拘置所長はこの申し込みを拒否した。そこで、その差止めをもとめる訴えが提起されたのである。

最高裁の裁判官らの意見は三つに割れた。一つはバーガー長官の意見（ホワイト、レーンクィスト同調）、その対極にあるのは、スティーヴンスの反対意見（ブレナン、パウェル同調）で、その、いわば中間にスチュアート意見がある。拘置所長の措置を合憲・適法とみる結論ではバーガーと同一のスチュアートの意見をえて、バーガーらが辛うじて相対多数派を構成した。きわどい勝負というほかない。

まずバーガー長官の立場である。かれは、「公衆とメディアは、監獄、被拘禁者や、たぶん、病院、精神障害者施設をふくむその他あらゆる施設の状況にかんする政府情報をもとめる、憲法修正第一条の権利を有する。」という主張を斥ける。「情報を開示する憲法上の義務や、情報の開示やアクセスを規律する基準を認識しうる根拠は（憲法のなかには）存在しない[23]」と断言するのである。こうした立場から、バーガーは、修正第一条は「情報の自由化法（a Freedom of Information Act）でもないし、国家秘密法（an Official Secrets Act）でもないのである。[24]」というスチュアート裁判官が用いて評判になった表現を借用しながら、「言論・出版の自由」にかんする憲法修正第一条の保障は「（情報をもとめて）競争する場を設定するものなのであって、（争いの）解決をおこなうものではない。……定めていない部分では、われわれは、わが政治体系のなかでそうしなければならない他のばあいと同様、アメリカ社会にある政治諸勢力の押し合い、引っ張り合いにまかせるほかないのである。[25]」と論じた。

対抗するスティーヴンスの議論はこうである。「憲法修正第一条の中核は、一般公衆に対して十分で自由な情報の流れを保持することにある、と考えられてきている。このゆえに、修正第一条は、情報と思想を伝達することだけではなく、それを受けとることをも、保護しているのである。」と語る。そしてさらに「あるひとがコミュニケイトしようときめたことがらを、他のひとが受けとる権利を保障することに加えて、修正第一条はもう一つ重要な社会関係的な役割（an essential societal function）をも果たす。すなわち、自治をたてまえとするわが国の政治体系は、情報に通じた市民層（an informed citizenry）ということを、当然の前提にしているのである。[26]」とのべて、例の、マディソンの有名なことばを引用している。「人民の政府といっても、民間に情報がゆきわたっていなかったり、情報を取得する手段が与えられていなければ、それは茶番劇かお涙頂戴劇かのどちらかの、いやたぶん両方の、序幕でしかあるまい。知識（ある者）はいつまでも無知（なる者）を統治しつづけることになろう。自分自身を統治者と思うひとは、よろしく、知識が与えるところの力をわが物として身につけねばならない。[27]」

この観点からみれば、「コミュニケーションの流れに政府は干渉を加えないというだけでは、不十分である。監獄のような公共施設の運営にかんする情報をひろく公衆が取得できるようにするなんらかの保障がなければ、合衆国を創設したひとたちが念頭においた自治の展開は、その実体を抜かれてしまうことになろう。」という。本件についていえば、TV局は全面的な取材拒否によってその憲法上の権利を侵害されたかどうかが、慎重に審査されねばならない、と説くのである。

さてさいごに、スチュアート意見はどんなものか。かれは、憲法修正第一条が政府保有情報のアクセス権を保障していない、とみる点では、バーガーとおなじである。両者袂を分かつのは、プレスの――一般公衆と区別された

——特別な役割を加味するかどうかに関連してである。既述のように、*Pell, Saxbe* では両者無差別がポイントの一つであったが、スチュアートは、公衆とプレスはあらゆる点で同一（identical）と考えるべきではなく、「プレスと一般大衆とのあいだに存する、実際上の区別に合わせて、もっと弾力的な取りあつかいがなければならない。」[(28)]という。

KQED における憲法判断を以上のように要約したが、一点だけ補完する必要を感ずる。バーガーの立場は、アクセス権の否認には違いないが、それに尽きるといい切っていいかどうかに問題がある。というのは、バーガーは本件のアクセス権を否定するにあたり、プレスが要求する情報収集（監獄内の状況把握）は、代替方法によってその目的を達成できる、と説示してもいるからである。これは、とくに表現の自由の領域で問題になる代替手段のテスト（the alternative means test）の適用を意味する。こうした形態で、利益の比較衡量がおこなわれているとみれば、まったき無権利ではなく、そのかぎりでの権利性の承認がおこなわれている、といえなくもないのである[(29)]。

二　判例のその後の展開

監獄への取材請求という脈絡で問われた憲法上の争点が、七〇年代の終りには、こんどは対象がかわって、裁判の審理過程を取材する行為が問題になり、これとの関係で議論されるようになる。そして、その傾向は今日にまでつづいている。

Gannett 事件

まず、一九七九年に合衆国最高裁判所が裁断した *Gannett*[(30)] である。殺人罪の容疑で取り調べられている者が、警察での供述は任意性に欠けるものだったとして、あとになってその録取書の証拠能力を否認する申立てをおこなった。被告人は、この申立ての予備尋問（a pretrial suppression hearing）の非公開を請求した。被告人は、自分たちに不利な犯罪報道が現にさかんに書き立てられており、公正な裁判がさまたげられているので、予備審理にはプレスを締め出してもらう必要がある、と主張したのである。非公開とすることに検察側も反対しなかった。この事情をふまえて裁判官は、非公開決定をおこなった。それがプレスの側から、憲法違反だとして訴えられたのが、本件である。

合衆国最高裁判所は、本件予備尋問手続の非公開は憲法に違反しない、と判断した。スチュアートが代表する法廷意見は、「被告人、検察官そして事実審（正式審理、trial）裁判官の三者が、一様に公正な審理を確保するためには予備審理手続を非公開にすべきだという意見で一致しているばあいであっても、公衆のだれかは、この種の審理過程へアクセスすることに固執する憲法上の独立した権利があるものだろうか。」[31]というふうに本件争点を提示した。そして、まず、一方的に不利な犯罪報道が、公平な裁判を受ける権利と矛盾するものであることを強調するとともに、他方で公開裁判を保障する憲法修正第六条は、本質的に被告人（告発された者）の利益にむけられた規定であって、公衆やプレスのために審理の公開をもとめる権利を定めた根拠にはならない[32]、と説示されている。

法廷意見に与した者のうち、三名が各々補足意見を提出しているのが、この判決の特徴である。まず、バーガー長官は、本件が事実審裁判に先行してなされる予備審理手続を対象とするものであること、そして憲法修正第六条の公開原則は、歴史的にずっとあとになってから展開するようになった本件予備審理手続のごときには適用がないことを、自分の意見のポイントとする。[33]パウェルの補足意見は、本件では裁判の公開を定める憲法修正第六条の権利が問題なのではなくて、刑事裁判体系の運用にかんして精確な情報をもつことを保障している憲法修正第一条の権利こそが問題なのだ、という。パウェルは本件非公開決定をめぐる事実関係を重視し、第一審裁判官の慎重な配慮は尊重に値するとみた。[34] 連邦主義者であるレーンクィストの補足意見は、本件のような手続の公開・非公開は各州の自由な決定にまかされているのであって、合衆国憲法のかかわる領域ではない、[35] とみる。

ブラックマンの意見は、法廷意見に一部賛成、一部反対という微妙なものであるが、これにはブレナン、ホワイト、マーシャルの三名が同調している。そのうちの憲法論にかかわる部分を要言すれば、憲法修正第六条は本件のような予備審理にも適用さるべきだとみる。被告人らは警察での供述調書の任意性を争っているのであって、まさしく「憲法論議の対象たりうる警察・検察の取調べの不当性」[36] が問われている。これは、特定の事件における当事者間の利害を超えた次元の問題たりうる、とみる。ブラックマンは意図して憲法修正第六条にこだわり、修正第一条を引き合いに出してはいないのであるが、なぜこの種の裁判が公開でなければならないかを論ずるところは、パウェルなどが修正第一条論として論ずるところと、本質的に異ならないのは、[37] 注目してよいだろう。

Gannett は、予備審理という一種の裁判手続へのアクセス問題にかんして、決着をつけるというよりもむしろ問題性を露呈する効果をもったもののようである。[38] 正式審理でなくたんなる予備審理だからアクセス権はないというのか、もしアクセス権があるのだとすれば、それはどういう内容のものなのか、一向に明らかにされなかった。こうして、いっさいが次の機会にゆだねられたのであった。[39]

Richmond Newspaper 事件

機会はすぐ到来した。一九八〇年の *Richmond*[40] がそれである。ここでは、ある殺人事件にかんする裁判が陪審員の選定手続などのミスで正式審理手続を四度も繰り返すことになってしまっていた。被告人側は、四度目の裁判で非公開決定をもとめる申請をした。検察側もこれに異議を申し立てなかったので、裁判官は、この決定は自己の裁量に属すると言明して、被告人の申請を認容して非公開とした。そしてこの措置が争われることになる。バーガー長官の代表する法廷意見は、「公平な裁判をもとめる被告人の重要な権利を守るためには非公開とする必要があるかどうか、あるいは、その他なんらか強い理由から非公開とすべき必要があるかどうかという点を考慮することなしに、ただたんに被告人の非公開申請があり、これに検察側も反対しなかったというだけで、刑事上の正式審理それ自体を非公開にしてしまうことが許されるかどうか。この問題を当法廷が判断するのは、はじめてのことである。」[41]とのべて、問題を提起した。

バーガーはまず、イギリスに淵源し直截に植民地に受け継がれた歴史を詳細に考察しながら、刑事法廷の公開という伝統を強力に前面に押し出す。憲法修正第六条の公開原則は、この伝統のまぎれもない反映だとして提示される。公開にかんする伝統の強調が、バーガー意見の第一の特色だとすれば、第二の特色は、ここから一般公衆の公開裁判への出席権へと渡りをつけてゆく点にある。ところが、憲法修正第六条の規定からだけでは（standing alone）[42]、当然には公衆一般の権利は出てこないのであって、これを基礎づけるためにバーガーは修正第一条を持ってくる。修正第一条の中核には「政府のはたらきに関係することがらについてコミュニケーションの自由を保障する」ということがあり、「刑事裁判がどのようにおこなわれているかということがら」はまさしく、市民がもっとも深い関心をもつ統治事項にほかならないというのである。

憲法修正第六条と憲法修正第一条との相互乗入れ（juxtaposition）[43]という手法で、刑事裁判へのアクセス権を構成するのであるが、これは憲法学に既存の道具概念である「公共の広場」（“public forum”）[44]と接合したものであるといえる。こうとらえることができる点でも、バーガーの立場は特徴的である。

バーガーの法廷意見には、ホワイトとスティーヴンスが補足意見を提出している。そのうち、ホワイトのそれは簡単明瞭である。最高裁がもし先の *Gannett* で憲法修正第六条を適用して、特段の事情のないかぎり、刑事手続は非公開とすべきではないむね、判示していたとすれば、本件は不必要であったはずだという。[45]スティーヴンスの補足意見は、かれの年来の主張――修正第一条にもとづく政府保有情報へのアクセス権の承認――を再確認したものではあるが、本件法廷意見の画期的な性格を強調しているのが特徴的である。スティーヴンスは、「本件は、分水界的なケースである。今日にいたるまで当裁判所は情報または思想の伝達する行為は、ほとんど絶対的といえる保護を与えてきたのではあるが、ニュースに値することがらを取材する行為が、なんらかの憲法保障をうける権利を有すると真正面から判示したことは、かつてなかったのである。[46]」という表現で、本件を意義づけたのであった。

ブレナンは独自の意見を表明する。これにはマーシャルが同調している。ブレナンは、本件で問われているアクセス権あるいは取材請求権を修正第一条だけで基礎づけるという、従来から一貫してとってきた立場を、ここでも固持するのである。かれの考えは、こうである。「慣行的にいえば、修正第一条の保障は、しゃべる者と聴く者のあいだのコミュニケーションを保護するためのものであるはずである。……けれども、修正第一条は、表現の自由やしゃべり聞くひとたちだけのための意思交流に仕えるにとどまるものではない。それは、自己統治という民主主義体制を確保し推進してゆくにあたって演ずべき構造的な役割（a *structural* role）にも任ずる[47]」「この構造モデルは、修正第一条を民主主義が生きのこるために必要な、あのコミュニケーション過程と結びつけ、こうして、たんにコミュニケーションそれ自体のためのみならず、意味のあるコミュニケーション（meaningful communication）の不可欠条件のためにもまた、気くばりしているのである[48]」。こうしたブレナンの構造モデルは、しかしながら、法廷へのアクセス権・取材請求権を無制限にみとむべしとする結論を指向するわけではもちろんない。権利の限界をどう考えるかは、別個の問題である。ただし、このモデルからすれば、権利に対する制約は、きわめて厳格な審査に合格しうるようなものでなければならないのは明らかであろう。

スチュアートも独自の意見を提示した。すでに*Gannett*において、憲法修正第六条は被告人に対する権利賦与規定でしかないと断定されたことを前提としていえば、本件のようにプレスや公衆の法廷へのアクセス・取材行為に対してなんらかの憲法保障を与えるものがあるとすれば、それは、修正第一条しかないことになる。このゆえに、スチュアートは、こう解する。「刑事事件における警察供述調書の否認手続のごとき予備審理のばあいをどう考えるかはさておき、憲法修正第一条および第一四条は明らかに、プレスと公衆に対して、刑事民事を問わずおよそ正式審理にアクセスする権利を与えている。」(49)と。

ブラックマンの意見もまた、憲法修正第六条を本件のような予備審問に適用できないものにしてしまった *Gannett* を批判的に横目で眺めながら、公衆の裁判へのアクセス権は、修正第一条によって構成するほかあるまい、というものである。*Gannett* には余計な記述（graffiti, 落書）(50)がありすぎた、と批判しているのは興味ぶかい。

論理のすじみちに違いはあれ、こと刑事上の正式審理手続にかんするかぎり、これを一方的に非公開としてプレスや公衆を締め出すことは、憲法上許されないとする考えを、バーガー長官以下七名の裁判官が共有した。じつは、この事件にはパウェルが参加していない。のちに検討するように、パウェルは、政府保有情報へのアクセスに修正第一条をルートとして憲法保障を与えるべしと一貫して主張してきている論者だから、もし事件に参加したならば、この七名が八名になったであろうことは疑う余地がない。

たったひとり、孤塁を守って反対意見を書いたのはレーンクィストである。かれによれば、本件のようなばあいには——被告人が非公開をもとめ、検察官が異議をのべず、裁判官が承認したうえ非公開とされた事案では——合衆国憲法は、その修正第一条であれ第六条であれ、食い入る余地はない。当該州が勝手にきめていいことだ、と連邦主義論が語られている。(51)

Richmond が——スティーヴンスのいうように——政府保有情報へのアクセス権にとって「分水界」をなすかどうかは、なお今後の法の展開をまって答えるほかない。そして展開はやむことなくつづいている。

Globe 事件

一九八二年に合衆国最高裁判所が処理した*Globe*[52]は、*Richmond*と同じ土俵、刑事上の正式審理の公開・非公開（取材活動の可否）が問われる次元での判決である。ここでは、未成年の女性三名を強姦したという容疑で告発されたある男の刑事事件を非公開とした裁判所の決定が争われた。州は、性犯罪事件において未成年の被害者が証言するばあいには、事情のいかんを問わず、審理を非公開とする州法規定を根拠に、本件措置を適法だと主張していた。ところが、最高裁は、この根拠法それ自体を違憲無効と判示したのであった。過半数の裁判官の支持にもとづく法廷意見は、監獄へのアクセス問題以来首尾一貫して修正第一条により政府保有情報のアクセス権を支持してきたブレナンが執筆している点で、興味ぶかい。

われわれとしては、*Richmond*に即して、少なくとも刑事の正式審理裁判にかんするかぎりは、アクセス権が憲法上確立したものとみていいだろう。法廷意見の、この点の憲法論は割愛して、まえへ進もう。問題は、この権利の限界いかんである。法廷意見は、「アクセスを否定するための州の利益は、重大なものでなければならない。本件がそうであるように、センシティブな情報の開示を押えるために、アクセス権を否認しようとするばあいには、州は、やむをえない統治上の目的（a compelling governmental interest）があって、アクセスを否定することがどうしても必要であること、および非公開措置はこの目的達成のために狭く限定されたものであることを、立証しなければならない。[53]」と判示する。こうした観点から、次に、特殊的に本件非公開措置を問題対象とすることになる。州の側は「性犯罪の被害者であるこどもたちに、これ以上衝撃を与えいやな思いをさせないよう保障すること、およびこうした被害者がともかくも法廷に出てきて、正しい信頼できる態度で証言してもらえるよう配慮すること」、この二つの目的を挙示した。法廷意見はしかし、第一の目的は、本件のようなケースでは、法廷をかならず非公開としなければならないことにしている法規を正当化するものではない、とみる。第二の目的は、経験的な事実に支えられているとはいえない、と考える。そうしてみれば、問題の法規は、憲法上の権利をゆえなく侵害するものとして、違憲と解するほかない、という結論になる。[54]

さて、この法廷意見にはバーガーが反対であり、その反対意見にレーンクィストが賛成した。久方ぶりに両者のコンビが成立したのも、一興である。バーガーは、*Richmond* を狭く解釈する。かれは、この先例では「伝統的に公衆に開かれている施設へのアクセス権」[55]が承認されたにすぎない、とみる。「歴史上の慣行」という点でみれば、性犯罪関係、とりわけ未成年者が被害者である事件では、公衆の参加を排斥してきた歴史的事実がある。本件で問題の法規のように、対象を限定して非公開とする法をもつことについて、州が主張する利益配慮こそ、尊重されるべきである、と説いた。

スティーヴンスも反対意見である。かれはアクセス権をつよく肯定する裁判官の一人だから、反対意見とは意外に思うむきもあろう。かれの反対意見は、しかし、本案ではなく訴えの利益の解し方に関係するものなので——それが他の点からみて重要であるとしても——本章では触れないですますことが許されよう。

Press-Enterprise 事件

さてさいごに、この法領域で私が知りえた最新の合衆国最高裁判決は、一九八四年の *Press-Enterprise*[56] である。事案は、強姦殺人事件審理のための陪審員選定手続（the *voir dire* examination of prospective jurors）を非公開とした裁判所の決定の当否にかかわる。この事件では、裁判所は陪審員選定手続に六週間をついやしたのであったが、そのうちの三日だけをのぞいて、ずっと非公開とした。陪審が成立したのち、プレスは非公開審理のさいの記録を請求したところ、両当事者の反対があって、記録の開示もみとめられなかった。

バーガー法廷意見は、イギリスおよびアメリカでは、伝統的に陪審員選定手続を原則として公開にしてきたという事実を重視する。そして、被告人の側の公正な裁判をもとめる権利は、コミュニティにおけるすべてのひとがもとめる、公正な裁判の権利と切りはなされてあるのではないということ、また裁判の公開性ということが「コミュニティにとって治療的な価値[57]」があるものであること、などが指摘される。こうして「たしかに非公開審理は絶対的に排除されるものではないが、それは例外でなければならず、公開することの価値を凌駕する理由が示されたときにかぎってみとめられる。」と判示する。興味のあることに、バーガーは、かつては自分が反対意見の側にまわった *Globe* の法廷意見のなかから、「やむをえない統治目的 (a compelling governmental interest)」が示されるべきむね判示している部分を、こんど自分が法廷意見を書くことになった本件では、そっくりそのまま引用している[58]。本件審理を非公開としただけではなく、その記録をも非開示とした措置は、州側の主張によれば、被告人の公正な裁判をもとめる権利保護と陪審員候補者のプライバシー権の保護のために必要だったという。しかしバーガーは、これは本案で認定された事実からみて、説得力がないと判断する。これに加えてバーガーは、本件では、たとえば陪審員候補者のプライバシーを保護するために、他にとりうる手段がなかったかどうかを全然検討していないではないか、と批判的に指摘する。しかもおまけに、記録さえも非開示としてしまったのだから、本件措置は取り消すほかない、とバーガーは結論するのである。

ブラックマン、スティーヴンスはそれぞれ、法廷意見に賛成したうえで補足意見を書いている。そのうち、ブラックマンの補足意見は、本章の主題と直接関連しない。スティーヴンスのそれは、バーガー法廷意見が少しぼかしている部分を照射する。つまり、バーガーは、修正第六条と修正第一条との関係をうやむやにしながらプレスや公衆のアクセス権を語っている気配があるが、スティーヴンスは、本件では修正第六条が出てくる余地はなく、もっぱら修正第一条によるほかない、と解する。もし第六条を引き合いにするならば、陪審員の選定手続は修正第六条でいう「正式審理」（"trial"）かどうかという争点が重要になる。しかし、修正第一条をきめ手とするならば、「正式審理」かそれ以外の審理手続かは不必要であり、重要でさえないことになる。さらにまた、もし修正第一条の見地から眺めるとなれば、「効果的な司法行政」だけが配慮すべき目的なのではなく、広く統治の作用にかんする情報が自由に交流するよう確保する目的もまた大事になる。(59)本件は、そうした見地から眺めるべきである、とスティーヴンスは説く。本件では修正第一条の権利を制限することなしに、審理手続過程においてプライバシーその他の利益を保護する工夫をとりえたはずだ、とみる。

マーシャルは、法廷意見の結論に同意するが、独自の意見を表明している。かれは、裁判所が非公開決定をするばあいには、非公開措置が「やむをえない州の利益を保護するために利用しうる、もっともきびしくない手段（*the least restrictive means available* for protecting compelling state interests）であることが立証されねばならない。(60)」と論じている。「より制限的でない代替手段（less restrictive alternatives）」よりも狭い要件がとられていることに注意したい。

三　若干の論点整理

プレスの制度的理解

七〇年代はじめから、現在筆者が辿りうる最新のところまで、合衆国最高裁判所の関係判例を概観してきた。歴史的叙述にふけっているうちに、紙幅が窮屈になってしまった。この辺で、論点にかんし多少の整理をしなければならない。

扱ってきた関係判例はすべて、プレスの取材活動に対する公権力規制にかかわる。政府保有情報へのアクセスの憲法保障という点で、公衆とプレスは区別されうるのか。別言すれば、プレスはこの点で一般公衆がもたないところの、なにか特典（特権）を享有すると考えるべきかどうか。

この問題が争点としてはじめて明瞭に意識されるきっかけをつかんだのは、報道記者の取材源秘匿特権を承認しうるかどうかが問われた *Branzburg* であったといえよう。(61) プレスと一般公衆とは、憲法修正第一条の脈絡では多少違うと構成するのが、取材源秘匿に憲法保障をおよぼす目的との関係で、得策であることは疑いもない。そしてまた、実際上、あるいは機能上、プレスは一般公衆と違っているのは否定できない事実でもある。「制度」としてのプレス、「組織された」プレス、という社会的・実体的な存在に対して、それに値する憲法保障を与えるべきだという議論は、了解しうるものをふくむのである。

一九七五年、ニンマーの問題誘発的な論文を機縁にして、修正第一条に新しい解釈をもりこもうとする試み(62)が展開するようになって今日にいたっている。

この問題は、ある意味で特殊アメリカ的な要素をふくむ。こうである。合衆国憲法修正第一条は「合衆国議会は……言論および出版の自由を制限する……法律を制定することはできない。」と規定しているが、それは原文では“Congress shall make no law……abridging the freedom of speech, or of the press……”となる。従来は、「言論・出版の自由」あるいは「表現の自由」と一括して語られてきたが、これは“the freedom of speech, *or of the press*”の後半を、「たんなる繰り返し」あるいは「余分なもの」とした証拠である。けれども、“Or of the press”(the press clause) には、「言論の自由」(the speech clause) と違う特別な意味内容がふくまれているのではないか、という問題視角がありうるのである。おまけに、日本語で「出版」といってしまえば消失してしまうが、“the press”には、「制度」あるいは「組織」の実体をそなえた客観的・社会的存在としての報道機関のニュアンスがいくらかふくまれている。

こうして、一方で憲法の明文規定に根拠をおいた解釈論が登場するとともに、[63]他方「プレスの自由」が憲法制定時において独自の意味内容をもっていたことを検証しようとする歴史研究が各様に試みられている。[64]

筆者はこの研究動向に大きな関心をもっているが、[65]本章では政府保有情報のアクセス領域に限定したかぎりで、考察するにとどめたい。[66]

Pell, Saxbe の時点では、先にみたように、監獄へのアクセス権なるものが一般市民にみとめられていない以上は、プレスにかぎっては、どうしてみとめられようかという論理で、プレスの請求を斥けたことがあり、これを論破するために、一般市民にはなくてもプレスには特別に憲法保障があってしかるべきだ、という議論が出てきた。そしていまでもなお、政府保有情報へのアクセスあるいは政府関係への取材活動について、プレスに特別な権利性を主張するむきもある。[67]けれども非常に有力とはいえない。少なくも合衆国最高裁判所は、この憲法領域では一度も、公衆の権利とプレスの権利を区別して取りあつかったことはない。[68]

プレスといっても、もとより一枚岩ではないから一概にはいえないが、報道界は、この問題領域にかんするかぎり、そして最近では、プレスの権利を特別に論ずることをあえてしていないとみていいように思う。こうした状況を取巻く雰囲気は、*Richmond* における上告人側の弁論からうかがえる。

Richmond で新聞社を代理して口頭弁論に現われたのは、ハーヴァード・ロー・スクールの、あの著名な教授L・トライブであった。最高裁の法廷に弁護人として登場したトライブに対して、プレス特権論で知られるスチュアート裁判官が——どういう意図でか筆者には目下のところ不明だが——貴下が代理するのは「プレス（"*the press*"）」ではないか、と問うた。トライブの答え。「被代理人がどういう立場にあるか、それをポイントにはいたしません。かりに被代理人らが他のひとびとと区別して取りあつかわれるということにでもなろうものならば、私は

がっかりいたすでしょう。」そこでスチュアートは、もう一度質問して、つまり、修正第一条のうちのプレス条項(the press clause)にはこだわらないという趣旨か、と念を押した。ここへ、バーガー長官が割り込んで入ってきて、次のように問うた。法律学のある教授が刑事裁判の過程を研究し、そのことについて学生に講義しようと考えて法廷を見学したいと思ったとしよう——「こんな具合にある者が法廷に入ってみたいと思うのに、なにかを書いたり、そのことについて演説しようとしているかどうかで、違いがありますか。」トライブ教授は次のように応答した。「いや、なんの違いもございません、長官閣下。たとえば、その者が一市民として自分のために知識を得たいと思っているかどうかも、問題ではないのです。[69]」

少なくも当面の問題領域では、プレスは、公衆から独立にそして特別にではなくて、公衆とおなじレベルで権利主張をおこなうことが、憲法原理的に正当なように思う。[70] このほうがまた、実際上もとおりがいいようである。こうして、裁判関係でのアクセス事件では、「公衆の代行人(“an agent of the public”)」、「公衆のための身代り(“surrogates for the public”)[71]」といった表現方法でプレスは把握されている。すぐあとで取りあげる争点、すなわち政府保有情報へのアクセス権をどう構成するかという論点に関連していっても、プレス独立論の成立はむしろむずかしく、公衆・プレス一元論のほうが説得力に富むと考えられる。

もっとも、ここで公衆・プレス一元論をとるからといって、あらゆるばあい、両者が平等であるべきだというのではない。既述のようにスチュアートは“equal access”ではなく、プレスの側に有利に弾力性をもたせる必要を説いているが、それは正当だと思う。バーガーも承認しているごとく「メディア代表は公衆とおなじアクセス権しかもたないのではあるが、かれらはしばしば、特別な座席を与えられ入場について優先権をみとめられている。そうだから、そのことによってその場に列席しているひとびとがなにを見、なにを聞いているかを、公衆に知らせることができるわけである。[72]」

見え隠れする修正第一条の権利

最大の争点は、いうまでもなく、政府保有情報へのアクセス権なるものが憲法上成立するかどうか、もし成立するとして、それはどんな論拠によるか、ということにある。

合衆国最高裁判所は、*Richmond* にいたるまでは、この争点にかんして一貫して消極でありつづけてきた。それは、バーガー長官の要約、「当裁判所はこれまで、政府の支配内にある情報のどれにでもアクセスする権利が憲法修正第一条上保護されるなどと、ほのめかしたことはけっしてない。(73)」としているとおりである。

けれども、*Gannett* をへて *Richmond* にいたると、この線をそのまま維持することが少しむずかしくなった。なるほど *Richmond* では、刑事裁判の公開を定める憲法修正第六条に大きく比重をかけ、刑事裁判へのアクセス権に限定して、これを承認しようとする努力が払われている。公開の原則のアングロ・アメリカ的な歴史と伝統が語られるのも、その意味合いにおいてであった。しかしながら、憲法修正第六条に凝結された公開の原則は、それ自体としては、客観的な原則か、せいぜいのところ被告人の権利でしかないと解される余地がある。現に、当の最高裁は——不覚にもというべきか——*Gannett* でそう判示してしまっているのである。そこでもし最高裁が、刑事裁判の非公開に対して一般公衆になんらかの異議申立て権をみとめるとしたら、修正第六条以外のところに渡りをつけなければならない。*Richmond* はこうして——たぶん苦肉の策として——修正第六条に修正第一条を上乗せ(あるいは相乗り)させる方法をとったのであった。

法廷意見の構成は、ある意味でたいへんわかり易い。アングロ・アメリカが伝統としてきた公開裁判の原則は、任意の市民が集まってきて、かれらの注視のもとで裁判がとりおこなわれることの保障にほかならない。つまり、公判廷は「公共の場所」(a public place) であり、そうだから修正第一条でいう「言論・出版の自由」ならびに「人民の平穏な集会の自由」がかぶさる領域といえるのだ、というわけである。

この議論には、表現の自由領域で比較的に広く受容されてきている、あの「パブリック・フォラム（"public forum"）」[74]理論の響きが感ぜられまいか。しかり。本件判決において法廷意見は、上告代理人たるトライブ教授が提供したところの「パブリック・フォラム」理論に、大きい影響を受けたことは明瞭である[75]。法廷意見いわく「街路、歩道や公園は伝統的にオープンであり、そこでは修正第一条の権利を行使することができる。正式審理の法廷もまた公共の場所であって、ここには、ひとびと一般――およびメディアの代表ら――が出席する権利をもつ。そしてしかも、かれらが出席しているということが歴史的にいって、法廷でおこなわれることがらをきちんと、そして上手に片づけるのに役立つ、と考えられてきているのである[76]。」

そしてまた、ほかならぬ本件において最高裁が「パブリック・フォラム」理論を援用したことの、最高裁側の意図もまた、よくわかるのである。つまり、政府施設のうちアクセス権をみとめる対象領域を、これによって限定しうる、と判断したに違いないのである。このことは、*Richmond* におけるスチュアート意見でむしろ率直に指摘されている。法廷（a courtroom）はたしかに「公共の場所」[77]である。しかしこれと「きわ立って対照的なのは」、軍事施設であり、拘置所であり、刑務所である、という言明がこれである。排斥される場所としては、病院、精神障害者施設などなどをつけ加えることができるであろう。いや、そればかりではなく、およそ政府施設にして「伝統的にオープン」で「公共の場所」と異論なくいえるものは、たぶんむしろ例外に属するといえよう。さすれば、*Richmond* における「パブリック・フォラム」理論は、圧倒的多くの政府施設に対してアクセス権の成立を否定するはたらきを果たすことが期待されているように思える。

もう一つ、*Richmond* における「パブリック・フォラム」理論の限定的な効果が看取される。公共の場所の利用という点では、それぞれの場所に応じて、時・場所・態様についての合理的な規制がなければならないという観点から考えられる限定である。法廷には法廷にふさわしい秩序や雰囲気がなければならない。[78]そのかぎりで、公衆のアクセス権は後景にしりぞかねばならない、ということになる。

こうしてみれば、修正第一条を根拠にして法廷への公衆のアクセス権を史上はじめて承認した画期的な判決、*Richmond* は、きわめて慎重な配慮と舵取りによってのみ、可能であったことがわかる。この側面——厳格な制限つき権利の承認——のゆえにこそ、バーガー長官らは高く評価されるべきだ、という理解がある。すなわち、こうした新しい権利の承認が司法過程でおこなわれるためには、本来的で消極的な使命に任ずる裁判所にふさわしい手法（judicial creativity）をもって、きめ細かい配慮をめぐらして（assiduously）なされるほかないとする立場からすれば、バーガーの論理は、最大の賛辞に値するのである。[79]

バーガー的な立場に全面帰依するまえに、これに若干の批判的な検討を加えてみたい。バーガーらの考えには、ある種の矛盾があるように思えるのである。

唐突な発想だが、バーガーらは、七〇年代に監獄関係へのアクセスをシャット・アウトしたとおなじように、なぜ八〇年代に入って裁判手続へのアクセスをも一蹴しなかったのだろうか。なぜ *Richmond* で窓口を開いてしまったのだろうか。この疑問に対して、*Richmond* においては憲法修正第六条でいう裁判の公開が問題になったから、窓口を開くほかなかったのだという答えで応ずるのは、説得力を欠く。修正第六条は公衆とはなんの関係もない規定だとつっぱねることが、最高裁判所には難なくできたはずなのである。現に *Gannett* ではその線でつっぱねたばかりではないか。*Richmond* を正しく理解するためには、憲法規定の論理分析よりもより多く、*Branzburg*, *Pell*, *Saxbe* などなど取材活動に不利な諸判決に対する報道界の巻きかえしのうごきがその一端であるような、社会過程のダイナミックスを分析すべきなのではないかと思う。*Richmond* は、こうした社会の現実のうごき（そこには当然、権利意識の変化も相伴うのであるが）に対する妥協であった。この妥協を可能にしたのが、新しく味つけした憲法修正第一条の援用であった、と思われる。このばあいたしかに最高裁は、「パブリック・フォラム」理論という形で援用したにすぎず、したがって「修正第一条にもとづく独立の、請求権的なアクセス権それ自体」(an independent First Amendment affirmative right of access *per se*) をみとめたわけではまったくない、といえる。[80]

けれども、筆者には、よし「パブリック・フォラム」という狭い橋であるかもしれないが、最高裁がこの橋を通過して、修正第一条の領分へ入ってしまったということの、客観的な意義が重要だと思う。最高裁は、この橋を渡ることによって、いうならばルビコンを渡ったのだと思う。なぜそういうかといえば、修正第一条を体現するものとしての「パブリック・フォラム」理論はけっしてたんに「場所」的要素がきめ手なのではない。そこで語られる内容、その自由を保障することの意味こそが大事だと思うからである。

「パブリック・フォラム」理論の橋を提供したトライブ教授は、刑事法廷が「パブリック」であるゆえんを、「(刑事法廷というものは)伝統上パブリックであり、機能においてパブリックであり、かつ、憲法の明文規定と体系においてパブリックである」と語っている。[81] このように「パブリック」だから刑事法廷には憲法修正第一条が保障されねばならない、と説いたのである。このうち、「機能におけるパブリック」についていえば、*Richmond* でバーガーが次のように判示していることが注目に値する。「(修正第一条における)これら明示的に保障されている諸自由に共通する核心的な目的は、政府のはたらきに関係することがらについてはコミュニケーションの自由を確保するということである[82]」と。このように、政府情報(「政府のはたらきに関係することがら」)の流通(「コミュニケーション」)の自由と結びつけて憲法修正第一条を意義づける方途をひとたびとったならば、この論法はけっしてたんに、刑事法廷にかぎって通用させようというわけにはゆかないのである。なるほどバーガーは、右の引用にすぐつづいて「統治にかかわることがらであって、刑事裁判がどのような仕方でおこなわれるかということにもまして、ひとびとが広い関心をもち重視するものはほかにはないだろう。」といい、刑事裁判が最高最大の関心事であるがごとくに説明している。しばらく、この説明を受け容れよう。しかし、この説明は、刑事裁判以外のものも――程度の差はあれ、ことの性質によってそれ相応に――ひとびとの関心を集め重要視することがらがあることを認容している。いま、刑事裁判へのアクセス権は承認された。そうだとすれば、他の政府活動へのアクセス権も承認されてしかるべきではないか。関心事の重要性にかんする程度の差は、権利の存在と不存在という質の差を当然には生まないからである。

既述のように、ある論者は、*Richmond* が「修正第一条にもとづく独立の、請求権的なアクセス権それ自体」を斥けたがゆえに、これを賞讃しているが、筆者にはむしろ、*Richmond* は客観的には、そうした権利を――よしステップ・バイ・ステップのみちすじでであるかもしれないが――承認するみちをつけてしまったのではないかと感ぜられるのである。この論者のように「独立の、請求権的なアクセス権」をみとめることに反対する立場をとる者は、一種微妙な妥協にふけった *Richmond* を賞讃するよりはむしろ、非難攻撃すべきであったと思う。*Gannett* までの線を固持し、憲法はどんな政府機関にも情報を開示提供すべき積極的な義務 (affirmative duty) を課していないと断固いい張るべきだったと最高裁を批判するのが、この論者たちのとるべきみちすじであったのではなかろうか、と筆者には思える。

四　政府保有情報の開示請求権にかんする憲法論

開示請求権の憲法上の基礎

Richmond で刑事上の正式審理裁判にかぎりみとめられたアクセス権が、*Globe* ではセンシティヴな情報のゆき

う可能性のある法廷でも承認され、さらにそれは、*Press-Enterprise* においては、陪審員選定のような予備審問手続へと支配領域を拡げた。これら判例の展開からみて、同様のアクセス権が、民事裁判のレベルへと伸展することを、もはやなんぴとも押し止めることはできないだろうと観察しうる。(83) こうした判例の展開の原動力になっているのは、むしろ、「修正第一条にもとづく独立の、請求権的なアクセス権それ自体」を指向する憲法理論であるように、筆者には思える。*Richmond* には固有独自の憲法理論があるのではない。アクセス権それ自体を指向する憲法理論に強い影響をうけながら、現実状況と妥協すべく苦心したあげく一応到達した地点が、それであった、と考える。

そこで、一連の判例の展開を規定している憲法理論はなにか、ということを問うことになる。

ここではまず、最高裁のなかからブレナン裁判官に登場してもらおう。*Richmond* でのかれの意見を再現する。

「慣行的にいえば、修正第一条の保障は、しゃべる者と聴く者のあいだのコミュニケーションを保護するためのものであるはずである。……けれども、修正第一条は、表現の自由やしゃべりを聞くひとたちだけのための意思交流にだけ仕えるにとどまるものではない。それは、自己統治という民主主義体制を確保し推進してゆくにあたって演ずべき構造的な役割にも任ずる。(84)」

ここに示されているのは、ブレナンが別の、しばしば引用される論文(85)でいっている、二つのモデルである。一つは「言論」モデル (the "speech" model)、他は「構造」モデル (the "structural" model) と呼ばれる。「言論」モデルは、従来から伝統的に修正第一条が与えてきた――ほとんど絶対的な――憲法保障に対応するもので、ブレナンの表現方法を踏襲していえば、これは「ちょうどむかしから履き慣れてきた靴のように気楽に」使える。このモデルの中核にあるのは、自分のいいたいことをしゃべる、つまり自己を表現する権利である。しかし逆に、このモデルにはこの点で、それに固有な限界をもつ。なにかというと、修正第一条がもともとかかわっている民主主義の価値、自治の価値が、このモデルでは拾えない点である。諸個人が自分のいいたいことを存分にしゃべったところで、かならずしも十分には、民主主義を実行する利益を保障することにならないのである。こうして第二のモデル、「構造」モデルが意味をもってこざるをえない、とブレナンは説明する。このモデルが「構造的」であるのは、次の点にある、とかれはいう。「これは、わが国の民主主義的信条が要求するところのコミュニケーション機能とプレスとの関係ということに焦点を合わせたものである。プレスがこれらの機能を有効ならしめるかぎりは、このモデルはプレスに修正第一条の保障を与えるべきことを要求する。いい例は、公衆が情報を入手して討論するために必要な、情報の提供および伝達という機能を果たすうえでの、プレスの役割である。プレスが、いやプレス以外のどんな制度でもこのばあい同じことではあるのだが、この役割を独自的に果たすかぎりでは、独自の修正第一条保障にあずかるべきことになる。[86]」と。

「構造」モデルでは、プレスが享受する修正第一条の保障は、ニュースを収集し流通させるために必要ないろいろな仕事にまでおよぶことになる。こうして本章が主題とする取材活動が、この保障の傘のもとに入るのは至極当然のことになるのである。

ブレナンの「構造」モデル論の背景には、修正第一条にかんするZ・チェイフィー[87]およびA・ミクルジョン[88]の伝統的な所説があるのは、指摘する要をみないだろう。チェイフィーなかんずくミクルジョンは、修正第一条をたんに個人の権利・利益の観点からとらえるのでなく、国民主権・民主主義の実現という憲法全体の構造あるいは制度のかかわりでも意義づけた。ただ、かれらはこれを、ブレナンのいわゆる「言論」モデルにおいて及ぼしたにすぎなかった。ブレナンは、この修正第一条の民主主義的理解を使って、憲法保障の新しい次元、新しい領域を展開するのである。民主主義的理解はチェイフィー、ミクルジョンらをして、修正第一条にかんする憲法保障の強度あるいは深度にかかわらしめたとすれば、ブレナンのばあいには、憲法保障の範囲あるいは拡がりに関心をもたせることになった、といえよう。

以上、ブレナンの見解を紹介したが、かれを特別扱いするつもりがあるわけではない。最高裁判所の同輩のなかでは、スティーヴンスおよびパウェルの憲法論が、ブレナンのそれと基本的に同じといえる。[89]

まずスティーヴンスである。かれは、ダグラスの後任として最高裁入りをしたのであるが、関与したアクセス事件では首尾一貫して、修正第一条を根拠におき、報道機関の取材活動に好意的な立場をとってきている。[90] かれは、*KQED* ではじめて、この憲法問題にかかわることになるのだが、早速反対意見を表明している。この反対意見には、ブレナンとパウェルが同調している。修正第一条がねらいとしているのは「一般公衆に対して完全で自由な情報の流れを確保すること」なのであって、そのゆえに同条は、「情報や思想の伝達を保護するにとどまらず、それを受けとることも保護しているのである。」と指摘する。さらにつづけて「ある者がコミュニケイトすべく選んだものを、他の者が受けとる権利を保障することに加えて、修正第一条はさらに、本質的に社会関係的なはたらき（an essential societal function）にも任ずる。わが国の自主統治体制は、情報を与えられた市民層（an informed citizenry）を所与の前提としているのである。……したがって、コミュニケーション経路が政府による制限を受けないというだけでは、十分ではないのである。たとえば監獄のごとき公共施設の運用につき、公衆一般が情報を獲得できるようになんらかの保障をしないことには、憲法制定者らが想定した自己統治過程なるものは、実体を欠いたものでしかないことになろう。[91]」と論ずる。

こう展開するスティーヴンスの考えの根本に、ブレナンと同様、ミクルジョンの民主主義論があるのは、内容自体でわかるばかりでなく、かれ自身がその脚注でミクルジョンの著作を引用していることからも知られる。[92]

スティーヴンスは、*Richmond* および *Press-Enterprise* で補足意見を表明しているが、いずれも、きめ手は裁判の公開を定める修正第六条ではなく修正第一条にあることを強調する性質のものである。たとえば *Press-*

Enterprise で、「事実審裁判とこれ以外の政府の審議手続との違いは、修正第一条の争点を評価するさいには、かならずしも決定的ではなく、重要でさえもない。(93)」という立場を宣明し、次のようにつづける。「修正第一条が命ずるところにしたがって焦点を合わせれば、本日の判決を支えているのは、たんなる司法運用を有効ならしめる利益ではないという事実がはっきりする。修正第一条はもっと広い範囲にかかわりをもつのである。」

スティーヴンスの論述のなかに、修正第一条の「社会関係的な機能」という表現がある。このことばはたぶん、かれよりもまえに、パウェルによって用いられている。すなわちパウェルは、監獄へのアクセスが問題になった *Saxbe* で少数派にまわり、次のようにのべていた。「この事件で問われているのは、政府に関係することがらを公衆が自由に討論できるようにするための、修正第一条の社会関係的な役割なのである。憲法保障のこの側面にとっては、なによりもまして、公衆が自由で開かれた討論をつうじて、自分たち自身の運命を考え解決する能力を保護されていることである。(94)」パウェルはさらに「公衆の討論は、たんに制限されてはならないというだけでは足りない。それはまた情報がきちんと伝わっていることを必要とする。……公衆がきちんと情報に接しているかどうかは、ニュース・メディアによって正確に効果的に報道がなされているかどうかにかかっている。どんな個人も、自分の政治責任を知的にまっとうするために必要な情報を、自力で取得するなどできることではないからである。実際のところ、多くの市民にとっては、ニュース価値のある出来事に個人として身をもって接する見込は、絶望的なほどにありそうもない。したがって、プレスがニュースを探索するのは、公衆一般の代理人としての行為にほかならない。プレスは、意味のある自治政治に不可欠な、情報と思想の自由な流れを公衆が受け取る手段なのである。公衆が政治過程を有効に統御できるようにするという点からいえば、プレスは、修正第一条の社会関係的な目的を実効あらしめるという、重要なはたらきをする。(95)」とのべてもいる。

修正第一条について、パウェルが「社会関係的な役割」「社会関係的な目的」を語っているばあいには――ブレナンの「構造」モデルとほとんど同じように――民主主義論が下敷きにあるのは、縷言するまでもあるまい。パウェルもまた、チェイフィーおよびミクルジョンの原理のうえに立脚しているのである。[96]

このような、ブレナン、スティーヴンス、パウェル流の考えは、T・エマソン、[97] A・コックス[98]のような既成の憲法学者によって支持されているところでもある。たとえばコックスは、*Richmond* で最高裁（とくにバーガー相対多数意見）が本当の争点にかんしてお茶をにごしてしまったことを批判的に考察しながら、つぎのようにいっている。「修正第一条は果たして、連邦政府の統治活動にかんする情報または政府保有の情報にアクセスする本当の権利を、プレスと公衆に保障しているものかどうか、という問いは、間違いなくこんごなんども提起されるであろう。こうした権利を画定する法体系を作りあげてゆく課題は容易ではないようにおもえる。けれども、もし修正第一条がこんごとも、国民に対して自分たちの政府にかんする情報を提供するという基本的な役割に仕えつづけるべきであるとすると、この権利の承認はきっと必要であろう。初期の段階では、政府には検閲する権力がなく、印刷機がだれにでも開放されており、かつ、諸個人が、支配者や選挙された代表者たちからしっぺがえしを受けるおそれなしに、しゃべったり、書いたり、出版したり、お互い同士でつき合ったりできるという条件があるかぎりは、市民たちは自治ということに必要な仕方で、事実を知り、お互いにコミュニケートすることができたのであった。ところが現在では、こうした状況は、連邦政府の多くの活動との関係では、もはや成立しない。社会のあらゆる側面とのかかわりをもちながら、連邦政府はその規模と複雑さを増してきていて、政府自体がしばしば、国民の代理人であるはずの人びとの行動にかんし、国民にとって主要な――唯一の、とはいわないにしても――情報源になっている。今日、中心的な問題は、政府の秘密と――しかも、まことにしばしばのことだが――政府のだましにどうやって対処したらいいかということにある。*Richmond* におけるブレナン裁判官の補足意見が、修正第一条にかんする法として支配するようになる可能性がある。[99]」

開示請求権を否認する憲法論

このように修正第一条にもとづき、市民は政府保有情報にアクセスするなんらかの権利をもつ、と主張する考えを、便宜上、開示請求権肯定説と呼ぶことにしよう。

この考えに反対して、修正第一条はそんな権利をまったく規定していないとして、真向から反対する説を、これまた便宜上、開示請求権否定説と呼ぼう。

現在の合衆国最高裁判所の裁判官のなかのだれが、確信的な否定論者である、といえるのか、いまの私にはさだかにしえないところがある。けれども、*Richmond* でただ一人反対意見を表明し、*Globe* でバーガー反対意見に同調するという形で、政府情報開示請求権に消極的な立場を比較的に首尾一貫させているレーンクィストが、それに当たるといえそうである。

バーガー長官を確信的な開示請求権否定論者として位置づけていいのかどうかは、問題である。裁判所の裁判手続という特殊的に限定した政府活動を——あらゆる他の統治活動と歴然区別しうる法的特質をもつものとして——特別扱いできると確信し、それをこんごとも貫徹できると信じているのならば、かれをこの範疇に入れなければならないであろう。

開示請求権否定説は、学説レベルでは、有力とはいえないにしても雄弁な担い手がいる。かれらからみれば、バーガーの手法、修正第一条を政府活動一般へのアクセスを承認する方途を断々固として阻止し、それを裁判所の審理手続のところで押しとどめえた手法こそが、賞讃に値する。かれらはたぶん、バーガーをもって自分たちの同志、すなわち確信的否定論者と見做して怪しまないだろう。

否定説の論拠は、レベルにおいて、また内容においてさまざまである。私の理解に誤りがないとすれば、否定説は、修正第一条の理論的な系譜に対し司法消極主義の立場から異議申立てをする、修正主義的なおもむきがある。あらゆる修正主義がそうであるように、ある種のフラストレーション表出が見え隠れし、扱いに困難を覚えないではない。ともあれ、かれらが政府情報開示請求権を否認する論拠は、なかんずく、次の点にある。

第一、多くの政府情報開示請求権肯定説は、チェイフィー、ミクルジョンに代表される所説――修正第一条の権利と国民主権の原理の関連性、あるいは修正第一条の権利の民主主義的理解――を下敷きにしているが、これは誤りだという。誤りだという意味は、二大別されうるようである。ミクルジョンらは修正第一条の権利行使をただちに国民主権の行使ととらえているが、①ここで前提としている直接民主主義は、合衆国憲法がとるところではない、という主張である。(100) 憲法は代議制、間接民主主義をとっているから、ミクルジョンらの所説は前提においてあやまっている、というわけである。②この説はまた、個人の権利と政治の原則あるいは権力とを混同しているがゆえに謬説である、とも批判する。(101)

ミクルジョンが修正第一条の絶対的自由論を展開するという、パイオニア的な仕事をおこなったさい、ニュー・イングランドでなおみられたタウン・ミーティングの政治形態をモデルにしたのは、たしかである。その意味で、かれの所説が直接民主主義的な香りをもっていること自体否定しえない。けれども、かれに淵源するといえばいえるところの、修正第一条の民主主義的な理解にとって重要なことは、憲法が直接民主主義をとっているか間接民主主義をとっているかでは、まったくないのである。間接であれなんであれ、民主主義政治体制をとっているということが、修正第一条の権利の意義や内容にどのように反映し影響を与えるかということなのである。

修正第一条の権利――たとえば、意見表明の自由――を、民主主義的な政治原理とまったくかかわりなく、ただたんに個人主義的に理解し、自分のいいたいことを自由にいう権利としてとらえることもできる。しかし、そうとらえるだけであれば、たんに個人的な利益の満足にふさわしい取り扱いしか保障されない。それで満足するのでなく、より強い程度、より深い奥行きの権利保障があるべきだと主張するばあいには、個人をこえた利益と絡めることになる。修正第一条の民主主義的な理解とは、そういう論理構成の一つであり、かつそういうものとして、これまでは正当性を承認されてきたのである。

修正第一条を民主主義的に理解する論者だからといって、修正第一条の権利――たとえば、意見表明の自由――の行使がすなわち自分の主権行使にほかならず、これをつうじて直接民主主義を地でいっているのだ、というありそうもない議論に当然に与しているのではないのである。諸個人のなす意見表明が、政治におけるコミュニケーション過程にかかわるということが、民主主義的な理解の前提であるのはもちろんのことである。そしてこのように、社会的な規模に高められたコミュニケーション過程にかかわることによって、諸個人は民主過程に参加することになる、と考えるのである。この民主過程への参加は、直接的というよりも間接的な性格のものといえる。どちらにしても、しかし、直接か間接かは、悪意にみちた反対論をとるのでないかぎり、民主主義的理解にとってはまったくどうでもいいことがらなのである。

いまのべてきたことで、同時に、②の批判に答えたことになるであろう。いいたいことをしゃべるという権利行使が、すなわち同時に国民主権の原則の実現ではなく、主権という権力の行使でもない。権利・原則・権力のどれをも混同しているわけではない。問題はひたすら、しゃべる権利のつかまえかたにある。これをつかまえるにあたって、国民主権の原則その他の憲法の構造や体系の関連を考えるべきだ、といっているだけなのである。

開示請求権の否定論者は、こうした権利をみとめることと、間接民主制とは矛盾抵触すると考える。しかし、公衆のだれかが監獄の状況を知りたく、そこへ接近するのを許すことは、即、国民主権の直接行使の容認でないばかりではなく、間接民主主義を円滑に展開させるために必要不可欠だ、と立論することもできるのである。こうした権利保障は、政府活動に対するチェッキング機能を果たすものであり、間接民主主義にとってこうしたチェッキング装置がぜひ必要だとすれば――私はそう思うのだが――政府情報開示請求権は間接民主制と矛盾抵触するものなのではまったくなくて、間接民主制を長生きさせるために不可欠なものといわねばならないのである。(102)

政府情報開示請求権否定説が拠り所とする「間接民主制」「代議制」の概念は、その用いられる方向において本質的に消極的であり、そういうものとして限界を知らない。無際限に否定をまき散らすおそれがある。政府情報開示請求権をいっさい承認しないだけではない、修正第一条のその他の権利の縮減にも役立つことになることが懸念される。(103)

実際のところ、ミクルジョンらの所説を非難し排撃することは、そのうえに構築されてきた修正第一条のシステムのいっさいを批判攻撃することにつながる。(104) 現代アメリカの政治状況、司法部のありようをみれば、修正主義が登場して一種の軌道修正をおこなうことがあるとしても驚いてはいけないかもしれない。しかし、そのあげく、修正第一条が民主主義となんの関係もないところにもってゆかれ、ただ単に個人の「しゃべる自由」を意味するレベルに合わせてそのシステムが組み替えられることになるとすれば、これは驚き以上のものであるはずである。

第二に、国政情報開示請求権は承認されるべきでないとする論拠として提出されるのは、こうした権利は無際限に拡がり限界を知らないとする評価である。(105) この議論は、政府保有情報へのアクセスにかんする問題は司法審査の対象として適切ではなく、したがって、憲法問題とせずに、立法裁量事項として、あげて立法府の政治判断にゆだねるべきだという、もう一つ別の議論と密接不可離に結合しているのが特徴的である。

たしかに、開示請求権肯定説が説くように、民主主義の観点からみて「統治事項にかんする情報」という具合に大きく括ってしまうかぎりでは、際限ないがごとくである。しかし、さればといって、バーガー流の線引き――裁判過程の、統治過程一般からの引き離し――が、この間の「限界」づけとしてものの見事であり、説得力に富むとして、請求権否定論者に同調するわけにもゆくまい。限界を画することの困難さは、請求権を肯定する論にだけ固有なものではなく、請求権を否定する者の側にもついて回るものであることが、認容されるべきである。

それはともかく、権利の限界を画することがたいへんむずかしいということは、権利として承認されるのに困難がともなうということを意味するであろうが、しかし、そのことは論理的に、権利としておよそみとめられるべきでないという結論へと導くわけのものでもない。

私の知りえたかぎりで、どんな開示請求権肯定論者も、これを無制限・絶対のものとして主張してはいない。「言論」モデルというブレナンの用法を借りていえば、このモデルのばあいには、絶対無制限に近い形で、権利の承認をせまる考えがあるが、「構造」モデルの妥当領域では、事情はかなり違う。ここでは、「制限つき権利」(**a qualified right**) であることを、どんな論者も所与の前提とする。それは、この請求権がほかならぬ「構造的」な構築物であるということに由来する、と考えられる。[106]

問題はそこで、一にかかって、どのように限界づけるかという点にある。こうした問題の所在は、つとにブレナンの指摘しているとおりである。[107] つまり、「この憲法保障の拡がりは理論上はとどまるところがないから、慧眼と節度とをもってことにあたらなければならない。……情報収集の権利主張に対しては、もとめる情報とこれによって侵害される対抗利益との両方を考慮して、その当否を判断しないわけにゆかない。裁判所がおこなうこの仕事は、抽象的な論証の性格とともに、実際上の必要性にどう対応するかということがらでもある。だが少なくとも次の二つの補助原則を素描することはできよう。第一、特定の審理手続または情報で公衆が接近することが長い間重要な伝統とされてきたこととの関係でアクセス権が主張されているばあいには、認容する方向に強く傾かざるをえない。……第二、アクセスの価値は、それぞれの事情に応じて判断されるほかない。どんな情報も公共的な争点に影響があるといったレトリックに左右されて分析されてはならない。個々の事案を判断するにあたり決め手になるのは、特定の統治過程へのアクセスが、まさにこの過程との関係で重要かどうかということである。[108]」

スティーヴンスの試みる限界論も、ブレナンの最後の点と似ている。「アクセスの権利主張は、アクセスすることがこの自治支配の手続に積極的な貢献をすることになるのでないかぎりは、みとめられない。[109]」すなわち、アクセスを承認することが、当該統治過程を人びとが理解し批判するようになるのに役立つということにつながらねばならない、というのである。

ルイスの限定論[110]も、ここにあげるに値する。かれもまた、ブレナンの第二要件に着目し、それを「責任性」(accountability) という語でいい直している。すなわち、個々のケースは、「公衆に対して公共施設を非公開とすること、つまりアクセスを否認することが、責任をとることのさまたげにならないかどうか」で判断すべきだという。この種のことが問題になるさい、例としてよくあげられる最高裁判所裁判官会議を、かれもまた取りあげる。「知る権利」といういいかたに対して、では裁判官会議をも公開にしろというのか、という式の反論がよくなされる。けれども、公衆からみて、最高裁の仕事を細かく詮議する目的で裁判官会議に列席することが必要だとはいえない。つまり、最高裁の活動というものは、公にされるもの、すなわちその理由づけとともにその全文を印刷して公示するところの判決によって、表現される。判決書が、この機関の責任制の基礎なのだ、とルイスは説明する。

さて、こうした「限定」論の試みにもかかわらず、開示請求権否定説をとる者は、これらは漠然としていて抽象的であり、結局無限定になる傾きを有する、したがっていっさい、こうした権利は承認されるべきでない、と主張してやまないもののようである。

けれども、ある権利の成立が承認されるためには、あらかじめ一点の隈もなく、権利の外延が明瞭化されることが要求されると説く者は、たぶんいないだろうと思う。実際のところ、権利の外延は不変のものでありえず、それを予見することはたいへんむずかしいものなのである。

もし開示請求権否定論者が固執するように、権利の外延がかならずしも明確でないがゆえにこうした権利はまったくみとめられるべきでないという議論が普遍妥当性をもつとすると、たぶん、合衆国では、たとえば「出版の自由」は、ブラックストンの定義にもとづく「検閲からの自由」という権利内容をもったままで、今日にいたるまでいかなる成長をも押しとどめられてきたに違いないのである。歴史的にいって、「出版の自由」はまず「検閲からの自由」でしかなかった。そのかぎりでは権利の外延はまことにはっきりしていた。そして、それ以外のこととなったらいっさいが不明確であった。あらゆることを「出版する自由」なるものは、あらゆることを「知る権利」と同じように考えられないことであった。ありえてならないことであった。そんな無際限な権利などは承認されるべきでないと信ぜられ、したがって「検閲からの自由」を除いては、いかなる意味でも「出版の自由」は承認されなかったのである。しかしながら、その後の歴史過程でわかるように、権利外延が依然として不明確な部分をのこし、また、確定した外延が変容を加えられながら、「出版の自由」と概括される権利自体は承認されつづけてきているのである。

「出版の自由」といえば、あらゆる出版の自由を必然的に意味し、無際限である。したがって権利の外延がはっきりするまでは、およそ「出版の自由」を承認すべきでないとする、現代の開示請求権否定説と同じような物の考えをとる者が、歴史上にいたかもしれない。経験的事実が示すように、「出版の自由」との関係では、こうした論理による不承認説は、結局のところながくは、自己を貫徹できなかったのであった。似たようなことが、われわれの主題の関係する法領域でもいえるのではなかろうか。

開示請求権否定説はまた、肯定説の予想する権利の「限定」機能あるいは「識別」作用は、司法の任にたえるものでないということをも、論拠の一つとする。たしかに現代の司法消極主義論が司法の制度上の限界に力点をおくのは、一種の流行の観がある。(111) けれども、本当に司法は、権利「識別」作用において無能力、不適格であろうか。かりに、この一点を認容するとして、このことは、請求権をおよそ承認してはならないとする結論へ必然的に導くだろうか。ここでふたたび「出版の自由」の成立・展開過程をひき合いに出したい。歴史的にたいへん長時間をかけてのうえではあったが、ほかならぬ裁判所が、「出版の自由」の「識別」「限定」および作用に従事してきたことを見逃してはならない。この法領域では、司法が無能・無資格であるがゆえに、政治過程にまかせ、立法裁量にゆだねるべきだという論理は――もしそう主張する者がかりにいたとしても――さいごまで生きのこることはできなかったのであった。

Richmond から *Globe, Press-Enterprise* と経過するなかで最高裁判所がなしたところのものは、請求権をいっさい否認し去ることであったのではなく、じつをいえば、請求権をともかくも承認したうえで、その「識別」および「限界」をおこなったことである、といえなくはないのである。そのかぎりで最高裁は「識別」「限界」および作用にすでにコミットしている、といえるわけである。

裁判所に課されるこうした任務は、制度上当然、特定の政府行為（アクセス否定措置）とそれに対する不服申立てを契機に、開始される。裁判所の裁定は――ブレナンが指摘していたように――一般的な原理をにらみながら、特定の事案における紛争解決を指向することになるのだから、はなから、司法過程に馴染まないとはいえないはずである。

さてこうして、特定の事件で公権力により否定されたアクセスが、裁判所のみるところ、憲法保障の範囲内にあるということになれば、次に展開する司法審査は、公権力の側に規制（アクセスの否定）をどうしてもやむなしとする利益（a compelling governmental interest）があるかどうか（十分に説得力ある形で立法されているかどうか）をテストすることになる。このことは、*Pell, Saxbe* からはじまり *Richmond, Globe, Press-Enterprise* へと発展してきた判例の趨勢からうかがうことができる。

ところで、請求権否定説に同調する日本のある論者は、こと政府保有情報へのアクセスが問題になる法領域では、この司法審査方法は不適切だ、と断言している。[112] その不適切とする理由が私にはよくわからない。また、実際のところ、管見に属するかぎり、こうした非難はアメリカの学説では見当らないので、ここでは後日の教示に期待し、深入りはしない。ただ、非常にはっきりしていることは、この論者の非難にもかかわらず、当の合衆国最高裁判所が現在のところ二度ならず三度まで（*Richmond, Globe, Press-Enterprise*）、ほかならぬこの法領域で、この型の司法審査をおこなっている点である。少なくも最高裁は、この方法がそれ自体として不適切であり、この領域では使いものにならないとはみていないようである。

いわゆる厳格な審査に合格したばあい、次にふまれるべきステップは、当該規制利益のために、他に利用可能な、より緩やかな規制措置はなかったかどうか、という点の審査である。このこともまた、アクセス問題がからむ判例から明瞭にうかがえるところである。いうまでもなくこの手法は、表現の自由にかんする伝統的な法領域で、広く裁判所が採用し慣れ親しんできているものなのであって、本章の主題とする法領域でも、無理なく転用できるもののように、私には思える。

以上のような現実の法の展開を前提としていえば、修正第一条にもとづき、なんらかの請求権が生成展開するのは、ほぼ必然であり、逆に、この種の権利はおよそ承認されるべきではないとする否定説は後退または修正をせまられている、とするコックスの観察には正当なものがあるように、私には思える。

むすびにかえて

アメリカ合衆国では、政府保有情報へのアクセス権を憲法論的に基礎づける試みは、比較的に早くからなされた。[113] そしかし、これが司法的解決をもとめる法実践的な脈絡で登場するにいたったのは、比較的最近のことである。そしてこの歴史段階になると、合衆国政府の文書などの情報形態との関係では、「情報の自由にかんする法律」[114]が、そして審議会その他合議体の機関の審議過程との関係では、いわゆる「サンシャイン法」がそれぞれ制定されていて[115]、制定法上の開示請求権の法体系が展開するようになっていた。こうした制定法のカバーする領域では、憲法論的な裏付けはある意味でもはや不要である[116]。すなわち、近時合衆国で問題になる憲法レベルのアクセス権論議は、制定法がカバーしない統治領域のみにかかわる。この点が、日本とは決定的に違うところである。日本では、政府保有情報へのアクセス権を正面から保障する法体系は――地方条例での展開を軽視するつもりはないが――いちじるしく未熟である。したがって憲法レベルの開示請求権論議は、ありとあらゆる政府保有情報形態を相手にせざるをえないということになる。こうして、日本の憲法論としての開示請求権肯定説は、現実的な圧力のもと、合衆国のばあいとは比べものにならないぐらい、成立がむずかしい。理論的には、しかし、もし合衆国憲法のもとで請求権――なんらかの請求権――が肯定されるならば、同じことが日本国憲法のもとでもかなりの程度いえるはずだ、と私は思う。この点にかんして阻害要因になるような根本的な差異が両国憲法のあいだにあるとは思えないからである。

アメリカ合衆国では、この問題はいまのところ結局は、監獄、病院、軍隊などなど、従来から当然に「閉じられた制度」と考えられ、管理者の裁量のみが支配するところと信ぜられてきた領域へのアクセスを素材とする。こういった領域へと国政情報開示請求が集中するのを、日本では、突拍子もないことがらのように思う者がいるかもしれない。私はじつは、それほど突拍子もない現象とは思わないが、その理由をここでは語る余裕はもはやない。

ともあれ、開示請求権否定論者は、これらの統治過程をもふくめいっさいの統治活動のアクセス権を否認し、すべてを立法政策・立法裁量の問題とすることにより、A・コックスが憂慮するように、第一に、修正第一条の現代的展開を押しとどめ、これを去勢することに力をかし、第二に、公権力の秘密と瞞着を国民が支払うべき代償として黙従するみちをすすめているのではなかろうか[117]。

（1）最（大）判一九五二年八月六日・刑集六巻八号九七四頁。

（2）最（大）判一九六九年一〇月一五日・刑集二三巻一〇号一二三九頁。

（3）最（大）判一九八四年一二月一二日・民集三八巻一二号一三〇八頁。

（4）Cf. Loveland, Newsgathering : Second-Class Right Among First Amendment Freedoms, 53 Tex. L. Rev. 1440 (1975).

（5）最（大）決一九六九年一一月二六日・刑集二三巻一一号一四九〇頁。

（6）最（一小）決一九七八年五月三一日・刑集三二巻三号四五七頁。

（7）情報源が私人というわけではないが、私有地において報道に値する出来事が発生し、その私有地で取材活動をおこなうことに許諾をえていないばあい、私人・対・私人の対立が問題になる。通常のばあい不法行為を構成するが、取材目的でおこなわれたときは、特別な法的考慮をなすべきかどうか。これをめぐる判例が合衆国の下級審には少なくない。これにかんする最近の興味ある文献として、See, Note, Press Passes and Trespasses : Newsgathering on Private Property, 84 Col. L. Rev. 1298 (1984).

（8）奥平康弘「取材の自由か取材拒否の自由か——愛媛でのできごとを素材に」（『法学セミナー』一九八五年四月号八頁）のスケッチを参照されたい。〔追記。この「日刊新愛媛」事件は、そののち当事者間で和解が成立し、裁判所が県知事の取材拒否措置にかんし法的評価をくだす機会がなしに、事件は空中分解した。なお、諸根貞夫「愛媛版〝取材拒否〟事件記——今後の法的議論の一素材として」『愛媛大学教養部紀要』二〇号一九八七年、四九頁参照。〕

（9）宮沢俊義『憲法II〔新版〕』有斐閣、一九七一年、三六三頁。

（10）以下、本文では政府が保有しているというばあい使う「情報」ということばを、文書その他の伝統的な情報形態をとるもののみではなく、政府施設そのもの、あるいはそこでおこなわれていることがらや状況（統治活動）をも指すものとして、用いる。施設や状況は、それ自体としては「情報」であろうはずがないとの反論があろうが、人間が見聞するものとしてのそれ、とりわけ取材目的のために見、聞き、それぞれのありように応じてコピー（録）するそれを念頭におけば、そういう用語法は——つねにではないかもしれないが——許されるであろう。人間の五感の対象としての政府施設およびその運用状況を、「有形情報」(physical information) と理解すればいいのである (See, Note, The First Amendment Right to Gather State-Held Information, 89 Yale L. J. 903, 924 (1980))。

なぜこうした用語法に私がこだわるかというと、次の事情があるからである。のち本文で取りあげることになるが、合衆国最高裁の最近の判例に *Richmond* がある。ここでは、刑事事実審裁判へのアクセス（政府施設へ接近し、そこでおこなわれる統治活動を見聞すること、あるいはそれについて取材活動をおこなうこと）を拒否した措置の適憲性が争われた。私にはこれは「有形情報」の開示が拒否されたため、開示を請求することが問題になっている事件、すなわち、情報開示請求権の認否が争われた事件にほかならないように思える。しかるに、阪本昌成教授は、なぜかこの事件をたんに「伝統的な取材の自由（取材活動の不許可）に関するものである」にすぎないと断定したうえで、アクセス拒否を違憲と解した裁判官ら (Brennan-Marshall) は「『知る権利』の請求権的性格をどこまで正確に意識していたかは大いに疑問視されねばならぬところである」と断定している（阪本昌成「『知る権利』の憲法論的再検討」『法律時報』一九八五年二月号一五頁。これは、のちに、阪本昌成『プライヴァシー権論』日本評論社、一九八六年、に再録されている）。けれども、ここでは、中立的な「情報」に接近するのを、たんに政府が邪魔しているにすぎないという意味での、「自由権」的な側面の権利が問題なのではまったくない。ここでは、政府は、ファイル・ボックスのなかにある記録を——なにかの理由で——非開示するのと本質的に同じ仕方で、「有形情報」への接近を許していないのである。そして市民（報道機関）の側は、ファイル・ボックスのなかの記録を開示せよと請求しているのと同じように、アクセスをみとめることによって「有形情報」を開示せよと要求しているのである。情報源（政府）がいやだというのに開示せよと要求する点で、あるいはいやだというのに情報がとられる点では、どちらも同じである、と私には思える。阪本教授流にいえば、政府に情報開示を要求するのは請求権だが、政府の保有するファイル・ボックスに自分自らが接近して、そのなかから任意の情報を拾うのは、「伝統的な取材の自由」に属し、政府がこれに邪魔立てをするのは、たんなる「取材活動の不許可」でしかなく、ここにはなんら請求権的性格はうかがえないことになる。私はこれには承服しかねる。ありていにいって私は、こういう形では「請求権」「自由権」の区別づけにこだわりたくない（See, e. g., Note, Public and Press Rights of Access to Prisoners, 82 Yale L. J. 1337, 1351 n. 83(1973)）。けれども、これにこだわる者に対しては、きちんとした区別づけをおこなうよう要請したい。

（11）Branzburg v. Hayes, 408 U. S. 665 (1972).

（12）*Id*., at 693.

（13）*Id*., at 681.

（14）この間の理論状況については、See, e. g., Note, Public and Press Rights of Access to Prisoners After *Branzburg* and *Mandel*, 82 Yale L. J. 1337 (1973); Note, The Rights of the Public and the Press to Gather Information, 87 Harv. L. Rev. 1505 (1974).

（15）See, e. g., Zemel v. Rusk, 381 U. S. 1 (1965); Lamont v. Postmaster General, 381 U. S. 301 (1965); Red Lion Broadcasting Co. v. FCC, 395 U. S. 367 (1969); Stanley v. Georgia, 394 U. S. 557 (1969); Kleindienst v. Mandel, 408 U. S. 753 (1972).

（16）Pell v. Procunier, 417 U. S. 817 (1974).

（17）Saxbe v. Washington Post, 417 U. S. 843 (1974).

（18）ただし、*Pell* は、*Saxbe* では問題にならなかった被拘禁者の修正第一条の権利も争点となったため、裁判官の意見の分裂は六対三であった。監獄関係の表現の自由を「被拘禁者の権利」問題とする視点は、本章では捨象する（奥平康弘「未決在監者の新聞閲読の自由」『判例時報』一九八四年四月一日号、五月一日号、本書第五章「国家が読む自由を奪うとき――未決在監者の新聞閲読の自由」として再録、で多少ふれている)。

(19) 417 U. S. at 834.

(20) *Id.*, at 849.

(21) *Id.*, at 872.

(22) Houchins v. KQED, Inc., 438 U. S. 1 (1978).

(23) *Id.*, at 14.

(24) Stewart, "Or of the Press", 26 Hastings L. J. 631, 636 (1975).

(25) Stewart, *id.*, at 636.

(26) 438 U. S. 31.

(27) *The Writings of James Madison*, ed. G. Hunt (New York : Putnam's Sons, 1906-1910), vol. 9, p. 103. ちなみに、政府保有情報の開示請求権を肯定する者がきわめてしばしば引用し、判決録にさえいく度も登場するマディソンのこの文章は、こうした請求権の否定論者であるオーブライアンによって、無意味なものとして斥けられている (David M. O'Brien, *The Public's Right To Know*, New York : Praeger, 1981, 29)。その理由は、この文章は、憲法修正第一条の権利と無関係で、ケンタッキー州における公教育制度への公金支出に賛意を表明する目的のために書かれたものにすぎないからだ、という。おなじように請求権否定論者でもあるらしい、日本の阪本昌成教授は、オーブライアンの所説をそのまま受け継いで、マディソンの文章は「修正一条や情報公開との関連性はどこにもないのである。」(『法律時報』前掲論文一一頁)(傍点引用者)といい切っている。しかし、そうだろうか。第一、それ自体として完結した意味をもつものとみなしうる、ある独立の文章（主張）は、それが書かれた（なされた）直接の、せまい目的によって未来永劫規定され、アド・ホックな世界にとじこもらねばならないものだろうか。そうではなくて、それは、直接のせまい目的を越えて、客観的な意味妥当性の範囲内にあるかぎり、転用されることが許されるものなのではなかろうか。後者のごとき転用は、聖典、アフォリズムにおいてきわめてしばしばみられるところであるのではなかろうか。第二、マディソンはたしかに現代のわれわれが意欲するような政府保有情報の開示請求権を念頭において語ってはいなかろうが（もし逆に、こうした現代の権利主張を明確にマディソンが認識しこれを代弁していたのだとすれば、そのことのほうが驚きに値するのである）、かれが直接念頭においていたらしい公教育体系の確立ということがらは、政府保有情報の開示問題とは、原理において浅からざる関連性があるはずだと思われるのである。そのどちらも国民教育という目標にかかわるものだからである。教育はたんに「知識」にかかわり「情報」と無関係だといった理解は、たとえば、ユードフが試みているような修正第一条の現代国家的な組み替え作業（Mark G. Yudof, *When Government Speaks*, Berkeley : Univ. of Calif. Press (1983)）に一定の意味を見出そうとする私の立場とは、残念ながらあい容れないものを感ずる。

(28)　Houchins v. KQED, Inc. 438 U. S. at 16.

(29)　ちなみに、バーガーと違って、本件TV局にアクセス権がみとめられるべしとするスティーヴンスの反対意見もまた、当然のことながら、代替手段のテストを用いたうえで、本件代替手段は代替性において欠ける、とみるのである。もっとも、特定のばあいの代替手段テストの適用が正当かいなかという問題とは別個に、修正第一条領域に属することで、そもそも代替手段テストに安易に頼ることは正当なのかどうかということが問われる余地はある (See, Note, Press Access to Government-Controlled Information and the Alternative Means Test, 59 Tex. L. Rev. 1279 (1981))。

(30)　Gannett Co., Inc. v. De Pasquale, 443 U. S. 368 (1979). この判決評釈に、永山忠彦「最近の判例」『アメリカ法』一九八一年一号、一八二頁がある。

(31)　*Id.*, at 372. 本文では "trial" という語に対して「正式審理」という訳語をあて、"pre-trial" には「予備審理」という訳語をあてる。いうまでもなく、合衆国憲法修正第六条のなかに登場する "trial" の特性は、これを「裁判」ととらえてしまえば失われてしまう可能性があるからである。

(32) *Id*., at 394. こうして、本件上告人の側に権利がないと判示したのだが、法廷意見は、にもかかわらず、原審がおこなった利益衡量に敬意を払ったり（*id*., at 392）、後日速記録で審理過程をたどることができるから、本件取材拒否はたんに一時的なものでしかないと語ったり（*id*., at 393）、総じて、非常に歯切れがいいものとはいえない印象をいだかせる。

(33) *Id*., at 395ff.

(34) *Id*., at 397ff.

(35) *Id*., at 403ff.

(36) *Id*., at 435.

(37) Lewis, A Public Right to Know About Public Institutions : The First Amendment As Sword, 1980 Sup. Ct. Rev. 1, 13.

(38) 1978 Term, 93 Harv. L. Rev. 60, 65 (1979).

(39) *Pell*, *Saxbe* から以降、政府保有情報へのアクセス権を否定されつづけてきた報道機関は、*Gannett* に接して、従来にもまして強硬な最高裁批判の論陣を張ることになる。その意味では、この判決は次の判決（*Richmond*）へのスプリング・ボードたる効果をもった、といえよう (See, Lewis, *supra* n, 37, at 13, n. 101, 102)。

(40) Richmond Newspapers, Inc. v. Virginia, 448 U. S. 555 (1980). この事件の評釈、角替晃「合衆国における『知る権利』論の展開」清水望先生還暦記念論文集『憲法における制度と思想』成文堂、一九八四年、七七頁、同「刑事事実審の公開と『知る権利』」『ジュリスト』一九八二年六月一五日、一二二頁。

(41) 448 U. S. at 564.

(42) *Id*., at 576. わが日本国憲法三七条一項は「すべて刑事事件においては、被告人は、公平な裁判所の迅速な公開裁判を受ける権利を有する」と定めている。そしてまた、八二条一項では「裁判の対審及び判決は、公開法廷でこれを行ふ」

として公開原則を設けたうえで、同条二項前段ではその例外（非公開）を許すとともに、さらに同条二項後段但し書でその例外の限定（原則への復帰――絶対的公開）を定めている。いま、日本憲法解釈学説の詳細をたどる余裕がないが、第三七条は、たんに刑事被告人の権利を定めたにすぎない、と一般に解してきているといえよう。問題は八二条である。この公開は「傍聴の自由」や「報道の自由」を意味すると解される限度には異論がなかろう（佐藤功『憲法(下)〔新版〕』有斐閣、一九八四年、一〇七六―七八頁、宮沢俊義『全訂日本国憲法』日本評論社、一九七八年、六九六―六九八頁など参照）。裁判当事者ではない国民一般あるいは報道機関は、裁判所の非公開決定を争う憲法上の（かならずしも「法律上の」を意味しない）権利があると解すべきかどうかは、十分につめた議論の対象になっていないのではなかろうか。なお、本書第六章「法廷に出席し傍聴しメモをとる権利」および第七章「法廷内『メモ採取の自由』をめぐって」参照。

(43)　O'Brien, *supra* n. 27, at 140.

(44)　「公共の広場」の理論は、概していって、カルヴェンのセミナルな論文 (Kalven, The Concept of the Public Forum: Cox v. Louisiana, 1965 Sup. Ct. Rev. 1) に淵源し、理論上、判例上いろいろな展開をみせつつある。See, e. g., Horning, The First Amendment Right to a Public Forum, 1969 Duke L. J. 931; Stone, Fora Americana; Speech in Public Places, 1974 Sup. Ct. Rev. 233; Note, The Public Forum: Minimum Access, Equal Access, and the First Amendment, 28 San. L. Rev. 117 (1975); Note, Access to State-Owned Communications Media――The Public Forum Doctrine, 26 UCLA L. Rev. 1410 (1979).

「公共の広場」理論は、「場所」から出発したが、だんだん機能的な意味で理解されるにいたっているといえよう。この点につき、See, Thomas I. Emerson, *The System of Freedom of Expression*, New York: Vintage Books, 1970, 304ff.; Franklyn S. Haiman, *Speech and Law in a Free Society*, Chicago: Univ. of Chicago Press, 1981, Chap. 14. なお、*Richmond* における「公共の広場」理論については、のち本文でふたたび問題になる。

(45)　448 U. S. at 581-582. *Gannett* では、既述のように、修正第六条は国民一般に公開請求権を付与したものとみなかったのに対して，ブラックマンやホワイトをふくむ四名が反対であったことを（*Gannett*, 443 U. S. 368, 406ff.）想起されたい。

(46) 448 U. S. at 582.

(47) *Id*., at 587.

(48) *Id*., at 587-588.

(49) *Id*., at 599.

(50) *Id*., at 601.

(51) *Id*., at 604ff.

(52) Globe Newspaper Co. v. Superior Court For the County of Norfolk, 457 U. S. 596 (1982).

(53) *Id*., at 606-607.

(54) *Id*., at 609-611. なお，本件では，この法領域ではじめて審理に参加したオカナ裁判官が，独自の意見を表明している。要するに，問題の州法は一定の要件があれば一律非公開にしてしまう硬直システムをとっているがゆえに，違憲だと解する（*id*., at 611）。

(55) *Id*., at 613.

(56) Prees-Enterprise Co. v. Superior Court of California, 464 U. S. 501 (1984).

(57) *Id*., at 508.

(58) *Id*., at 510.

(59) *Id*., at 517.

(60) *Id*., at 520.

(61) Branzburg v. Hayes, 408 U. S. 665 (1972).

(62)　Nimmer, Introduction—Is Freedom of the Press a Redundancy : What Does it Add To Freedom of Speech ?, 26 Hastings L. J. 639 (1975). See, also, Stewart, *supra* n. 24. Cf. Lange, The Speech and Press Clauses, 23 UCLA L. Rev. 77 (1975); Nimmer, Speech and Press : A Brief Reply, 23 UCLA L. Rev. 120 (1975).

(63)　See, e. g., Benzanson, The New Free Press Guarantee, 63 Va. L. Rev. 731 (1977).

(64)　See, e. g., Anderson, The Origins of the Press Clause, 30 UCLA L. Rev. 455 (1983); Abrams, The Press is Different : Refletions on Justice Stewart and the Autonomous Press, 7 Hofstra L. Rev. 563, 574-583 (1979).

(65)　ここでの問題領域は，西ドイツのいわゆる「制度的基本権理解」とかなり近いものが感ぜられる点にまず，筆者の興味がある。また，この方面の歴史研究は，Z・チェイフィーの歴史把握（修正第一条は，イギリスのコモン・ローを——言論分野から——排除する目的で制定されたとするものと解する立場。Zachariah Chafee, *Free Speech in the U. S.*, Cambridge : Harvard Univ. Press 1948, 21）に対抗して登場したL・W・レヴィの研究（修正第一条は，「検閲からの自由」を再確認しただけのことで，独立革命以前の抑圧の遺産の温存を黙認したという見解。Leonard W. Levy, *Freedom of Speech and Press in Early American History* : *Legacy of Suppression*, Cambridge : Harvard Univ. Press, 1960 に再検討をせまるものである点でも，筆者の好奇心をそそる。ちなみに，私の印象では，現代アメリカ憲法学界にあっては——日本のそれと際立って違って——修正第一条にかんする歴史研究が盛んである。自己の憲法論の正当性を，憲法制定過程にまでさかのぼる歴史のなかに根拠を見出そうとする努力の現われのように思える。Cf. Emerson, Colonial Intentions and Current Realities of the First Amendment, 125 U. Pa. L. Rev. 737 (1977). 日本において歴史研究が無視されるのは，当然かもしれない。この国の歴史には「抑圧の遺産」しか見出しがたいからである。

(66)　合衆国のプレス特権（特典）にかんして，さまざまな見解が乱立している。すでに言及したもののほかに，Blasi, The Checking Value in First Amendment Theory, 1977 Am. B. Found. Research J. 521 ; Sack, Reflections on the Wrong Question : Special Constitutional Privilege for the Institutional Press, 7 Hofstra L. Rev. 629 (1979); Baker,

Press Rights and Government Power to Structure the Press, 34 U. Miami L. Rev. 819 (1980); Lewis, A Preferred Position for Journalism?, 7 Hofstra L. Rev. 595 (1979); Van Alstyne, The Hazards to the Press of Claiming a "Preferred Position", 28 Hastings L. J. 761 (1977).

(67) See, e. g., Note, *supra* n. 7, at 1314.

(68) 「制度的」・「組織された」プレスの特権論は、つねにかならずしも、政府保有情報へのプレスに特有な請求権を肯定するとはかぎらないことは、もっとも熱心な特権論者と見做されてきたスチュアート裁判官が、取材請求権の関係ではいちじるしく消極的・否定的であるのに照らして、明らかである。

(69) Lewis, *supra* n. 37, at 19による。

(70) 政府保有情報の開示請求権を民主主義の見地から基礎づけるべきだとすれば――それ以外の基礎づけはむずかしいように思われるのであるが――諸個人が政治参加のためにどんな情報を必要と感ずるかという、当該個人本位から出発して権利を構成すべきであろう。See, Note, *supra* n. 10, at 930.

(71) *Richmond*, 448 U. S. at 573; Powell's dissenting opinion in *Saxbe*, 417 U. S. at 862.(「公衆の利益の必要な代表者」)。

(72) *Richmond*, 448 U. S. at 573.

(73) Houchins v. KQED, Inc., 438 U. S. at 9.

(74) 前掲注(15)参照。

(75) O'Brien, *supra* n. 27, at 137-138.

(76) 448 U. S. at 579.

(77) *Id*., at 599-600.

(78) Plurality opinion in 448 U. S. at 581. n. 18 and Stewart's concurring opinion at 601.

(79) See, e. g., O'Brien, op. cit., *supra* n. 27, at 140.
(80) *Ibid*.
(81) O'Brien, *id*., at 137 による。
(82) 448 U. S. at 575.
(83) *Richmond* が修正第六条（刑事上の正式審理の公開を謳う規定）のほかに修正第一条をも援用するにいたったこと、そして「パブリック・フォラム」理論によるにいたったこと、こういった新しい条件のもとでは、公開制にかんして、刑事・民事の区別をすることは無意味になった、と信ぜられる。こうして、*Rihmond* でのスチュアート裁判官意見が明示的に語っているように、「修正第一条および第一四条は、プレスおよび公衆に対して、刑事のみならず民事もふくむ正式審理へのアクセス権を与えたものであることははっきりしている」（*Richmond*, 448 U. S. at 599）と考えられる。See, Note, *After* Richmond Newspapers : A Public Right to Attend Civil Trials, 4 Comm/Ent L. J. 291 (1982) ; Note, The First Amendment Right of Access to Civil Trials After Globe Newspaper Co. v. Superior Ct., 51 Univ. Chicago L. Rev. 286 (1984).
(84) *Richmond*, 448 U. S. at 586-587.
(85) Brennan, Address, 32 Rutgers L. Rev. 173 (1979).
(86) *Id*., at 177.
(87) Zechariah Chafee, Jr., *Free Speech in the United States*, Cambridge : Harvard Univ. Press, 1948.
(88) Alexander Meiklejohn, *Political Freedom*, New York : Harper and Row, 1960.
(89) もう一人の裁判官マーシャルは、*Press-Enterprise* に独自の意見を表明して、政府保有情報の非開示という規制手段について司法審査がきわめて厳格におこなわれねばならないと強調しているのを別とすれば（*Press-Enterprise*, 464 U. S. 501, 520 (1984)）、基本的には一貫してブレナンの立場に同調してきているので、ここでは特に取りあげない。

(90) スティーヴンス裁判官は、*Globe* で少数派にまわっているが、かれのそこでの争点は、政府保有情報の請求権にかんする実体論と無関係であったことを、念のため付記する。

(91) Houchins v. KQED, Inc., 438 U. S. at 31.

(92) *Id.*, at n. 21.

(93) *Press-Enterprise*, *Supra* n. 89, at 517.

(94) *Saxbe*, 417 U. S. at 862.

(95) *Id.*, at 862-863.

(96) こうしてパウェルもまた、自分の立論の基礎としてミクルジョンの著作を引用する (*id.*, at n. 8)。

(97) Emerson, First Amendment Doctrine and the Burger Court, 68 Calif. L. Rev. 422, 464, 466 (1980); *do.*, The Affirmative Side of the First Amendment, 15 Ga. L. Rev. 795, 828ff. (1981).

(98) Cox, Foreword: Freedom of Expression in the Burger Court, 94 Harv. L. Rev. 1, 17ff. (1980).

(99) *Id.*, at 23-24.

(100) See, e.g., BeVier, An Informed Public, an Informing Press: The Search for a Constitutional Principle, 68 Calif. L. Rev. 482, 503-506 (1980).

(101) BeVier, *id.*, at 506-508: O'Brien, *supra* n. 27, at 141f. 阪本、前掲注 (10) 論文、一二頁。もう一つ、ミクルジョンに関連して開示請求権肯定説にむけられる批判として、次のことがいわれる。つまりミクルジョンは――ブレナンの用語法をもちいていえば――「言論」モデルの次元でのみ語っているのであって、開示請求権肯定説はかれの念頭の外にあったはずだという議論である。これは、肯定説に対する批判としてはいちばん有効ではない。ここではミクルジョンが開示請求権について明示的に語ったかどうかという争点は、どうでもいいことだからである。

(阪本教授は、Bollinger, Free Speech and Intellectual Values, 92 Yale L. J. 438, 447 (1983) がミクルジョンの業

績を「奇怪かつ欺瞞的著作」と「批判」していることをとらえ、ボリンジャーがあたかもミクルジョンを全面否認しているがごとく描いている。しかしながら、ボリンジャー論文はむしろ逆に、ミクルジョンを——O・W・ホームズと並んで——高く評価するところに論旨の力点をおいているのである。ボリンジャー論文が出る三、四年まえの、同じイェール・ロー・ジャーナルで、ウェリントンがミクルジョンを「J・S・ミル以降、表現の自由にかんする最大の哲学者といっていいかもしれない」と評価していることにも、注意を喚起しておきたい。Wellington, On Freedom of Expression, 88 Yale L. J. 1105, 1110 (1979)).

(102) ミクルジョンらによって先鞭がつけられた、表現の自由の民主主義的理解の延長線上に、ブラシの「チェッキング」論が出てくる (Blasi, *supra* n. 66)。ブラシ理論が、ミクルジョン理論にまつわる直接民主主義的な傾きを修正し、より現代社会の構造に適合的な表現の自由理解になっているとはいえるだろう。けれども、この理論はミクルジョン理論の訣別と考えるべき根拠はない。また、ブラシ理論は基本的にはいわゆる「言論」モデル領域に関するものであるにすぎない点では、ミクルジョンのそれと似ている。しかし、ブラシ理論を基礎にして、「構造」モデル領域で開示請求権を肯定するのをさまたげるなにものもないように思う。

なお、「民主主義」概念を可能なかぎり狭く考える人びとに倣って、「民主主義」というものを、何年かにいっぺん定期あるいは不定期にやってくる、国民代表の選挙に限局してみよう。選挙において正当に民意が反映されるためには、統治活動にかんする情報を選挙権者は入手しえなければならないのである (See, e. g., Schmidt and Schmidt, Some Observations on the Swinging Courthouse Doors of Gannett and Richmond Newspapers, 59 Denver L. J. 721, 749 (1982))。

(103) さすが現今では流行しないが、日本でも一時とくに、国会周辺デモ行進は「間接民主制をとる日本国憲法に違反している」という理屈を設けて、きびしく制限すべしとする主張があった。ここでは古典的な「純粋代表制」理論がとられており、これが表現の自由の民主主義的な理解をさまたげているだけではなく、そもそも表現の自由そのものをさまたげているのである。ちなみに、阪本昌成教授によれば、アメリカ合衆国では「純粋代表制を構想しているだろうことは大体間違いな」い、と把握していることに大きな疑問を感ずる（石村善治＝平松毅「情報公開と情報管理―討論のあらまし」『法律時報』一九八五年二月号、三九頁）。もし教授のいうように、アメリカの民主主義が「純粋代表制」でしかないのだとしたら、現にある表現の自由の憲法体系は、まことに理解しがたいものになるであろう（なお、杉原泰雄「憲法演習」月刊『法学教室』一九八五年四月号参照）。

(104)　このことは、ミクルジョンの憲法論が完全無欠、非のうちどころがないということを意味しない。その所説は、初発においてすでにチェイフィーの批判を受けている（Chafee, Book Review, 62 Harv. L. Rev. 891 (1949)）。最近の例として、スカンロンの批判をあげておこう（Scanlon, Freedom of Expression and Categories of Expression, 40 Univ. Pitts. L. Rev. 519, 529-530 (1979)）。

(105)　BeVier, *supra* n. 100, at 507-8; O'Brien, *supra* n. 27, *passim.*

(106)　この点が開示請求権――こういうものが成り立つとすれば――の特徴であるばかりでなく、現代的な刻印が押される諸権利の特徴でもあるように、私には思える。

(107)　Brennan, *supra* n. 85, at 177.

(108)　Brennan's concurring opinion in *Richmond*, 448 U. S. at 588-589.

(109)　Stevens' concurring opinion in *Press-Enterprise*, 464 U. S. at 517.

(110)　Lewis, *supra* n. 37, at 23; *do., supra* n. 66, at 621.

(111)　BeVier, The First Amendment and Political Speech: An Inquiry Into the Substance and Limits of Principle, 30 Stanf. Rev. 299, 328-331 (1978).

(112)　阪本、注（10）論文一三頁。

(113)　See, e. g., Note, Access to Official Information: A Neglected Constitutional Right, 27 Ind. L. J. 209 (1952);

Parks, The Open Government Principle: Applying the Right to Know Under the Constitution, 26 Geo. Wash. L. Rev. 1 (1957); Klein, Towards an Extension of the First Amendment: A Right of Acquisition, 20 U. Miami L. Rev. 114 (1965).

(114) Freedom of Information Act, 5 USC § 552.

(115) Government in the Sunshine Act, 5 USC § 552b; Advisory Committee Act, 5 USC App. I.

(116) けれども、これら制定法上の開示請求権がたんに制定法上のものでしかないならば、立法者の裁量により、いかようにでも変更できるようになる。そうであることに満足するかどうかは、一にかかって、単なる法律を超えたところ、つまり憲法論の次元で、これらの権利が憲法からどれだけのバック・アップを与えられるかに依存する。

(117) 本章では、もっぱら合衆国最高裁判所の判例を素材とした。開示請求権の成否および発展可能性を考究するためには、しかし、州法のレベルにも素材をもとめるべきかもしれないと思う。州には州のレベルで制定法上の開示請求権がある。それらの制定法も統治活動のあらゆる側面に及んでいるわけではないので、制定法の定めていない領域では、開示請求権はおよそみとめられないのかどうか、連邦と同じように、問題になる。制定法上の、あるいは制定法によらない、開示請求事件が無数にある。すなわち、州は州なりに、この問題を処理しているのである。憲法上の開示請求権の成否・発展可能性は、連邦と州との相互関連のなかで、自己を明らかにしてゆきつつあるように思う。

あとがき

ある縁で、憲法研究者の途を選ぶことになって以来、私が主として関心を持ちつづけてきたのが、表現の自由にかんする問題であった。あるひとからみれば、戦後憲法が施行されてからもう四〇年以上もたった現在、日本には表現の自由が広くゆきわたり、人びとはこれを十分に享有しているのであって、この領域には、もはやなんら深刻な問題はない、ということになっている。けれども私には、どうもそう思えないのである。

表現の自由の領域にかぎったことではないかもしれないが、現実に具体的に生じたある事象(例えば、いわゆる写真週刊誌による特定個人のある生活局面を、多少ともスキャンダラスに描写する商品の氾濫、あるいは、税関による海外からの持ち込み表現物の検査、あるいはまた、法廷傍聴人がメモをとろうとしたら廷吏から叱られ禁止を命ぜられるという経験)を表現の自由にかかわる問題として認識するかどうか——ここにまず、人びとの見解の岐れ目がある。「争点」として「識別」するかどうか("issue identification")のレベルで、われわれは大いに異なりうる。今の日本の世の中には、表現の自由につき「問題がない」と考える人びとにとっては、いま指摘した事例のなかには「識別」すべき「争点」は存在しないのである。

これに反し私は、正にそれらのなかに、現代に特有な「争点」を見出すのだが、私と同じように反応する人びとも少なくないはずである。

今、現代に特有な「争点」といったが、たしかに現実の「争点」は、つねにそれぞれが生起する時代に固有独自の刻印をつけて出現する。例えば、ある出版物の抑圧方式が「検閲」に当たるかどうかという「争点」を生むときには、戦前の「検閲」制度の、そのままそっくりの再現ではなくて、それとは、どこかの点で共通するものを持ちながら、しかし、他の別のどこかでは明らかに形態や機能に違いを伴って現われるものなのである。そうだから、「争点」を分析し、これを解き明すにあたっては、一方における歴史的な背景、すなわち継続的・伝統的な側面を批判的に検討しながら、しかも他方、われわれの時代に特有な新しい観点を設定して、そこから眺め直してみる必要がある。

われわれの「争点」とは、そういう性質のものであるから、かりにこれを「識別」する点で同調したとしてもそれから先の分析は、方向においても作業結果においても、いろいろと違うことにならざるをえない。

本書では、私が私なりに、「争点」を「識別」し、私流に分析・解明する作業をやってみたものを収録した。多くのひとの議論の素材になれば幸いである。

ここには、八〇年代中葉に書かれ、既に発表済の論文のいくつかが入っている。けれども、本書に収めるに当たり、ものによっては大規模に加筆補修がおこなわれており、そうでないまでも体裁上の修正が加えられている。それらは元の姿では、次のような出版物に掲載されたものである。第二章「税関検査の『検閲』性と『表現の自由』」は、『ジュリスト』一九八五年二月一五日号に、第三章「選挙運動の自由と憲法――アメリカ合衆国のばあい」は、東京大学社会科学研究所紀要『社会科学研究』三七巻五号（一九八五年）に、第五章「国家が読む自由を奪うとき」は、「未決在監者の新聞閲読の自由――最高裁昭和五八年六月二二日大法廷判決をめぐって」という題で『判例時報』一一〇五号および一一〇八号（一九八四年）に、第六章「法廷に出席し傍聴しメモをとる権利」は、『自由と正義』三七巻二号（一九八六年）に、そして、第八章「政府保有情報の開示請求権をめぐる論議」は、佐藤功先生古稀記念『日本国憲法の理論』（有斐閣、一九八六年）に、である。

本書の題名を表現する第一章「なぜ『表現の自由』か」は、第四章「選挙運動の自由と憲法――日本のばあい」

および第七章「法廷内『メモ採取の自由』をめぐって」とともに、本書のために書き下ろした。本当のことをいえば、第一章を書き上げたのち、これにつづいて、すべての章を新しく書くべきであったし、そうしたいという欲求もあったが、今は取りあえず、かねてから気になっていた第四章の主題を書き下ろし、最新判決を批評すべく第七章を書き加えるにとどめた。たまたま勤務先の研究所で管理的な仕事に就きながら、本書を作成したので、時間との競争がきびしかった。このことによって、つねにもましてことさらに欠陥の多いものになったかもしれない、と惧れている。

作業の進捗ままならぬところを、上手に操縦してくださって、ともかくも一冊の本に仕上げてくださった、東京大学出版会の渡辺勲さんと増田三男さんには、深い感謝の念を表明しなければならない。また、索引作りには、同僚渡辺治君の助力を受けたのをありがたく思う。

一九八八年二月

奥平康弘

解題

木村草太

『なぜ「表現の自由」か』が出版されたのは、一九八八年のことである。それから三〇年近くの月日が経った。技術の進歩は早く、画期的な新メディアが生まれ、権力と表現者の関係も変容した。では、奥平の原理論は古くなったであろうか。いや、新しい制度や問題に立ち向かうときほど、優れた原理論が必要になる。奥平の議論の重要性は、現在でも全く変わらないどころか、むしろ、ますます高まっている。

奥平康弘は、日本憲法学研究の大家である。特に「表現の自由」の原理論においては、「今日までほぼ一人の専攻者」とまで言う人もいる(1)。そういう意味で、本書は、その奥平の主著と言ってもよいだろう。

戦後、日本国憲法は、裁判所による違憲立法審査の制度を導入した(憲法八一条)。憲法学界では憲法訴訟論が花形となり、「規制手段が直接なのか間接なのか」、「規制目的が何なのか」など、裁判実務でもてはやされる司法審査基準論に注目が集まった(本書一七頁)。原理論がどうあれ、制度が実定法を実現してしまうのだから、裁判実務実証主義が有益なのは確かである。

こうした中で奥平は、「実定法中心主義あるいは制度論的アプローチ」が、「表現の自由には特別な保障があるべきだという要請が成立しにくい土俵を設定するのに貢献」してしまったと警告する(本書一〇―一二頁)。司法審査基準論の流行により、形式論ばかりがもてはやされ、「表現の自由の原理論のごときは、裁判官の思考過程にまで下がってくることは金輪際ありえない」という構造を産んだ（本書一八頁）。この構造の下では、表現の自由がかかえるたくさんの問題は解決されない。いや、解決されないだけでなく、「問題が存在していること自体、かならずしも十分に認識されていない状況」すら生じさせる（本書三頁）。

奥平はこうした問題意識から、第一部において「なぜ『表現の自由』か」を問う。ベイカーやレディッシュらは、表現の自由は「個人が言いたいことを言う自由」であり、自己実現という主観的・個人的価値を持つことを強調する。これに対置されるのは、「一見明白かつ支配的に政治的な言論」にしか表現の自由を認めないボークの挑発的議論や、「『政治的なるもの』と『個人的なるもの』の両方を睨み合わせ、両方を包含しうるような原理論を探求」するペリーの議論、公共的権力の濫用に対する「チェッキング価値」を重視するブラシらの議論である。

奥平は、表現の自由は確かに主観的・個人的な性質の顕著な権利であるが、他方で、「他の基本的な諸自由を確保し、よき民主主義的秩序を維持するという、客観的な制度的な目的に使えるものでもある」と結論した。

表現の自由の主観的・個人的な価値を実現するためなら、「言いたいことを言う自由」を放任すれば足りるが、客観的・制度的な価値の実現のためには、放任は必ずしも適切でない。例えば、「他人に比べて多くの資力を持つ者が自分の資力を用いて政治的議論を都合のいいように支配すること」が許されれば、民主主義的秩序が歪む。表現の自由が、客観的・制度的な価値を実現するには、参加機会の実現のための「補正措置」が必要となる。表現の自由は、そうした「表現の自由のための制度的保障」を要求する基盤へと自己を拡張する（本書六〇頁）。

権利の重要性を強調する者は、「権利を守るためなら、他の価値が犠牲になるのもいとわない」という態度になりがちである。この点、奥平は、樋口陽一との対談で、過去の自分が「表現の自由だから、そこのけ、そこのけ、お馬が通るという議論を少しし過ぎたような気がする」と反省する。(2) 確かに、表現の自由を錦の御旗のように振りかざす議論も、憲法学界にはしばしば見受けられる。しかし、本書に示された、奥平の議論は、表現をする者の公正や社会的責任を無視するものでは全くないことに気づくだろう。

第二部では、税関検査（第二章）、選挙（第三章、第四章）、監獄（第五章）、法廷（第六章、第七章）、情報公開（第八章）の各論が扱われる。ここで検討される問題はいずれも、「言いたいことを言おうとして命令や刑罰を受けた」というシンプルなものではない。選挙や法廷といった「制度」の中で、表現の自由を確保するための具体的提言が要求される問題である。

ここでの奥平の分析は鮮やかだ。例えば、税関検査については、（1）最高裁の検閲の定義では、戦前の出版取締り体系すら検閲に該当しないこととなり、公共の福祉に基づけばそれらを復活できるという帰結を産むこと、（2）関税定率法の「公安」の文言が野放図な取締りを産むこと、（3）「風俗」文言の解釈が説明不十分であることなどが指摘される。また、選挙については、金銭に言論性を認め、巨額の費用をかけた広告や選挙運動を放置することが、実は、表現の自由をむなしくすることを指摘する。

これらは、いずれも税関検査や選挙という「制度」を前提とした具体的な提言であるがゆえに説得力がある。こうした議論ができるのは、自由と制度の関係を深く考察した第一部の原理論があるからだろう。

抽象論で終わる原理論に力はない。また、原理論なき各論は現実の追認に終わる。

本書は、明晰な原理論から説得的な各論を導き、憲法解釈の模範を示した。表現の自由以外の分野でも、「なぜそれが必要なのか」を徹底的に探求すること、原理論の考察に止めず、問題の制度を踏まえた具体的な提言をなすべきことは、今日の研究者にとっても、共通の目標となっているはずである。

そして、時代が大きく動くときにこそ、確かな基礎理論の重要性が増す。この本は、憲法学にとっても、現代社会にとっても、特別な意味を持つ一冊である。

（きむら・そうた　首都大学東京教授）

（1）蟻川恒正「会社の言論」長谷部恭男・中島徹編『憲法の理論を求めて――奥平憲法学の継承と展開』（日本評論社、二〇〇九年）一二一頁。

（2）奥平康弘・樋口陽一「対論」樋口陽一編『講座・憲法学　第三巻　権利の保障』（日本評論社、一九九四年）二七一頁。

事 項 索 引

ア 行

カ 行

サ 行

タ　行

ナ　行

ハ　行

マ　行

ヤ　行

ラ　行

ワ　行

人 名 索 引

ア 行

カ 行

サ 行

タ 行

トライブ (Laurence H. Tribe) 74, 318, 319, 321, 323

ナ 行

中川　剛　62
ニンマー (Melville Nimmer)　317
ノズィック (Robert Nozick)　16, 27, 37, 56

ハ 行

バーガー (Warren E. Burger) 137, 138, 260, 261, 263, 274, 275, 305-309, 312, 314, 315, 319, 322, 323, 330
ハーバーマス (Jurgen Habermas) 53
バーリン (Isiah Berlin)　45, 73
パウェル (Lewis F. Powell, Jr.) 21, 133, 237, 302, 304, 305, 308, 312, 327-329
バフチン (Mikhail Mikhailovich Bakhtin)　53, 54
浜田純一　77, 293
ハルバースタム (David Halberstam) 249
ビヴェア (Lillian R. BeVier) 351
ビケル (Alexander M. Bickel) 25, 26, 32, 33, 36
ファインバーグ (Joel Feinberg) 16
フィッツジェラルド (Mike Fitzgerald)　240
ブラシ (Vincent Blasi)　35, 46-52, 59, 75-77, 144, 352
ブラック (Hugo L. Black)　121
ブラックマン (Harry A. Blackman) 135, 309, 312, 315
フランクファータ (Felix Frankfurter)　25
ブランダイス (Louis D. Brandeis) 19, 26
ブレナン (William J. Brennan, Jr.) 124, 234, 237, 304, 305, 309, 311, 313, 325, 327, 329, 334
ベイカー (Edwin Baker)　32-38, 41, 72
ペリー (Michail J. Perry)　37-43, 65, 74
ボーク (Robert Bork)　20, 21, 23-25, 32, 33, 36, 40, 43, 48, 67
ホームズ (Oliver W. Holmes) 26, 44, 62
ボリンジャー (Lee C. Bollinger) 44, 45, 48, 352
ホワイト (Byron R. White)　305, 309, 310

マ 行

マーシャル (Thurgood Marshall) 135, 136, 234, 237, 304, 309, 311, 316
松島諄吉　252
マディソン (James Madison) 306, 342
ミクルジョン (Alexander Meiklejohn)　21-24, 44, 47, 59, 326, 327, 329, 331, 333, 351-353
宮沢俊義　18, 96, 154, 155, 209, 300
ミル (John Stuart Mill)　26, 30, 44, 57, 71, 200
ミルトン (John Milton)　54
室井　力　252

ヤ 行

ユードフ (Mark G. Yudof)　344
横井大三　114

ラ 行

ライト（R. George Wright） 44, 45, 48
ライト（Skelly Wright） 149
リチャーズ（David A. J. Richards） 16, 31
ルイス（Anthony Lewis） 335
レーンクィスト（William H. Rehnquist） 239, 262, 305, 309, 312, 314, 330
レヴィー（Leonaed W. Levy） 348
レディッシュ（Martin H. Redish） 32, 35-39, 41, 190
ロールズ（John Rawls） 16, 27, 29, 31, 57-59, 205-207
ロック（John Locke） 47

判 例 索 引

著者略歴

1929 年　函館市に生れる．
1953 年　東京大学法学部卒業．
1973 年　東京大学社会科学研究所教授．
　　　　国際基督教大学教授等をへて，
　　　　東京大学名誉教授．
2015 年　逝去．

主要著書

『表現の自由とはなにか』（1970 年，中央公論社）
『知る権利』（1979 年，岩波書店）
『同時代への発言』上・下（1979 年，東京大学出版会）
『表現の自由』I・II・III（1983～84 年，有斐閣）
『憲法の想像力』（2003 年，日本評論社）
『治安維持法小史』（2006 年，岩波現代文庫）
『未完の憲法』（共著，2014 年，潮出版社）
『「憲法物語」を紡ぎ続けて』（2015 年，かもがわ出版）
『「萬世一系」の研究――「皇室典範的なるもの」への視座』上・下（2017 年，岩波現代文庫）

なぜ「表現の自由」か　新装版

1988 年 3 月 31 日　初版第 1 刷
2017 年 5 月 18 日　新装版第 1 刷

［検印廃止］

著　者　奥平康《おくだいらやす》弘《ひろ》

発行所　一般財団法人　東京大学出版会

代表者　吉見俊哉
153-0041 東京都目黒区駒場 4-5-29
http://www.utp.or.jp/
電話 03-6407-1069　Fax 03-6407-1991
振替 00160-6-59964

印刷所　株式会社精興社
製本所　牧製本印刷株式会社

ISBN 978-4-13-031187-8　Printed in Japan